後晉 劉 昫 等撰

舊唐書

第一五册

卷一八四至一九〇（傳）

中華書局

舊唐書卷一百八十四

列傳第一百三十四

宦官

楊思勗　高力士　李輔國　程元振　魚朝恩劉希暹　賈明觀
竇文場　霍仙鳴　俱文珍　吐突承璀　王守澄　田令孜
楊復光　楊復恭

唐制有內侍省，其官員：內侍四人，內常侍六人，內謁者監六人，內給事八人，謁者十二人，典引十八人，寺伯二人，寺人六人。別有五局：掖廷局掌宮人簿籍；宮闈局掌宮內門禁，其屬有掌扇、給使等員；奚官局掌宮人疾病死喪；內僕局掌宮中供帳燈燭；內府局主中藏給納。五局有令丞，皆內官爲之。

貞觀中，太宗定制，內侍省不置三品官，內侍是長官，階四品。至永淳末，向七十年，權未假於內官，但在閤門守禦，黃衣廩食而已。則天稱制，二十年間，差增員位。中宗性慈，務崇恩貸，神龍中，宦官三千餘人，超授七品以上員外官者千餘人，然衣朱紫者尙寡。

玄宗在位旣久，崇重宮禁，中官稍稱旨者，卽授三品左右監門將軍，得門施棨戟。開元、天寶中，長安大內、大明、興慶三宮，皇子十宅院，皇孫百孫院，東都大內、上陽兩宮，大率宮女四萬人，品官黃衣已上三千人，衣朱紫者千餘人。後李輔國從幸靈武，程元振翼衞代宗，怙寵邀君，乃至守三公，封王爵，干預國政，亦未全握兵權。代宗時，子儀北伐，親王東討，遂特立觀軍容宣慰使，命魚朝恩爲之，然自有統帥，亦監領而已。

德宗避涇師之難，幸山南，內官竇文場、霍仙鳴擁從。賊平之後，不欲武臣典重兵，其左右神策、天威等軍，欲委宦者主之，乃置護軍中尉兩員、中護軍兩員，分掌禁兵，以文場、仙鳴爲兩中尉，自是神策親軍之權，全歸於宦者矣。自貞元之後，威權日熾，蘭錡將臣，率皆子蓄，藩方戎帥，必以賄成，萬機之與奪任情，九重之廢立由己。元和之季，毒被乘輿。長慶纘隆，徒鬱枕干之憤；臨軒暇逸，旋忘塗地之冤。而易月未除，滔天盡怒。甲第名園之賜，莫匪伶官；朱袍紫綬之榮，無非巷伯。是時高品白身之數，四千六百一十八人，內則參秉戎權，外則監臨藩嶽。文宗包祖宗之恥，痛肘腋之讎，思翦厲階，去其太甚。宋申錫言未出口，尋以破家；李仲言謀之不臧，幾乎敗國。何、竇之徒轉蹙，讓、珪之勢尤狂，五十餘年，禍胎踰熾，昭宗之季，所不忍聞。

臣遍覽前書，考茲覆轍，試言大較，庶竭其源。何者？自書契已來，不無閽寺，況垂之天象，備見職官。卽如秦皇、漢武，宮闈之內，宦官以侍宴遊。但英睿之君，措置斯得；及荒僻之主，奢蕩是求。委番、棸、蹶、楀之徒，飾姬姜狗馬之玩，外言不入，惟欲是從。雖並列五侯，猶爲賞薄，遍封萬戶，尙嫌恩疏。苟思捧日之勤，遂據迴天之勢。及三綱錯亂，四海崩離，袁本初之入北宮，無鬚殆盡；石冉閔之攻鄴下，內豎咸誅。旋至殄瘁邦家，不獨感傷和氣，淫刑斯逞，可爲傷心。向使不假威權，但趨帷扆，何止四星終吉，抑亦萬乘延洪。昔賢爲社鼠之喻，不其然乎？

今錄楊思勗已下所行事，以爲鑒誡云。

楊思勗，本姓蘇，羅州石城人。爲內官楊氏所養，以閹，從事內侍省。預討李多祚功，超拜銀青光祿大夫，行內常侍。思勗有膂力，殘忍好殺，從臨淄王誅韋氏，遂從王爲爪士，累遷右監門衞將軍。

開元初，安南首領梅玄成叛，自稱「黑帝」，與林邑、眞臘國通謀，陷安南府，詔思勗將兵討之。思勗至嶺表，鳩募首領子弟兵馬十餘萬，取伏波故道以進，出其不意。玄成遽聞兵至，惶惑計無所出，竟爲官軍所擒，臨陣斬之，盡誅其黨與，積屍爲京觀而還。十二年，五谿首領覃行璋作亂，思勗復受詔率兵討之，生擒行璋，斬其黨三萬餘級。以軍功累加輔國大將軍。後從東封，又加驃騎大將軍，封虢國公。十四年，邕州賊帥梁大海擁賓、横等數州反叛，思勗又統兵討之，生擒梁大海等三千餘人，斬餘黨二萬餘級，復積屍爲京觀。十六年，瀧州首領陳行範、何遊魯、馮璘等聚徒作亂，陷四十餘城。行範自稱帝，遊魯稱定國大將軍，璘稱南越王，割據嶺表。詔思勗率永、連、道等兵及淮南弩手十萬人進討。兵至瀧州，臨陣擒遊魯、馮璘，斬之。行範潛竄深州，投雲際、盤遼二洞。思勗悉衆攻之，生擒行範，斬之，斬其黨六萬級，獲口馬金玉巨萬計。思勗性剛決，所得俘囚，多生剝其面，或剺髮際，掣去頭皮，將士已下，望風慴憚，莫敢仰視，故所至立功。內給事牛仙童使幽州，受張守珪厚賂，玄宗怒，命思勗殺之。思勗縛架之數日，乃探取其心，截去手足，割肉而啖之，其殘酷如此。二十八年卒，時年八十餘。

高力士，潘州人，本姓馮。少閹，與同類金剛二人，聖曆元年嶺南討擊使李千里進入宮。則天嘉其黠惠，總角修整，令給事左右。後因小過，撻而逐之。內官高延福收爲假子，延福出自武三思家，力士遂往來三思第。歲餘，則天復召入禁中，隸司宮臺，廩食之。長六尺五寸，性謹密，能傳詔敕，授宮闈丞。景龍中，玄宗在藩，力士傾心奉之，接以恩顧。及唐隆平內難，升儲位，奏力士屬內坊，日侍左右，擢授朝散大夫、內給事。先天中，預誅蕭、岑等功，超拜銀青光祿大夫，行內侍同正員。開元初，加右監門衞將軍，知內侍省事。

玄宗尊重宮闈，中官稍稱旨，卽授三品將軍，門施棨戟，故楊思勗、黎敬仁、林招隱、尹鳳祥等，貴寵與力士等。楊則持節討伐，黎、林則奉使宣傳，尹則主書院。其餘孫六、韓莊、楊八、牛仙童、劉奉廷、王承恩、張道斌、李大宜、朱光輝、郭全、邊令誠等，殿頭供奉、監軍、入蕃、教坊、功德主當，皆爲委任之務。監軍則權過節度，出使則列郡辟易。其郡縣豐贍，中官一至軍，則所冀千萬計，修功德，市鳥獸，詣一處，則不啻千貫，皆在力士可否。故帝城中甲第，畿甸上田、菓園池沼，中官參半於其間矣。

每四方進奏文表，必先呈力士，然後進御，小事便決之。玄宗常曰：「力士當上，我寢則穩。」故常止於宮中，稀出外宅。若附會者，想望風彩，以冀吹噓，竭肝膽者多矣。宇文融、李林甫、李適之、蓋嘉運、韋堅、楊愼矜、王鉷、楊國忠、安祿山、安思順、高仙芝因之而取將相高位，其餘職不可勝紀。肅宗在春宮，呼為二兄，諸王公主皆呼「阿翁」，駙馬輩呼為「爺」。力士於寢殿側簾帷中休息，殿側亦有一院，中有修功德處，雕瑩璀璨，窮極精妙。力士謹愼無大過，然自宇文融已下，用權相噬，以紊朝綱，皆力士之由。又與時消息，觀其勢候，雖至親愛，臨覆敗皆不之救。

力士義父高延福夫妻，正授供奉。嶺南節度使於潘州求其本母麥氏送長安，令兩媼在堂，備於甘脆。金吾大將軍程伯獻與力士結為兄弟，麥氏亡，伯獻於靈筵散髮，具縗絰，受賓弔答。十七年，贈力士父廣州大都督，麥氏越國夫人。開元初，瀛州呂玄晤作吏京師，女有姿色，力士娶之為婦，擢玄晤為少卿、刺史，子弟皆為王傅。呂夫人卒，葬城東，葬禮甚盛。中外爭致祭贈，充溢衢路，自第至墓，車馬不絕。

天寶初，加力士冠軍大將軍、右監門衞大將軍，進封渤海郡公。七載，加驃騎大將軍。力士資產殷厚，非王侯能擬，於來庭坊造寶壽佛寺、興寧坊造華封道士觀，寶殿珍臺，侔於國力。於京城西北截灃水作碾，並轉五輪，日碾麥三百斛。初，寶壽寺鐘成，力士齋慶之，舉朝畢至。凡擊鐘者，一擊百千；有規其意者，擊至二十杵，少尚十杵。

其後又有華州袁思藝，特承恩顧。然力士巧密，人悅之；思藝驕倨，人士疏懼之。十四載，置內侍省，內侍監兩員，秩正三品，以力士、思藝對任之。玄宗幸蜀，思藝走投祿山，力士從幸成都，進封齊國公。從上皇還京，加開府儀同三司，賜實封五百戶。

上元元年八月，上皇移居西內甘露殿，力士與內官王承恩、魏悅等，因侍上皇登長慶樓，爲李輔國所構，配流黔中道。力士至巫州，地多薺而不食，因感傷而詠之曰：「兩京作斤賣，五谿無人採。夷夏雖不同，氣味終不改。」寶應元年三月，會赦歸，至朗州，遇流人言京國事，始知上皇厭代，力士北望號慟，嘔血而卒。代宗以其耆宿，保護先朝，贈揚州大都督，陪葬泰陵。

李輔國，本名靜忠，閑廐馬家小兒。少爲閹，貌陋，粗知書計。爲僕，事高力士，年且四十餘，令掌廐中簿籍。天寶中，閑廐使王鉷嘉其畜牧之能，薦入東宮。祿山之亂，玄宗幸蜀，輔國侍太子扈從，至馬嵬，誅楊國忠，輔國獻計太子，請分玄宗麾下兵，北趨朔方，以圖興復。輔國從至靈武，勸太子卽帝位，以系人心。肅宗卽位，擢爲太子家令，判元帥府行軍司馬事，以心腹委之，仍賜名護國，四方奏事，御前符印軍號，一以委之。輔國不茹葷血，常爲僧行，視事之隙，手持念珠，人皆信以爲善。從幸鳳翔，授太子詹事，改名輔國。肅宗還京，拜殿中監，閑廐、五坊、宮苑、營田、栽接、總監等使，又兼隴右羣牧、京畿鑄錢、長春宮等使，勾當少府、殿中二監都使。至德二年十二月，加開府儀同三司，進封郕國公，食實封五百戶。宰臣百司，不時奏事，皆因輔國上決。常在銀臺門受事，置察事廳子數十人，官吏有小過，無不伺知，卽加推訊。府縣按鞫，三司制獄，必詣輔國取決，隨意區分，皆稱制敕，無敢異議者。每出則甲士數百人衞從。中貴人不敢呼其官，但呼五郎。宰相李揆，山東甲族，位居台輔，見輔國執子弟之禮，謂之五父。肅宗又爲輔國娶故吏部侍郎元希聲侄擢女爲妻。擢弟挹，時並引入臺省。擢爲梁州長史。輔國判元帥行軍司馬，專掌禁兵，賜內宅居止。

上皇自蜀還京，居興慶宮，肅宗自夾城中起居。上皇時召伶官奏樂，持盈公主往來宮中，輔國常陰候其隙而間之。上元元年，上皇嘗登長慶樓，與公主語，劍南奏事官過朝謁，上皇令公主及如仙媛作主人。輔國起微賤，貴達日近，不爲上皇左右所禮，慮恩顧或衰，乃潛畫奇謀以自固。因持盈待客，乃奏云：「南內有異謀。」矯詔移上皇居西內，送持盈於玉眞觀，高力士等皆坐流竄。

二年八月，拜兵部尙書，餘官如故。詔羣臣於尙書省送上，賜御府酒饌、太常樂，武士戎服夾道，朝列畢會。輔國驕恣日甚，求爲宰臣，肅宗曰：「以公勳力，何官不可，但未允朝望，如何？」輔國諷僕射裴冕聯章薦己，肅宗密謂宰臣蕭華曰：「輔國欲帶平章事，卿等欲有章薦，信乎？」華不對，問裴冕，曰：「初無此事，吾臂可截，宰相不可得也。」華復入奏，上喜曰：「冕固堪大用。」輔國銜之。寶應元年四月，肅宗寢疾，宰臣等不可謁見，輔國誣奏華專權，請黜之，上不許，輔國固請不已，乃罷華知政事，守禮部尚書。及帝崩，華竟被斥逐。

代宗卽位，輔國與程元振有定策功，愈恣橫，私奏曰：「大家但內裏坐，外事聽老奴處置。」代宗怒其不遜，以方握禁軍，不欲遽責，乃尊爲尚父，政無巨細，皆委參決。五月，加司空、中書令，食實封八百戶。程元振欲奪其權，請上漸加禁制，乘其有間，乃罷輔國判元帥行軍事，其閑廄已下使名，並分授諸貴，仍移居外。輔國始懼，茫然失據。詔進封博陸王，罷中書令，許朝朔望。輔國欲入中書修謝表，閽吏止之曰：「尚父罷相，不合復入此門。」乃氣憤而言曰：「老奴死罪，事郎君不了，請於地下事先帝。」上猶優詔答之。十月十八日夜，盜入輔國第，殺輔國，攜首臂而去。詔刻木首葬之，仍贈太傅。

程元振，以宦者直內侍省，累遷至內射生使。寶應末，肅宗晏駕，張皇后與太子有怨，恐不附己，引越王係入宮，欲令監國。元振知其謀，密告李輔國，乃挾太子，誅越王並其黨與。代宗卽位，以功拜飛龍副使、右監門將軍、上柱國，知內侍省事。尋代輔國判元帥行軍司馬，專制禁兵，加鎮軍大將軍、右監門衞大將軍，封保定縣侯，充寶應軍使。九月，加驃騎大將軍，封邠國公，贈其父元貞司空，母鄒氏趙國夫人。是時元振之權，甚於輔國，軍中呼爲「十郎」。

元振常請託於襄陽節度使來瑱，瑱不從。及元振握權，徵瑱入朝，瑱遷延不至。廣德元年，破裴茙，遂入朝，拜兵部尙書。元振欲報私憾，誣瑱之罪，竟坐誅。宰臣裴冕爲肅宗山陵使，有事與元振相違，乃發小吏贓私，貶冕施州刺史。來瑱名將，裴冕元勳，二人既被誣陷，天下方鎮皆解體，元振猶以驕豪自處，不顧物議。

九月，吐蕃、党項入犯京畿，下詔徵兵，諸道卒無至者。十月，蕃軍至便橋，代宗蒼黃出幸陝州，賊陷京師，府庫蕩盡。及至行在，太常博士柳伉上疏切諫誅元振以謝天下，代宗顧人情歸咎，乃罷元振官，放歸田里，家在三原。

十二月，車駕還京，元振服縗麻於車中，入京城，以規任用。與御史大夫王昇飲酒，爲御史所彈。詔曰：

族談錯立，法尙不容，同惡陰謀，議當從重，有一於此，情實難原。程元振性惟兇愎，質本庸愚，蕞爾之身，合當萬死。頃已寬其嚴典，念其微勞，屈法伸恩，放歸田里。仍乖克己，尙未知非，既忘含煦之仁，別貯覬覦之望。敢爲嘯聚，仍欲動搖，不令之臣，共爲睥睨，妄談休咎，仍懷怨望。東兵裹甲，變服潛行，無顧君親，將圖不軌。按驗皆是，無所逃刑，首足異門，未云塞責。朕猶不忘薄効，再捨罪人，特寬斧鉞之誅，俾正投荒之典。宜長流溱州百姓，委京兆府差綱遞送，路次州縣，差人防援，至彼捉搦，勿許東西。縱有非常之赦，不在會恩之限。凡百僚庶，宜體朕懷。

魚朝恩，天寶末以宦者入內侍省，初爲品官，給事黃門。性黠惠，善宣答，通書計。至德中，常令監軍事。九節度討安慶緒於相州，不立統帥，以朝恩爲觀軍容宣慰處置使。觀軍容使名，自朝恩始也。以功累加左監門衞大將軍。時郭子儀頻立大功，當代無出其右，朝恩妬其功高，屢行間諜，子儀悉心奉上，殊不介意。肅宗英悟，特察其心，故朝恩之間不行。自相州之敗，史思明再陷河洛，朝恩常統禁軍鎮陝，以殿東夏。廣德元年，西蕃入犯京畿，代宗幸陝。時禁軍不集，徵召離散，比至華陰，朝恩大軍遽至迎奉，六師方振。由是深加寵異，改爲天下觀軍容宣慰處置使。時四方未寧，萬務事殷，上方注意勳臣，朝恩專典神策軍，出入禁中，賞賜無算。

朝恩性本凡劣，恃勳自伐，靡所忌憚。時引腐儒及輕薄文士於門下，講授經籍，作爲文章，粗能把筆釋義，乃大言於朝士之中，自謂有文武才幹，以邀恩寵。上優遇之，加判國子監事，光祿、鴻臚、禮賓、內飛龍、閑廄等使。赴國子監視事，特詔宰臣、百僚、六軍將軍送上，京兆府造食，教坊賜樂。大臣羣官二百餘人〔一〕，皆以本官備章服充附學生，列於監之廊下，待詔給錢萬貫充食本，以爲附學生廚料〔二〕。朝恩恣橫，求取無厭，凡有奏請，以必允爲度，宰臣未有其比。

大曆二年，朝恩獻通化門外賜莊爲寺，以資章敬太后冥福，仍請以章敬爲名，復加興造，窮極壯麗。以城中材木不足充費，乃奏壞曲江亭館、華淸宮觀樓及百司行廨、將相沒官宅給其用，土木之役，僅逾萬億。三年，讓判國子監事，加韓國公。章敬太后忌日，百僚於興唐寺行香，朝恩置齋饌於寺外之車坊，延宰臣百僚就食。朝恩恣口談時政，公卿惕息。戶部郎中相里造、殿中侍御史李衎以正言折之，朝恩不悅，乃罷會。

後嘗釋奠於國子監，宰臣百僚皆會，朝恩講易，徵鼎卦「覆餗」之義，以譏元載，載心銜之，陰圖除去之。上以朝恩太橫，亦惡之。載欲伺其便，巧中傷之，乃用腹心崔昭爲京兆尹，伺朝恩出處。昭不吝財賂，潛與朝恩黨陝州觀察使皇甫溫相結，溫與昭協，自是朝恩動靜，載皆知之，巨細悉以聞。上益怒，朝恩未之察，日以驕橫。載奏加朝恩實封，又加皇甫溫權位，以肆其欲。

五年，朝恩所昵武將劉希暹微有過忤，上諷之，詔罷朝恩觀軍容使，加實封通前一千戶，朝恩始疑，然每朝謁，恩顧如常，亦不以載爲意。會寒食宴近臣，朝恩入謁。先是，每宴罷，必出還營，是日有詔留之。朝恩始懼，言頗悖慢，上亦以舊恩不之責。是日朝恩還第，雉經而卒。劉希暹亦下獄賜死。

希暹，出自戎伍，有膂力，形貌光偉，以騎射聞。朝恩用之爲神策都虞候，封交河郡王。善候朝恩意旨，深被委信。累遷至太僕卿，與兵馬使王駕鶴同掌禁兵，所爲不法。諷朝恩於北軍置獄，召坊市兇惡少年，羅織城內富人，誣以違法，捕置獄中，忍酷考訊，錄其家產，並沒於軍。或有舉選之士，財貨稍殷，客於旅舍，遇橫死者非一。坊市苦之，謂之「入地牢」。捕賊吏有賈明觀者，尤凶蠹，以屢置大獄，家產巨萬。希暹黨之，地在禁密，人無敢言者。朝恩死，上寬宥之。以素志非順，慮不見容，常自疑懼。與王駕鶴聯職，希暹辭多不遜。駕鶴純謹，上信任之，至是以希暹語上聞，乃誅之。

賈明觀者，本萬年縣捕賊吏。事希暹，恣爲兇惡，毒甚豺狠。朝恩、希暹既死，元載復受明觀姦謀，潛容之，特奏令江西効力。明觀將出城，百姓數萬人懷磚石候之，載令市吏止約。明觀在洪州二年，觀察使魏少遊容之。及路嗣恭代少遊，至郡之日，召明觀笞殺之。識者减魏之名，多路之正。

朝恩素待禮部尚書裴士淹、戶部侍郎、判度支第五琦，二人亦坐貶官。

竇文場、霍仙鳴者，始在東宮事德宗。初魚朝恩誅後，內官不復典兵，德宗以親軍委白志貞。志貞多納豪民賂，補爲軍士，取其傭直，身無在軍者，但以名籍請給而已。涇師之亂，帝召禁軍禦賊，志貞召集無素，是時並無至者，唯文場、仙鳴率諸宦者及親王左右從行。志貞貶官，左右禁旅，悉委文場主之。從幸山南，兩軍漸集。

德宗還京，頗忌宿將，凡握兵多者，悉罷之，禁旅文場、仙鳴分統焉。貞元十二年六月，特立護軍中尉兩員、中護軍兩員，以帥禁軍，乃以文場爲左神策護軍中尉，仙鳴爲右神策護軍中尉，右神威軍使張尚進爲右神策中護軍，內謁者監焦希望爲左神策中護軍，自文場等始也。時竇、霍之權，振於天下，藩鎭節將，多出禁軍，臺省清要，時出其門。文場累加驃騎大將軍。是歲仙鳴病，帝賜馬十匹，令於諸寺爲僧齋以祈福。久病不愈，十四年，倉卒而卒。上疑左右小使正將食中加毒，配流者數十人。仙鳴死後，以開府內常侍第五守亮爲右軍中尉。

文場連表請致仕，許之。

十五年已後，楊志廉、孫榮義爲左右軍中尉，亦踵竇、霍之事，怙寵驕恣。貪利冒寵之徒，利其納賄，多附麗之。至於貞元末，宦官復盛。順宗卽位，王叔文用事，與韋執誼謀奪神策軍權，乃用宿將范希朝爲京西北禁軍都將。事未行，爲內官俱文珍等所排，叔文貶而止。

俱文珍，貞元末宦官，後從義父姓，曰劉貞亮。性忠正，剛而蹈義。順宗卽位，風疾不能視朝政，而宦官李忠言與牛美人侍病，美人受旨於帝，復宣之於忠言，忠言授之王叔文。叔文與朝士柳宗元、劉禹錫、韓曄等圖議〔三〕，然後下中書，俾韋執誼施行，故王之權振天下。叔文欲奪宦者兵權，每忠言宣命，內臣無敢言者，唯貞亮建議與之爭。知其朋徒熾，慮隳朝政，乃與中官劉光琦、薛文珍、尙衍、解玉等謀，奏請立廣陵王爲皇太子，勾當軍國大事，順宗可之。貞亮遂召學士衞次公、鄭絪、李程、王涯入金鑾殿，草立儲君詔。及太子受內禪，盡逐叔文之黨，政事悉委舊臣，時議嘉貞亮之忠藎。累遷至右衞大將軍，知內侍省事。元和八年卒，憲宗思其翊戴之功，贈開府儀同三司。

吐突承璀，幼以小黃門直東宮，性敏慧，有才幹。憲宗卽位，授內常侍，知內省事，左監門將軍。俄授左軍中尉、功德使。四年，王承宗叛，詔以承璀爲河中、河南、浙西、宣歙等道赴鎭州行營兵馬招討等使，內侍省常侍宋惟澄爲河南、陝州、河陽已來館驛使，內官曹進玉、劉國珍、馬江朝等分爲河北行營糧料館驛等使。諫官、御史上疏相屬，皆言自古無中貴人爲兵馬統帥者，補闕獨孤郁、段平仲尤激切。憲宗不獲已，改爲充鎭州已來招撫處置等使。及承璀率禁軍上路，帝御通化門樓，慰諭遣之。出師經年無功，乃遣密人告王承宗，令上疏待罪，許以罷兵爲解。仍奏昭義節度使盧從史素與賊通，許爲承宗求節鉞。乃誘潞州牙將烏重胤謀執從史送京師。及承宗表至，朝廷議罷兵，承璀班師，仍爲禁軍中尉。段平仲抗疏極論承璀輕謀弊賦，請斬之以謝天下，憲宗不獲已，降爲軍器使。俄復爲左衞上將軍，知內侍省事。

時弓箭庫使劉希先取羽林大將軍孫璹錢二十萬以求方鎭，事發賜死，辭相告訐，事連承璀，乃出爲淮南節度監軍使。太子通事舍人李涉，性狂險，投匭上書，論希先、承璀無罪，不宜貶戮。諫議大夫、知匭事孔戣，見涉疏之副本，不受其章。涉持疏於光順門欲進之，戣上疏論其纖邪，貶涉硤州司倉。上待承璀之意未已，而宰相李絳在翰林，時數論承璀之過，故出之。八年，欲召承璀還，乃罷絳相位。承璀還，復爲神策中尉。惠昭太子薨，承璀建議請立澧王寬爲太子，憲宗不納，立遂王宥。穆宗卽位，銜承璀不佑己，誅之。敬宗時，中尉馬存亮論承璀之冤，詔雪之，仍令假子士曄以禮收葬。

王守澄，元和末宦者。憲宗疾大漸，內官陳弘慶等弒逆。憲宗英武，威德在人，內官祕之，不敢除討，但云藥發暴崩。時守澄與中尉馬進潭、梁守謙、劉承偕、韋元素等定册立穆宗皇帝。長慶中，守澄知樞密事。

初元和中，守澄爲徐州監軍，遇翼城醫人鄭注，出入節度使李愬家。注敏悟過人，博通典藝，棋奕醫卜，尤臻於妙，人見之者，無不歡然。注嘗爲李愬煮黃金，服一刀圭，可愈痿弱重膇之疾，復能反老成童。愬與守澄服之，頗効。守澄知樞密，薦引入禁中，穆宗待之亦厚。注多奇詭，每與守澄言必通夕。

文宗卽位，守澄爲驃騎大將軍，充右軍中尉。注復得幸於文宗，後依倚守澄，大爲姦弊。文宗以元和逆黨尙在，其黨大盛，心常憤惋，端居不怡。翰林學士宋申錫嘗獨對採知，上略言其意，申錫請漸除其逼。帝亦以申錫沉厚有方略，爲其事可成，乃用爲宰相。申錫謀未果，爲注所察，守澄乃令軍吏豆盧著誣告申錫與漳王謀逆，申錫坐貶。

宰相李逢吉從子訓，與注交通，訓亦機詭萬端，二人情義相得，俱爲守澄所重。復引訓入禁中，爲上講周易。既得幸，又探知帝旨，復以除宦官謀中帝意。帝以訓才辯縱橫，以爲其事必捷，待以殊寵，自流人中用爲學官，充侍講學士。時仇士良有翊上之功，爲守澄所抑，位未通顯。訓奏用士良分守澄之權，乃以士良爲左軍中尉，守澄不悅，兩相矛盾。訓因其惡。大和九年，帝令內養李好古齎酖賜守澄，祕而不發，守澄死，仍贈揚州大都督。其弟守涓爲徐州監軍，召還，至中牟，誅之。守澄豢養訓、注，反罹其禍，人皆快其受佞而惡訓、注之陰狡。

李訓既殺守澄，復惡鄭注，乃奏用注爲鳳翔節度使。訓欲盡誅宦官，乃與金吾將軍韓約、新除太原節度使王璠、新除邠寧節度使郭行餘、權御史中丞李孝本、權京兆尹羅立言謀。其年十一月二十一日，上御宣政殿，百僚班定，韓約不奏平安，乃奏曰：「臣當仗廨內石榴樹，夜來降甘露，請陛下幸仗舍觀之。」帝乘輦趨金吾仗。中尉仇士良與諸官先往石榴樹觀之，伺知其詐，又聞幕下兵仗聲，蒼黃而還，奏曰：「南衙有變。」遂扶帝輦入閤門。李訓從輦大呼曰：「邠寧、太原之兵，何不赴難？衞乘輿者，人賞百千！」於是誰何之卒及御史臺從人，持兵入宣政殿院，宦官死者甚衆。輦既入閤門，內官呼萬歲。俄而士良等率禁兵五百餘人，露刃出東上閤門，逢人卽殺，王涯、賈餗、舒元輿、李訓等四人宰相及王璠、郭行餘等十一人，屍横闕下。自是權歸士良與魚弘志。至宣宗卽位，復誅其太甚者，而閹寺之勢，仍握軍權之重焉。

田令孜，本姓陳。咸通中，從義父入內侍省爲宦者。頗知書，有謀略，自諸司小使監諸鎭用兵，累遷神策中尉、左監門衞大將軍。乾符中，盜起關東。諸軍誅盜，以令孜爲觀軍容、制置左右神策、護駕十軍等使。京師不守，從僖宗幸蜀。鑾輿返正，令孜頗有匡佐之功，時令孜威權振天下。

時關中寇亂初平，國用虛竭，諸軍不給，令孜請以安邑、解縣兩池榷鹽課利，全隸神策軍，詔下，河中王重榮抗章論列，言使名久例隸當道，省賦自有常規。令孜怒，用王處存爲河中節度使，重榮不奉詔。令孜率禁兵討之，重榮引太原軍爲援，戰於沙苑，禁軍大敗。京師復亂，僖宗出幸寶雞，又移幸山南，方鎭皆憾令孜生事。令孜懼，引前樞密楊復恭代己，從幸梁州，求爲西川監軍。西川節度使陳敬瑄，卽令孜之弟也。

昭宗卽位，三川大亂，詔宰相韋昭度鎭西川，陳敬瑄不受代。令孜引閬州刺史王建爲援，建素以父事令孜。時建方亂東川，聞其召也，以西蜀可圖，欣然赴之。建以所領千餘兵至漢州，陳敬瑄以建雄豪難制，辭而遣之。建曰：「十軍阿父召予，及門而拒，鄰藩聞之，孰肯相容？爲予報令公，建至此，無所歸也。」遂遣使上表，請討陳敬瑄以自効。朝廷嘉之，卽命昭度爲招討，入蜀加兵，經年無功，昭度還京。建遂絕棧道，不通詔使。歲中急擊成都，陳敬瑄計窘，遣令孜出城，與建通和。建竟自爲蜀帥，令孜以義父之故，依倚仍舊監軍事。旣而陳敬瑄遇酖，令孜亦爲建所殺。

楊復光，內常侍楊玄价之養子也。幼以宦者入內侍省，慷慨負節義，有籌略，爲小黃門，監鎭兵征討。乾符中，賊渠黃巢之犯江西，復光爲排陣使，遣判官吳彥弘入城喻朝旨，巢卽令其將尙君長奉表歸國。招討使宋威害其功，併兵擊賊，巢怒，復作剽。朝廷誅尙君長，怨怒愈深。宋威戰敗，復光總其兵權，進攻洪州，擒賊將徐唐莒。詔以荆南節度使王鐸爲招討，代宋威。復光監忠武軍，屯于鄧州，以遏賊衝。

京師陷賊，節度使周岌受僞命，賊使往來旁午。岌嘗夜宴，急召復光，左右曰：「周公歸賊，必謀害內侍，不如勿往。」復光曰：「事勢如此，義不圖全。」卽赴之。酒酣，岌言本朝事，復光因泣下，良久曰：「丈夫所感者恩義，而規利害，非丈夫也。公自匹夫享公侯之貴，豈捨十八葉天子而北面臣賊，何恩義利害之可言乎！」聲淚俱發，岌亦爲之流涕。岌曰：「吾不能獨力拒賊，貌奉而心圖之，故召公。」瀝酒爲盟。是夜，復光遣其養子守亮殺賊使於傳舍。

時秦宗權叛岌，據蔡州。復光得忠武之師三千入蔡州，說宗權，俾同義舉。宗權遣將王淑率衆萬人從復光收荆襄。次鄧州，王淑逗留不進，復光斬之，併其軍，分爲八都。鹿晏弘、晉暉、李師泰、王建、韓建等，皆八都之大將也。進攻南陽，賊將朱温、何勤來逆戰，復光敗之，進收鄧州，獻捷行在，中和元年五月也。復光乘勝追賊，至藍橋，丁母憂還。尋起復，受詔充天下兵馬都監，押諸軍入定關輔。王重榮爲東面招討使，復光以兵會之。

二年七月，至河中。賊將朱温守同州，復光遣使諭之。九月，温以所部來降。時賊將李翔守華州，巢寇益盛，王重榮憂之，謂復光曰：「臣賊則負國，拒戰則兵微，今日成敗，未可知也，公其圖之。」復光曰：「鴈門李僕射以雄武振北陲，其家尊與吾先世同患難。李鴈門奮不顧身，自播遷已來，徵兵未至者，蓋太原阻路也。如以朝旨諭鄭公，詔到，其軍必至。」重榮曰：「善。」王鐸遣使奉墨詔之太原，太原以兵從之。及收京城，三敗巢賊，復光與其子守亮、守宗等身先犯難，功烈居多。其年六月，卒於河中，時年四十二。復光雖黃門近幸，然慷慨有大志，善撫士卒，及死之日，軍中慟哭累日。身後平賊立功者，多是復光部下門人故將也。

諸假子：守亮，興元節度使；守宗，忠武節度使；守信，商州防禦使；守忠，洋州節度使；其餘以守爲名者數十人，皆爲牧守將帥。

楊復恭，貞元末中尉楊志廉之後。志廉子欽義，大中朝爲神策中尉。欽義子三人：玄翼、玄价、玄寔。玄翼，咸通中掌樞密；玄寔，乾符中爲右軍中尉；玄价，河陽監軍。復恭，即玄翼子也。以父，幼爲宦者，入內侍省。知書，有學術，每監諸鎭兵。龐勛之亂，監陣有功，自河陽監軍入爲宣徽使。咸通十年，玄翼卒，起復爲樞密使。時黃巢犯闕，左軍中尉田令孜爲天下觀軍容制置使，專制中外。復恭每事力爭得失，令孜怒，左授復恭飛龍使，乃稱疾退於藍田。僖宗自蜀還京，田令孜出師失律，車駕再幸山南，復用復恭爲樞密使，尋代令孜爲右軍中尉。時行在制置，內外經略，皆出於復恭。車駕還京，授觀軍容使，封魏國公。僖宗晏駕，迎壽王踐祚。文德元年，加開府、金吾上將軍，專典禁兵，既軍權在手，頗擅朝政。昭宗惡之，政事多訪於宰臣，故韋昭度、張濬、杜讓能每有陳奏，卽舉大中故事，稍抑宦者之權。上性明察，由是偏聽之釁生焉。國舅王瓌，頗居中任事，復恭惡之，奏授黔南節度。至吉柏江，覆舟而沒，物議歸咎於復恭，上每切齒道復恭。復恭假子天威軍使守立，權勇冠於六軍，人皆避之。上欲罪復恭，懼守立爲亂，乃謂復恭曰：「吾要卿家守立在左右，可進來。」乃賜姓李，名順節，恩寵特異，勢侔樞要。乃與復恭爭權，每中傷其陰事，授順節鎭海軍節度使、同平章事。

大順二年九月，詔復恭致仕，賜杖屨。復恭既失勢，欲退止商山別居，第在昭化里，近玉山營。假子守信爲玉山軍使，守信時候復恭於其第，或誣告云玉山軍使與復恭謀亂，詔李順節率禁軍攻之。昭宗御延喜樓。守信以兵拒之，順節屢敗。際晚，守信、復恭挈其族出通化門，趨興元。守信令部將張綰殿其後，綰戰敗，被擒。復恭至興元，節度使楊守亮乃糾合諸守義兄弟舉兵，以討順節爲名。天子詔李茂貞、王行瑜討之。明年，守亮兵敗，復恭與守亮挈其族，將奔太原，入商山。至乾元縣，爲華州兵所獲，執送京師，皆梟首於市。李茂貞收興元，進復恭前後與守亮私書六十紙，內訴致仕之由云：「承天是隋家舊業，大姪但積粟訓兵，不要進奉。吾於荊榛中援立壽王，有如此負心門生天子，既得尊位，乃廢定策國老。」其不遜如是。後復恭假子彥博奔太原，收復恭骸骨，葬於介休縣之抱腹山。

復恭之後，宦者西門重遂爲右軍中尉。李茂貞初併山南，兵衆強盛，干預朝政，宰相杜讓能與重遂等謀誅之。師興，爲茂貞所敗，重遂被誅，乃以內官駱全瓘、劉景宣爲左右軍中尉。乾寧二年春，李茂貞、王行瑜以兵入覲，殺宰相韋昭度、李谿。河東節度使李克用率師渡河，討邠、岐二帥，軍於渭北。駱全瓘與茂貞宿衞將閻圭，脅天子幸岐州，昭宗蒼黃幸莎城。茂貞以太原問罪，乃誅全瓘、閻圭以自解。昭宗幸華州，宦官稍微。

及光化還宮，內官景務修、宋道弼復專國政，宰相崔胤深惡之，中外不睦。宰相徐彥若、王摶有度量，見其陰險相傾，懼危時事，嘗奏曰：「人君當務大體，平心御物，無有偏私。偏任偏聽，古人所患。今中官怙寵，道路目之，皆知此弊，然未能卒改。俟多難漸平，以道消息之。陛下勿泄聖謨，啓其姦詐。」崔胤知摶所奏，頗銜之，他日見上，曰：「王摶姦邪，已爲敕使外應，不可在相位。」二年六月，貶摶官，賜死於藍田，道弼、務修亦賜死，以樞密使劉季述、王奉先爲兩軍中尉，出徐彥若鎮南海。

崔胤秉政而排擯宦官，季述等外結藩侯，以爲黨援。十一月六日，季述矯詔以皇太子監國，遂廢昭宗，居東內，奪傳國寶授太子。昭宗以何皇后宮嬪數人隨行，幽于東宮，季述手持銀檛，於上前以檛畫地數上罪狀，云：「某時某事，你不從我言，其罪一也。」其悖逆如此。乃令李師虔以兵圍之，鎔錫錮其扃鐍。時方凝冽，嬪御無被，哭聲聞于外。穴牆通食者兩月。十二月晦，崔胤等謀反正，誅季述、奉先，復迎昭宗即位，改元天復元年。

其歲十一月，朱全忠寇河中華州，陷之，京師震恐，中尉韓全誨請上且幸鳳翔。全忠追逼乘輿，兵圍鳳翔者累年。三年正月，茂貞殺兩軍中尉韓全誨張弘彥、樞密使袁易簡周敬容等二十二人，皆斬首，以布囊貯之，令學士薛貽矩送於全忠求和。是月，全忠迎駕還長安，詔以崔胤爲宰相，兼判六軍諸衞。

胤奏曰：「高祖、太宗承平時，無內官典軍旅。自天寶以後，宦官寖盛。貞元、元和，分羽林衞爲左、右神策軍，以使衞從，令宦官主之，唯以二千人爲定制。自是叅掌樞密。由是內務百司，皆歸宦者，上下彌縫，共爲不法，大則傾覆朝政，小則構扇藩方。車駕頻致播遷，朝廷漸加微弱，原其禍作，始自中人。自先帝臨御已來，陛下纂承之後，朋儕日熾，交亂朝綱，此不翦其本根，終爲國之蟊賊。內諸司使務宦官主者，望一切罷之，諸道監軍使，並追赴闕廷，即國家萬世之便也。」

詔曰：

宦官之興，肇于秦、漢。趙高、閻樂，竟滅嬴宗；張讓、段珪，遂傾劉祚。肆其志則國必受禍，悟其事則運可延長。朕所以斷在不疑，祈天永命者也。

先皇帝嗣位之始，年在幼沖，羣豎相推，奄專大政。於是毒流宇內，兵起山東，遷幸三川，幾淪神器。迴鑾之始，率土思安，而田令孜妬能忌功，遷搖近鎮，陳倉播越，患難相仍。洎朕纂承，益相侮慢，復恭、重遂逞其禍，道弼、季述繼其兇，幽辱朕躬，淩脅孺子。天復返正，罪已求安，兩軍內樞，一切假借。韓全誨等每懷憤惋，曾務報讎，視將相若血仇，輕君上如木偶。未周星歲，竟致播遷；及在岐陽，過於羈紲。上憂宗社傾墜，下痛民庶流離，茫然孤居，無所控告。

全忠位兼二柄，深識朕心，駐兵近及於三年，獨斷方誅於元惡。今謝罪郊廟，即宅宮闈，正刑當在於事初，除惡宜絕其根本。先朝及朕，五致播遷，王畿之甿，減耗大半，父不能庇子，夫不能室妻。言念于茲，痛深骨髓，其誰之罪？爾輩之由。

帝王之爲治也，內有宰輔卿士，外有藩翰大臣，豈可令刑餘之人，參預大政？況此輩皆朕之家臣也，比於人臣之家，則奴隸之流。恣橫如此，罪惡貫盈，天命誅之，罪豈能捨？橫屍伏法，固不足矜，含容久之，亦所多愧。其第五可範已下，並宜賜死。其在畿甸同華、河中，並盡底處置訖。諸道監軍使已下，及管內經過並居停內使，敕到並仰隨處誅夷訖聞奏。已令準國朝故事，量留三十人，各賜黃絹衫一領，以備宮內指使，仍不得輒有養男。其左右神策軍，並令停廢。

是日，諸司宦官百餘人，及隨駕鳳翔羣小又二百餘人，一時斬首於內侍省，血流塗地。及宮人宋柔等十一人，兩街僧道與內官相善者二十餘人，並笞死於京兆府。內諸司一切罷之，皆歸省寺。自是京城並無宦官，天子每宣傳詔命，卽令宮人出入。崔胤雖復仇快志，國祚旋亦覆亡，悲夫。

贊曰：崇墉大廈，壯其楹磶。殿邦禦侮，亦俟明德。胥人意褊，動不量力。投鼠敗器，良堪太息。

校勘記

〔一〕大臣羣官二百餘人　「羣官」，御覽卷八四八、新書卷二〇七魚朝恩傳作「子弟」。

〔二〕以爲附學生廚料　「爲」字各本原無，據御覽卷八四八、册府卷六六九補。

〔三〕韓曄　各本原作「韓日華」，據本書卷一三五王叔文傳、新書卷一六八王叔文傳、通鑑卷二三六改。

舊唐書卷一百八十五上

列傳第一百三十五上

良吏上

漢宣帝曰：「使政平訟息，民無愁歎，與我共理，其惟良二千石乎！」故漢代命官，重外輕內，郎官出宰百里，郡守入作三公。世祖中興，尤深吏術，慎選名儒爲輔相，不以吏事責功臣，政優則增秩賜金，績負則論輸左校。選任之道，皇漢其優。

隋政不綱，彝倫斯紊，天子事巡遊而務征伐，具僚逞側媚而竊恩權。是時朝廷無正人，方岳無廉吏。跨州連郡，莫非豺虎之流；佩紫懷黄，悉奮爪牙之毒。以至土崩不救，旋踵而亡。

武德之初，餘風未殄。太宗皇帝削平亂迹，湔洗污風，唯思稼穡之艱，不以珠璣爲寶，以是人知恥格，俗尚貞修，太平之基，率由兹道。洎天后、玄宗之代，貞元、長慶之間，或以卿士大夫泣方州，或以御史、郎官宰畿甸，行古道也，所病不能。

自武德已還，歷年三百，其間岳牧，不乏循良。今錄其政術有聞，爲之立傳，所冀表吏師而儆不恪也。

韋仁壽，雍州萬年人也。大業末，爲蜀郡司法書佐，斷獄平恕，其得罪者皆曰：「韋君所斷，死而無恨。」高祖入關，遣使定巴蜀，使者承制拜仁壽巂州都督府長史。時南寧州內附，朝廷每遣使安撫，類皆受賄，邊人患之，或有叛者。高祖以仁壽素有能名，令檢校南寧州都督，寄聽政於越巂，使每歲一至其地以慰撫之。仁壽將兵五百人至西洱河，承制置八州十七縣，授其豪帥爲牧宰，法令淸肅，人懷歡悅。及將還，酋長號泣曰：「天子遣公鎭撫南寧，何得便去？」仁壽以城池未立爲辭，諸酋長乃相與築城，立廨舍，旬日而就。仁壽又曰：「吾奉詔但令巡撫，不敢擅住。」及將歸，蠻夷父老各揮涕相送。因遣子弟隨之入朝，貢方物，高祖大悅。仁壽復請徙居南寧，以兵鎮守。有詔特聽以便宜從事，令益州給兵送之。刺史竇軌害其功，託以蜀中山獠反叛，未遑遠略，不時發遣。經歲餘，仁壽病卒。

陳君賓，陳鄱陽王伯山子也。仕隋爲襄國太守。武德初，以郡歸款，封東陽公，拜邢州刺史。貞觀元年，累轉鄧州刺史。州邑喪亂之後，百姓流離，君賓至纔期月，皆來復業。二年，天下諸州並遭霜澇，君賓一境獨免，當年多有儲積，蒲、虞等州戶口，盡入其境逐食。太宗下詔勞之曰：

朕以隋末亂離，毒被海內，率土百姓，零落殆盡，州里蕭條，十不存一，寤寐思之，心焉若疚。是以日旰忘食，未明求衣，曉夜孜孜，惟以安養爲慮。每見水旱降災，霜雹失所，撫躬責己，自慚德薄。恐貧乏之黎庶，不免饑餒，傾竭倉廩，普加賑恤。其有一人絕食，若朕奪之，分命庶僚，盡心匡救。去年關內六州及蒲、虞、陝、鼎等復遭亢旱，禾稼不登，糧儲既少，遂令分房就食。比聞刺史以下及百姓等並識朕懷，逐糧戶到，遞相安養，迴還之日，各有贏糧，乃別齎布帛，以申贈遺，如此用意，嘉歎良深。一則知水旱無常，彼此遞相拯贍，不慮凶年。二則知禮讓興行，輕財重義，四海士庶，皆爲兄弟。變澆薄之風，敦仁慈之俗，政化如此，朕復何憂。其安置客口，官人支配得所，並令考司錄爲功最。養戶百姓，不吝財帛，已敕主者免今年調物。宜知此意，善相勸勉。」其年，入爲太府少卿，轉少府少監。九年，坐事除名。後起授虔州刺史，卒。

張允濟，青州北海人也。隋大業中爲武陽令，務以德教訓下，百姓懷之。元武縣與其鄰接，有人以牸牛依其妻家者八九年，牛孳產至十餘頭，及將異居，妻家不與，縣司累政不能決。其人詣武陽質於允濟，允濟曰：「爾自有令，何至此也？」其人垂泣不止，具言所以。允濟遂令左右縛牛主，以衫蒙其頭，將詣妻家村中，云捕盜牛賊，召村中牛悉集，各問所從來處。妻家不知其故，恐被連及，指其所訴牛曰：「此是女壻家牛也，非我所知。」允濟遂發蒙，謂妻家人曰：「此卽女壻，可以牛歸之。」妻家叩頭服罪。元武縣司聞之，皆大慚。又嘗道逢一老母種葱者，結菴守之，允濟謂母曰：「但歸，不煩守也。若遇盜，當來告令。」老母如其言，居一宿而葱大失，母以告允濟，悉召葱地十里中男女畢集，允濟呼前驗問，果得盜葱者。

嘗有行人候曉先發，遺衫於路，行十數里方覺，或謂曰：「我武陽境內，路不拾遺，但能迴取，物必當在。」如言果得。遠近稱之，政績尤異。

遷高陽郡丞，時無郡將，允濟獨統大郡，吏人畏悅。及賊帥王須拔攻圍，時城中糧盡，吏人取槐葉藁節食之，竟無叛者。貞觀初，累遷刑部侍郎，封武城縣男。出爲幽州刺史，尋卒。

李桐客，冀州衡水人也。仕隋爲門下錄事。大業末，煬帝幸江都，時四方兵起，謀欲徙都丹陽，召百僚會議。公卿希旨，俱言「江右黔黎，皆思望幸，巡狩吳會，勒石紀功，復禹之跡，今其時也。」桐客獨議曰：「江南卑濕，地狹州小，內奉萬乘，外給三軍，吳人力屈，恐不堪命。且踰越險阻，非社稷之福。」御史奏桐客謗毀朝政，僅而獲免。後隋滅，從宇文化及至黎陽，轉沒竇建德。建德平，太宗召授秦府法曹參軍。貞觀初，累遷通、巴二州，所在清平流譽，百姓呼爲慈父。後卒於家。

李素立，趙州高邑人，北齊梁州刺史義深曾孫也。祖騊，散騎常侍。父政藻，隋水部郎中，大業末充使淮南，爲盜所殺。素立，武德初爲監察御史。時有犯法不至死者，高祖特命殺之，素立諫曰：「三尺之法，與天下共之，法一動搖，則人無所措手足。陛下甫創鴻業，遐荒尚阻，奈何輦轂之下，便棄刑書？臣忝法司，不敢奉旨。」高祖從之。自是屢承恩顧。素立尋丁憂，高祖令所司奪情授以七品清要官，所司擬雍州司戶參軍，高祖曰：「此官要而不清。」又擬祕書郎，高祖曰：「此官清而不要。」遂擢授侍御史，高祖曰：「此官清而復要。」貞觀中，累轉揚州大都督府司馬。時突厥鐵勒部相率內附，太宗於其地置瀚海都護府以統之，以素立爲瀚海都護。又有闕泥孰別部，猶爲邊患，素立遣使招諭降之。夷人感其惠，率馬牛以饋素立，素立唯受其酒一盃，餘悉還之。爲建立廨舍，開置屯田。久之，轉綿州刺史。永徽初，遷蒲州刺史，及將之任，所餘糧儲及什物，皆令州司收之，唯齎己之書籍而去。道病卒，高宗聞而特爲廢朝一日，謚曰平。

其孫至遠，有重名。長壽中爲天官郎中。內史李昭德重其才，薦於則天，擢令知流內選事。或勸至遠謝其私恩，至遠曰：「李公以公見用，豈得以私謁也。」竟不謝，遂爲昭德所銜，因事出爲壁州刺史卒。

至遠子畬，初爲汜水主簿，處事敏速，有聲稱，雖村童廁養之輩，一閱之後，無不知替代姓名者。累轉國子司業。事母甚謹，閨門邕睦，累代同居。每歲時拜慶，長幼男女，咸有禮節。及妻卒，時母已先病，畬恐傷母意，約家人不令哭聲使聞於母，朝夕定省，不曾見其憂念之色，士友甚以此稱之。及母終，過毀，卒於喪。

至遠弟從遠，景雲中歷黃門侍郎、太府卿。

素立從兄子遊道，則天時官至冬官尙書、同鳳閣鸞臺三品。

薛大鼎，蒲州汾陽人，周太子少傅博平公善孫也。父粹，隋介州長史。漢王諒謀反，授絳州刺史，諒敗伏誅。大鼎以年幼免死，配流辰州，後得還鄉里。義旗初建，於龍門謁高祖，因說：「請勿攻河東，從龍門直渡，據永豐倉，傳檄遠近，則足食足兵。既總天府，據百二之所，斯亦拊背扼喉之計。」高祖深然之。時將士咸請先攻河東，遂從衆議。授大將軍府察非掾。

貞觀中，累轉鴻臚少卿、滄州刺史。州界有無棣河，隋末塡廢，大鼎奏開之，引魚鹽於海。百姓歌之曰：「新河得通舟楫利，直達滄海魚鹽至。昔日徒行今聘駟，美哉薛公德滂被。」大鼎又以州界卑下，遂決長蘆及漳、衡等三河，分洩夏潦，境內無復水害。時與瀛州刺史賈敦頤、曹州刺史鄭德本，俱有美政，河北稱爲「鐺脚刺史」。

永徽四年，授銀青光祿大夫，行荊州大都督府長史。明年卒。有二子：克構、克勤。

克構，天授中官至麟臺監。克勤，歷司農少卿，爲來俊臣所陷伏誅。克構坐配流嶺表而死。

賈敦頤，曹州冤句人也。貞觀中，歷遷滄州刺史。在職清潔，每入朝，盡室而行，唯弊車一乘，羸馬數匹，羈勒有闕，以繩爲之，見者不知其刺史也。二十三年，轉瀛州刺史。州界滹沱河及滱水，每歲泛溢，漂流居人，敦頤奏立堤堰，自是無復水患。

永徽五年，累遷洛州刺史。時豪富之室，皆籍外占田，敦頤都括獲三千餘頃，以給貧乏。又發姦摘伏，有若神明。尋卒。弟敦實。

敦實，貞觀中爲饒陽令，政化清靜，老幼懷之。時敦頤復授瀛州刺史，舊制，大功以上不復連官，朝廷以其兄弟在職，俱有能名，竟不遷替。咸亨元年，累轉洛州長史，甚有惠政。時洛陽令楊德幹杖殺人吏，以立威名，敦實曰：「政在養人，義須存撫，傷生過多，雖能亦不足貴也。」常抑止德幹，德幹亦爲之稍減。四年，遷太子右庶子。

初敦頤爲洛州刺史，百姓共樹碑於大市通衢，及敦實去職，復刻石頌美，立于兄之碑側，時人號爲「棠棣碑」。敦實後爲懷州刺史，永淳初，以年老致仕。及病篤，子孫迎醫視之，敦實曰：「未聞良醫能治老也。」終不服藥。垂拱四年卒，時年九十餘。

子膺福，先天中歷左散騎常侍、昭文館學士，坐預竇懷貞等謀逆伏誅。

李君球，齊州平陵人也。父義滿，屬隋亂，糾合宗黨，保固村閭，外盜不敢侵逼，以功累授齊郡通守。武德初，遠申誠款，詔以其宅爲譚州〔一〕，仍拜爲總管，封平陵郡公。君球少任俠，頗涉書籍。貞觀中，齊州都督齊王㦤據州城舉兵作亂，君球與兄子行均守縣城。事平，太宗聞而嘉之，擢授遊擊將軍，仍改其本縣爲全節縣。君球累補左驍衞、義全府折衝都尉。

龍朔三年，高宗將伐高麗，君球上疏諫曰：

臣聞心之病者，不能緩聲；事之急者，不能安言；性之慈者，不能隱情。且食君之祿者，死君之事，今臣食陛下之祿矣，其敢愛身乎？臣聞司馬法曰：「國雖大，好戰必亡；天下雖安，忘戰必危。」兵者凶器，戰者危事，故聖主明王重行之也。愛人力之盡，恐府庫之殫，懼社稷之危，生中國之患。故古人云：「務廣德者昌，務廣地者亡。」昔秦始皇好戰不已，至于失國，是不愛其內而務其外故也。漢武遠討朔方，殆乎萬里，廣拓南海，分爲八郡，終於戶口減半，國用空虛，至於末年，方垂哀痛之詔，自悔其失。

彼高麗者，辟側小醜，潛藏山海之間，得其人不足以彰聖化，棄其地不足以損天威，何至乎疲中國之人，傾府庫之實，使男子不得耕耘，女子不得蠶織。陛下爲人父母，不垂惻隱之心，傾其有限之貲，貪於無用之地。設令高麗既滅，卽不得不發兵鎭守，少發則兵威不足，多發則人心不安，是乃疲於轉戍，萬姓無聊生也。萬姓無聊，卽天下敗矣。天下既敗，陛下何以自安？故臣以爲征之不如不征，滅之不如不滅。

書奏不納。

尋遷蔚州刺史，未行，改爲興州刺史。累遷揚州大都督府長史，政尚嚴肅，人吏憚之，盜賊屛跡，高宗頻降書勞勉。時有吐谷渾犯塞，以君球素有威重，轉爲靈州都督。尋卒官。

崔知温，許州鄢陵人。祖樞，司農卿。父義眞，陝州刺史。知温初爲左千牛。麟德中，累轉靈州都督府司馬。州界有渾、斛薛部落萬餘帳，數侵掠居人，百姓咸廢農業，習騎射以備之。知温表請徙於河北，斛薛不願遷移，時將軍契苾何力爲之言於高宗，遂寢其奏。知温前後十五上，詔竟從之，於是百姓始就耕穫。後斛薛入朝，因過州謝曰：「前蒙奏徙河北，實有怨心。然牧地膏腴，水草不乏，部落日富，始荷公恩。」拜伏而去。

知温四遷蘭州刺史，會有党項三萬餘衆來寇州城，城內勝兵旣少，衆大懼，不知所爲。知温使開城門延賊，賊恐有伏，不敢進。俄而將軍權善才率兵來救，大破党項之衆。善才因其降，欲盡坑之，以絕後患，知温曰：「弗逆克奔，古人之善戰。誅無噍類，禍及後昆。又谿谷崢嶸，草木幽蔚，萬一變生，悔之何及。」善才然其計。又欲分降口五百人以與知温，知温曰：「向論安危之策，乃公事也，豈圖私利哉！」固辭不受。党項餘衆由是悉來降附。知温累遷尙書左丞，轉黃門侍郞、同中書門下三品，兼修國史。永隆二年七月，遷中書令。永淳三年三月卒，年五十七，贈荊州大都督。

子泰之，開元中官至工部尙書。

少子諤之。諤之，神龍初爲將作少匠，預誅張易之有功，封博陵縣侯，賜實封二百戶。

開元初，累遷少府監。

知溫兄知悌。知悌，高宗時官至戶部尚書。

高智周，常州晉陵人。少好學，舉進士。累補費縣令，與丞、尉均分俸錢，政化大行，人吏刊石以頌之。尋授祕書郎、弘文館直學士，預撰瑤山玉彩、文館辭林等，三遷蘭臺大夫。時孝敬在東宮，智周與司文郎中賀凱、司經大夫王眞儒等，俱以儒學詔授爲侍讀。總章元年，請假歸葬其父母，因謂所親曰：「知進而不知退，取患之道也。」乃稱疾去職。

俄起授壽州刺史，政存寬惠，百姓安之。每行部，必先召學官，見諸生，試其講誦，訪以經義及時政得失，然後問及墾田獄訟之事。咸亨二年，召拜正諫大夫，兼檢校禮部侍郎。尋遷黃門侍郎、同中書門下三品，兼修國史。俄轉御史大夫，累表固辭煩劇之任，高宗嘉其意，拜右散騎常侍。又請致仕，許之。永淳二年十月，卒於家，年八十二，贈越州都督府。

智周少與鄉人蔣子慎善，同詣善相者，曰：「明公位極人臣，而胤嗣微弱；蔣侯官祿至薄，而子孫轉盛。」子愼後累年爲建安尉卒，其子繪來謁智周，智周已貴矣，曰：「吾與子父有故，子復有才。」因以女妻之。永淳中，爲緱氏尉、鄭州司兵卒。

繪子捷，舉進士。開元中，歷臺省，仕至湖、延二州刺史。子貴，贈揚州大都督。捷子洌、渙，並進士及第。洌，歷禮、吏、戶部三侍郎，尚書左丞；渙，天寶末給事中，永泰初右散騎常侍。高氏殄滅已久，果符相者之言。初，洌兄弟在父艱，廬於墓側，植松柏千餘株，又同時榮貴，人推其友愛。洌子鍊，渙子銖，亦進士舉。

田仁會，雍州長安人。祖軌，隋幽州刺史、信都郡公。父弘，陵州刺史，襲信都郡公。仁會，武德初應制舉，授左衞兵曹，累遷左武候中郎將。貞觀十八年〔三〕，太宗征遼發後，薛延陀數萬騎抄河南，太宗令仁會及執失思力率兵擊破之，逐北數百里，延陀脫身走免。太宗嘉其功，降璽書慰勞。

永徽二年，授平州刺史，勸學務農，稱爲善政。轉郢州刺史，屬時旱，仁會自曝祈禱，竟獲甘澤。其年大熟，百姓歌曰：「父母育我田使君，精誠爲人上天聞。田中致雨山出雲，倉廩既實禮義申。但願常在不患貧。」五遷勝州都督，州界有山賊阻險，劫奪行李，仁會發騎盡捕殺之。自是外戶不閉，盜賊絕跡。入爲太府少卿。

麟德二年，轉右金吾將軍，所得祿俸，估外有餘，輒以納官，時人頗譏其邀名。仁會強力疾惡，晝夜巡警，自宮城至於衢路，絲毫越法，無不立發。每日庭引百餘人，躬自閱罰，略無寬者。京城貴賤，咸畏憚之。時有女巫蔡氏，以鬼道惑衆，自云能令死者復生，市里以爲神明，仁會驗其假妄，奏請徙邊。高宗曰：「若死者不活，便是妖妄；若死者得生，更是罪過。」竟依仁會所奏。仁會，總章二年遷太常正卿，咸亨初又轉右衞將軍，以年老致仕。儀鳳四年卒，年七十八，謚曰威。神龍中，以子歸道贈戶部尚書。

歸道，弱冠明經舉。長壽中累補司賓丞，仍通事舍人內供奉。久之，轉左衞郎將。聖曆初，突厥默啜遣使請和，制遣左豹韜衞將軍閻知微入蕃，册爲立功報國可汗。默啜又遣使入朝謝恩，知微遇諸途，便與之緋袍、銀帶，兼表請蕃使入都日，大備陳設。歸道上言曰：「突厥背恩積稔，悔過來朝，宜待聖恩，寬其罪戾，解辮削衽，須稟天慈。知微擅與袍帶，國家更將何物充賜？望反初服，以俟朝恩。且小蕃使到，不勞大備之儀。」則天然之。及默啜將至單于都護府，乃令歸道攝司賓卿迎勞之。默啜又奏請六胡州及單于都護府之地，則天不許。默啜深怨，遂拘縶歸道，將害之。歸道辭色不撓，更責以無厭求請，兼喻其禍福，默啜意稍解。會有制賜默啜粟三萬石、雜綵五萬段、農器三千事，并許之結婚。於是歸道得還，遂面陳默啜不利之狀，請加防禦，則天納焉。頃之，默啜果叛，掠閻知微入寇趙、定等州。擢拜歸道夏官侍郎，甚見親委。累遷左金吾將軍、司膳卿，兼押千騎。未幾，除尚方監，加銀青光祿大夫。轉殿中監，仍令依舊押千騎，宿衞於玄武門。敬暉等討張易之、昌宗也，遣使就索千騎，歸道既先不預謀，拒而不與。及事定，暉等將誅之，歸道執辭免，令歸私第。中宗嘉其忠壯，召拜太僕少卿，驟除殿中少監、右金吾將軍。歲餘病卒，贈輔國大將軍，追封原國公，中宗親爲文以祭之。

子賓庭，開元中爲光祿卿。

韋機，雍州萬年人。祖元禮，隋浙州刺史。父怡，洛州別駕。機，貞觀中爲左千牛冑曹，充使往西突厥，册立同俄設爲可汗。會石國反叛，路絕，三年不得歸。機裂裳錄所經諸國風俗物產，名爲西征記。及還，太宗問蕃中事，機因奏所撰書，太宗大悅，擢拜朝散大夫，累遷至殿中監。

顯慶中爲檀州刺史。邊州素無學校，機敦勸生徒，創立孔子廟，圖七十二子及自古賢達，皆爲之贊述。會契苾何力東討高麗，軍衆至檀州，而灤河泛漲，師不能進，供其資糧，數日不乏。何力至師還，以其事聞。高宗以爲能，超拜司農少卿，兼知東都營田，甚見委遇。有宦者於苑中犯法，機杖而後奏，高宗嗟賞，賜絹數十疋，謂曰：「更有犯者，卿即鞭之，不煩奏也。」

上元中，遷司農卿，檢校園苑，造上陽宮，并移中橋從立德坊曲徙於長夏門街，時人稱其省功便事。有道士朱欽遂爲天后所使，馳傳至都，所爲横恣。機囚之，因密奏曰：「道士假稱中宮驅使，依倚形勢，臣恐虧損皇明，爲禍患之漸。」高宗特發中使慰諭機，而欽遂配流邊州，天后由是不悅。儀鳳中，機坐家人犯盜，爲憲司所劾，免官。永淳中，高宗幸東都，至芳桂宮驛，召機，令白衣檢校園苑。將復本官，爲天后所擿而止，俄令檢校司農少卿事，會卒。子餘慶。

餘慶官至右驍衞兵曹，早卒。餘慶子岳。

岳亦以吏幹著名，則天時，累轉汝州司馬。會則天幸長安，召拜尚舍奉御，從駕還京，因召見。則天謂曰：「卿是韋機之孫，勤幹固有家風也。卿之家事，朕悉知之。」因問家人名，賞慰良久。尋拜太原尹，岳素不習武，固辭邊任。由是忤旨，左遷宋州長史，歷海、虢二州刺史，所在皆著威名。睿宗時，入爲殿中少監，甚承恩顧。及竇懷貞、李晉等伏誅，以岳嘗與交往，爲姜皎所陷，左遷渠州別駕，稍遷陝州刺史。開元中，卒於潁州別駕。岳子景駿。

景駿明經舉。神龍中，累轉肥鄉令。縣北界漳水，連年泛溢。舊隄迫近水漕，雖修築不息，而漂流相繼。景駿審其地勢，拓南數里，因高築隄。暴水至，隄南以無患，水去而隄北稱爲腴田。漳水舊有架柱長橋，每年修葺，景駿又改造爲浮橋，自是無復水患，至今賴焉。時河北飢，景駿躬撫合境，村閭必通贍恤，貧弱獨免流離。及去任，人吏立碑頌德。開元中，爲貴鄉令。縣人有母子相訟者，景駿謂之曰：「吾少孤，每見人養親，自恨終天無分，汝幸在溫凊之地，何得如此？錫類不行，令之罪也。」因垂泣嗚咽，仍取孝經付令習讀之，於是母子感悟，各請改悔，遂稱慈孝。

累轉趙州長史，路由肥鄉，人吏驚喜，競來犒餞，留連經日。有童稚數人，年甫十餘歲，亦在其中，景駿謂曰：「計吾爲此令時，汝輩未生，既無舊恩，何慇懃之甚也？」咸對曰：「此間長宿傳說，縣中廨宇、學堂、館舍、隄橋，並是明公遺跡。將謂古人，不意親得瞻覩，不覺欣戀倍於常也。」其爲人所思如此。

十七年，遷房州刺史。州帶山谷，俗參蠻夷，好淫祀而不修學校。景駿始開貢舉，悉除淫祀。又通狹路，幷造傳館，行旅甚以爲便。二十年，轉奉先令，未行而卒。

權懷恩，雍州萬年人，周荆州刺史、千金郡公景宣玄孫也，其先自天水徙家焉。祖弘壽，大業末爲臨汾郡司倉書佐。高祖鎭晉陽，引判留守事。以從義師之功，累轉秦王府長史，太宗遇之甚厚。又從平王世充，拜太僕卿，累封盧國公卒，諡曰恭。父知讓，襲爵，官至博州刺史。

懷恩初以蔭授太子洗馬。咸亨初，累轉尙乘奉御，襲爵盧國公。時有奉乘安畢羅善於調馬，甚爲高宗所寵，懷恩奏事，遇畢羅在帝左右戲無禮，懷恩退而杖之四十。高宗知而嗟賞之，謂侍臣曰：「懷恩乃能不避強禦，眞良吏也。」卽日拜萬年令，爲政淸肅，令行禁止，前後京縣令無及之者。後歷慶、萊、衞、邢四州刺史，洛州長史。懷恩姿狀雄毅，束帶之後，妻子不敢仰視。所歷皆以威名御下，人吏重足而立。俄出爲宋州刺史。時汴州刺史楊德幹亦以嚴肅與懷恩齊名。至是懷恩路由汴州，德幹送之出郊，懷恩見新橋中途立木以禁車過者，謂德幹曰：「一言處分豈不得，何用此爲？」德幹大慚，時議以爲不如懷恩也。轉益州大都督府長史，尋卒。

姪楚璧，官至左領軍衞兵曹參軍。開元十年，駕在東都，楚璧乃與故兵部尚書李迥秀男齊損、從祖弟金吾淑、陳倉尉盧玢及京城左屯營押官長上折衝周履濟楊楚劍元令琪等舉兵反。立楚璧兄子梁山，年十五，詐稱襄王男，號爲光帝。擁左屯營兵百餘人，梯上景風門，逾城而入，踞長樂恭禮門。入宮城，求留守、刑部尚書王志愔，不獲。屬天曉，屯營兵自相翻覆，盡殺梁山等，傳首東都，楚璧並坐籍沒。

懷恩叔祖萬紀。萬紀性強正，好直言。貞觀中，爲治書侍御史，以公事奏劾魏徵、温彥博等，太宗以爲不避豪貴，甚禮之。遷尚書左丞，封冀氏男，再轉齊王祐府長史。祐既失德，數匡正之，竟爲祐所殺，語在祐傳。祐既死，贈萬紀齊州都督、武都公，謚曰敬。子玄福，高宗時爲兵部侍郎。

馮元常，相州安陽人，自長樂徙家焉，北齊右僕射子琮曾孫也。舉明經。高宗時，累遷監察御史，爲劍南道巡察使，興利除害，蜀土賴焉。永淳中，爲尚書左丞。元常淸鑒有理識，甚爲高宗之所賞，嘗密奏「中宮權重，宜稍抑損」，高宗雖不能用，深以其言爲然，則天聞而甚惡之。及臨朝，四方承旨，多獻符瑞，嵩陽令樊文進瑞石，則天命於朝堂示百官。元常奏言「狀涉諂僞，不可誣罔士庶」，則天不悅，出爲隴州刺史。

俄而天下岳牧集乾陵會葬，則天不欲元常赴陵所，中途改授眉州刺史。劍南先時光火賊夜掠居人，晝潛山谷，元常至，喻以恩信，許其首露，仍切加捕逐，賊徒捨器杖，面縛自陳者相繼。又轉廣州都督，便道之任，不許詣都。尋屬安南首領李嗣仙殺都護劉延祐，剽陷州縣，敕元常討之。率士卒濟南海，先馳檄示以威恩，喻以禍福，嗣仙徒黨多相率歸降，因縱兵誅其魁首，安慰居人而旋。雖屢有政績，則天竟不賞之。尋爲酷吏周興所陷，追赴都，下獄死。

元常閨門雍肅，雅有禮度，雖小功之喪，未嘗寢於私室，甚爲士類所稱。

從父弟元淑，則天時爲清漳令，政有殊績，百姓號爲神明。又歷浚儀、始平二縣令，皆單騎赴職，未嘗以妻子之官。所乘馬，午後則不與芻，云令其作齋。身及奴僕，每日一食而已。俸祿之餘，皆供公用，并給與貧士。人或譏其邀名，元淑曰：「此吾本性，不爲苦也。」中宗時，降璽書勞勉，仍令史官編其事跡。卒於祠部郎中。

蔣儼，常州義興人。貞觀中，爲右屯衞兵曹參軍。太宗將征遼東，募使高麗者，衆皆畏憚，儼謂人曰：「主上雄略，華夷畏威，高麗小蕃，豈敢圖其使者。縱其凌虐，亦是吾死所也。」遂出請行。及至高麗，莫離支置於窟室中，脅以兵刃，終不屈撓。會高麗敗，得歸，太宗奇之，拜朝散大夫。再遷幽州司馬，以善政爲巡察使劉祥道所薦，擢爲會州刺史。再遷殿中少監，數陳意見，高宗每優納之。再轉蒲州刺史。蒲州戶口殷劇，前後刺史，多不稱職，儼下車未幾，令行禁止，稱爲良牧。

永淳元年，拜太僕卿，以父名卿，固辭，乃除太子右衞副率。時徵隱士田遊巖爲太子洗馬，在宮竟無匡輔，儼乃貽書以責之曰：「足下負巢、由之峻節，傲唐、虞之聖主，養煙霞之逸氣，守林壑之遁情，有年載矣，故能聲出區宇，名流海內。主上屈萬乘之重，申三顧之榮，遇子以商山之客，待子以不臣之禮，將以輔導儲貳，漸染芝蘭耳。皇太子春秋鼎盛，聖道未周，拾遺補闕，臣子恆務。僕以不才，猶參廷諜，誠以素非德望，位班卒伍，言以人廢，不蒙採掇。足下受調護之寄，是可言之秋，唯唯而無一談，悠悠以卒年歲。向使不餐周粟，僕何敢言，祿及親矣，將何酬塞？想爲不達，謹書起予。」遊巖竟不能答。

儼尋檢校太常卿。文明中，封義興縣子，歷右衞大將軍、太子詹事，以年老致仕。垂拱三年卒于家，年七十八。文集五卷。

王方翼，并州祁人也，高宗王庶人從祖兄也。祖裕，武德初隋州刺史，裕妻即高祖妹同安大長公主也。太宗時，以公主屬尊年老，特加敬異，數幸其第，賞賜累萬。方翼父仁表，貞觀中爲岐州刺史。仁表卒，妻李氏爲主所斥，居於鳳泉別業。時方翼尚幼，乃與傭保齊力勤作，苦心計，功不虛棄，數年闢田數十頃，修飾館宇，列植竹木，遂爲富室。公主卒後，歸長安。友人趙持滿犯罪被誅，暴尸於城西，親戚莫敢收視，方翼歎曰：「欒布之哭彭越，大義也；周文之掩朽骼，至仁也。絕友之義，蔽主之仁，何以事君？」乃收其屍，具禮葬之。高宗聞而嘉歎，由是知名。

永徽中累授安定令，誅大姓皇甫氏，盜賊止息，號爲善政。五遷肅州刺史。時州城荒毀，又無壕塹，數爲寇賊所乘。方翼發卒濬築，引多樂水環城爲壕。又出私財造水碾磑，稅其利以養飢餒，宅側起舍十餘行以居之。屬蝗儉，諸州貧人死於道路，而肅州全活者甚衆，州人爲立碑頌美。

會吏部侍郎裴行儉西討遮匐，奏方翼爲副，兼檢校安西都護。又築碎葉鎮城，立四面十二門，皆屈曲作隱伏出沒之狀，五旬而畢。西域諸胡競來觀之，因獻方物。永隆中〔三〕，車簿反叛，圍弓月城。方翼引兵救之，至伊麗河，賊前來拒，因縱擊，大破之，斬首千餘級。俄而三姓咽麪悉發衆十萬，與車簿合勢以拒。方翼屯兵熱海，與賊連戰，流矢貫臂，徐以佩刀截之，左右莫有覺者。既而所將蕃兵懷貳，謀執方翼以應賊，方翼密知之，悉召會議，佯出軍資以賜之。續續引去，便令斬之，會大風，又振金鼓以亂其聲，遂誅七千餘人。因遣裨將分道討襲咽麪等，賊既無備，因是大潰，擒首領突騎施等三百人，西域遂定。以功遷夏州都督。屬牛疫，無以營農，方翼造人耕之法，施關鍵，使人推之，百姓賴焉。永淳二年，詔徵方翼，將議西域之事，於奉天宮謁見，賜食與語。方翼衣有舊時血漬之處，高宗問其故，方翼具對熱海苦戰之狀。高宗使祖視其瘡，歎曰：「吾親也。」賞賜甚厚。俄屬綏州白鐵余舉兵反，乃詔方翼副程務挺討之。賊平，封太原郡公。則天臨朝，以方翼是庶人近屬，陰欲除之。及程務挺被誅，以方翼與務挺連職素善，追赴都下獄，遂流于崖州而死。

子瑨、珣、瑨，並知名。瑨、瑨，開元中皆爲中書舍人；珣，至祕書監。

薛季昶，絳州龍門人也。則天初，上封事，解褐拜監察御史。頻按制獄稱旨，累遷御史中丞。萬歲通天元年，夏官郎中侯味虛統兵討契丹不利，奏言「賊徒熾盛，常有蛇虎導其軍」。則天命季昶按驗其狀，便爲河北道按察使。季昶先馳至軍，斬味虛以聞。又有藁城尉吳澤者，貪虐縱橫，嘗射殺驛使，截百姓子女髮以爲髢，州將不能制，甚爲人吏所患，季昶又杖殺之。由是威震遠近，州縣望風懾懼。然後布以恩信，旌揚善吏。有汴州孝女李氏，年八歲，父卒，柩殯在堂十餘載，每日哭臨無限。及年長，母欲嫁之，遂截髮自誓，請在家終養。及喪母，號毀殆至滅性，家無丈夫，自營棺椁，州里欽其至孝，送葬者千餘人。葬畢，廬於墓側，蓬頭跣足，負土成墳，手植松柏數百株。季昶列上其狀，有制特表門閭，賜以粟帛。

久視元年，季昶自定州刺史入爲雍州長史，威名甚著，前後京尹，無及之者。俄遷文昌左丞，歷魏、陝二州刺史。長安末，爲洛州長史，所在皆以嚴肅爲政。

神龍初，以預誅張易之兄弟功，加銀青光祿大夫，拜戶部侍郎。時季昶勸敬暉等因兵勢殺武三思，暉等不從，竟以此敗，語在暉傳。季昶亦因是累貶，自桂州都督授儋州司馬。初，季昶與昭州首領周慶立及廣州司馬光楚客不協。及將之儋州，懼慶立見殺，將往廣州，又懼楚客，乃歎曰：「薛季昶行事至是耶！」因自製棺，仰藥而死。

睿宗即位，下制曰：「故儋州司馬薛季昶，剛幹義烈，早承先顧，驅策中外，績譽昭宣，有莊、湯之推舉，同汲黯之強直。屬醜正操衡，除其異己，橫加竄責，卒至殂亡。言念忠冤，有懷嘉悼。可贈左御史大夫，仍同敬暉等例，與一子官。」

校勘記

〔一〕詔以其宅爲譚州　「譚州」，各本原作「譚州」，據本書卷三八地理志改。舊唐書補校卷六謂「宅」字疑「地」字之誤。

〔二〕貞觀十八年　「十八年」，本書卷三太宗紀下、通鑑卷一九八作「十九年」。

〔三〕永隆　本書卷五高宗紀、通鑑卷二〇三作「永淳」。

舊唐書卷一百八十五下

列傳第一百三十五下

良吏下

裴懷古，壽州壽春人也。儀鳳中，詣闕上書，授下邽主簿。長壽中，累轉監察御史。時姚、嶲蠻首反叛，詔懷古往招輯之。懷古申明賞罰，賊徒歸附者日以千數，乃俘其魁首，處其居人而還。蠻夷荷恩，立碑頌德。時恆州鹿泉寺僧淨滿爲弟子所謀，密畫女人居高樓，仍作淨滿引弓而射之，藏於經笥。已而詣闕上言僧咒詛，大逆不道。則天命懷古按問誅之。懷古究其辭狀，釋淨滿以聞，則天大怒，懷古奏曰：「陛下法無親疏，當與天下畫一。豈使臣誅無辜之人，以希聖旨。向使淨滿有不臣之狀，臣復何顏能寬之乎？臣今愼守平典，雖死無恨也。」則天意乃解。

聖曆中，閻知微充使往突厥，懷古監其軍。至虜庭，默啜立知微爲南面可汗。將授懷古僞職，懷古不從，將殺之，懷古抗辭曰：「寧守忠以就死，不毀節以求生，請就斬，所不避也。」乃禁錮隨軍，因挺身奔竄以歸，拜祠部員外郎。

時姚、巂蠻首相率詣闕頌懷古綏撫之狀，請爲牧守以撫之，遂授姚州都督，以疾不行，轉司封郎中。時始安賊歐陽倩擁徒數萬，剽陷州縣，授懷古桂州都督，仍充招慰討擊使。纔及嶺，飛書招誘，示以禍福，賊徒迎降，自陳爲吏人侵逼，乃舉兵耳。懷古知其誠懇，乃輕騎以赴之，左右曰：「夷獠難親，未可信也。」懷古曰：「吾仗忠信，可通於神明，況於人乎！」因造其營以慰諭之。羣賊喜悅，歸其所掠財貨，納於公府。諸洞酋長素持兩端者，盡來款附，嶺外悉定。

復歷相州刺史、并州大都督府長史，所在爲人吏所慕。神龍中，遷左羽林大將軍，行未達都，復授并州長史。吏人聞懷古還，老幼相攜，郊野歡迎。時崔宣道代懷古爲并州，下車而罷，出郊以候懷古。懷古恐傷宣道之意，命官吏驅逐出迎之人，而百姓奔赴愈衆，其爲人所思如此。俄轉幽州都督，徵爲左威衞大將軍。尋卒。

張知謇，蒲州河東人也，徙家于岐。少與兄知玄、知晦，弟知泰、知默五人，勵志讀書，皆以明經擢第。儀質瓌偉，眉目疏朗，曉於玄理，淸介自守，故當時名公爭引薦之，遞歷畿赤。知謇、知泰、知默，調露後又歷臺省。

知謇，天授後歷房、和、舒、延、德、定、稷、晉、洺、宣、貝十一州刺史，所涖有威嚴，人不敢犯。通天中，知泰爲洛州司馬，知默爲秋官郎中。知謇自德州入計，則天重其才幹，又目其狀貌過人，命畫工寫之，以賜其本。曰：「人或有才，未必有貌，卿家昆弟，可謂兩絕。」時人稱之。尋以知泰爲夏官、地官侍郎，益州長史，中臺右丞。

初，知謇爲房州時，中宗以廬陵王安置房州，制約甚急。知謇與董玄質、崔敬嗣相次爲刺史，皆保護，供擬豐贍，中宗德之。及神龍元年，中宗踐極，自貝州追知謇爲左衞將軍，加雲麾將軍，封范陽郡公。知泰自兵部侍郎授右御史大夫，加銀青光祿大夫，進封漁陽郡公。鬚髮華皓，同貴於朝，時望甚美之。

知泰以忤武三思，出爲幷州刺史、天平軍使，仍帶本官。尋又爲魏州刺史。景龍二年卒，優詔褒贈，諡曰定。時知謇爲洛州長史、東都副留守，又歷左、右羽林大將軍，同、華州刺史，大理卿致仕。開元中卒，年八十。

知謇敏於從政，性亮直，不喜有請託求進、無才而冒位者。故子姪經義不精，不許論舉。知默嘗與來俊臣、周興等同掌詔獄，陷於酷吏，子孫禁錮。知泰，開元中累贈刑部尚書、特進。

知玄子景升，知泰子景佚，開元中皆至大官，門列棨戟。

楊元琰，虢州閿鄉人，隋禮部尚書希曾孫也。初生時，數歲不能言，相者曰：「語遲者神定，此必成大器也。」及長，偉姿儀，以器局見稱。初爲平棘令，號爲善政。載初中，累遷安南副都護，又歷蘄、蒲、晉、魏、宣、許六州刺史，涼、梁二都督，荆府長史。前後九度淸白升進，累降璽書褒美。

長安中，張柬之代元琰爲荆州長史，與元琰泛江中流，言及則天革命，議諸武擅權之狀，元琰發言慷慨，有匡復之意。及柬之知政事，奏引元琰爲右羽林將軍。至都，柬之謂曰：「記昔江中之言乎？今日之授，意不細也。」乃結元琰與李多祚等，定計誅張易之兄弟。及事成，加雲麾將軍，封弘農郡公，食實封五百戶，仍賜鐵券，恕十死。俄而張柬之、敬暉等爲武三思所構，元琰覺變，奏請削髮出家，仍辭官爵實封，中宗不許。敬暉聞而笑曰：「向不知奏請出家，合贊成其事，剃却胡頭，豈不妙也。」元琰多鬚類胡，暉以此言戲之。元琰曰：「功成名遂，不退將危。此由衷之請，不徒然也。」暉知其意，瞿然不悅。

及暉等得罪，元琰竟以先覺獲全。尋加金紫光祿大夫，轉衞尉卿。明年，李多祚等被誅，元琰以曾與多祚同立功，亦被繫獄問狀。賴中書侍郎蕭至忠保明之，竟得免罪，又轉光祿卿。景雲中，抗疏請削在身官爵，迴贈父官。中宗許之，乃追贈其父越州長史。睿宗卽位，三遷刑部尚書，改封魏國公。開元初，拜太子賓客致仕。六年，卒于家，年七十九。

子仲嗣，密州刺史；仲昌，吏部郎中。

倪若水，恆州槀城人也。開元初，歷遷中書舍人、尚書右丞，出爲汴州刺史，政尙清靜，人吏安之。又增修孔子廟堂及州縣學舍，勸勵生徒，儒教甚盛，河、汴間稱詠不已。

四年，玄宗令宦官往江南採鵁鶄等諸鳥，路由汴州。若水知之，上表諫曰：「方今九夏時忙，三農作苦，田夫擁耒，蠶婦持桑。而以此時採捕奇禽異鳥，供園池之玩，遠自江、嶺，達於京師，水備舟船，陸倦擔負，飯之以魚肉，間之以稻粱。道路觀者，豈不以陛下賤人貴鳥也！陛下方當以鳳皇爲凡鳥，麒麟爲凡獸，卽鵁鶄、鸂鶒，曷足貴也？陛下昔潛龍藩邸，備歷艱虞。今氛祲廓清，高居九五，玉帛子女，充於後庭，職貢珍奇，盈於內府，過此之外，復何求哉？臣承國厚恩，超居重任。草芥賤命，常欲殺身以効忠；葵藿微心，常願隳肝以報主。瞻望庭闕，敢布腹心，直言忤旨，甘從鼎鑊。」手詔答曰：「朕先使人取少雜鳥，其使不識朕意，採鳥稍多。卿具奏其事，辭誠忠懇，深稱朕意。卿達識周材，義方敬直，故輟綱轄之重，委以方面之權。果能閑邪存誠，守節彌固，骨鯁忠烈，遇事無隱。言念忠讜，深用嘉慰。使人朕已量事決罰，禽鳥並令放訖。今賜卿物四十段，用答至言。」尋入拜戶部侍郎。七年，復授尙書右丞卒。

李濬，隴西人，祖世武。睿宗卽位，加銀青光祿大夫。上在東宮，選爲太子中允。又出爲麟州刺史，政有能名。開元初，置諸道按察使，盛選能吏，授濬潤州刺史、江東按察使，累封眞源縣子。州人孫處玄以學行著名，濬特加禮異，累表薦之，仍令子麟與之結交。處玄竟稱疾不起。濬尋拜虢、路二州刺史，又拜益州長史、劍南節度使，攝御史大夫。所歷皆以誠信待物，稱爲良吏。及去職，咸有遺愛。八年卒官，贈戶部尚書，謚曰成。子麟，自有傳。

陽嶠，河南洛陽人，其先自北平徙焉，北齊右僕射休之玄孫也。儀鳳中應八科舉，授將陵尉，累遷詹事司直。長安中，桓彥範爲左御史中丞，袁恕己爲右御史中丞，爭薦嶠，請引爲御史。內史楊再思素與嶠善，知嶠不樂搏擊之任，謂彥範等曰：「聞其不情願，如何？」彥範曰：「爲官擇人，豈待情願。唯不情願者，尤須與之，所以長難進之風，抑躁求之路。」再思然其言，擢爲右臺侍御史。景龍末，累轉國子司業。嶠恭謹好學，有儒者之風。又勤於政理，循循善誘。及在學司，時人以爲稱職。奏修先聖廟及講堂，因建碑前庭，以紀崇儒之事。

睿宗即位，拜尚書右丞。時分建都督府以統外臺，精擇良吏，以嶠爲涇州都督府，尋停不行。又歷魏州刺史，充兗州都督、荆州長史，爲本道按察使，所在以清白聞。魏州人詣闕割耳，請嶠重臨其郡，又除魏州刺史。入爲國子祭酒，累封北平伯，薦尹知章、范行恭、趙玄默等爲學官，皆稱名儒。時學徒漸弛，嶠課率經業，稍行鞭箠，學生怨之，頗有喧謗，乃相率乘夜於街中毆之。上聞而令所由杖殺無理者，由是始息。嶠素友悌，撫孤姪如己子。常謂人曰：「吾雖位登方伯，而心不異於曩時一尉耳。」識者甚稱歎之。尋以年老致仕，卒於家，謚曰敬。

宋慶禮，洺州永年人。舉明經，授衞縣尉。則天時，侍御史桓彥範受詔於河北斷塞居庸、岳嶺、五迴等路，以備突厥，特召慶禮以謀其事。慶禮雅有方略，彥範甚禮之。尋遷大理評事，仍充嶺南採訪使。時崖、振等五州首領，更相侵掠，荒俗不安，承前使人，懼其炎瘴，莫有到者。慶禮躬至其境，詢問風俗，示以禍福，於是安堵，遂罷鎮兵五千人。

開元中，累遷貝州刺史，仍為河北支度營田使。初，營州都督府置在柳城，控帶奚、契丹。則天時，都督趙文翽政理乖方，兩蕃反叛，攻陷州城，其後移於幽州東二百里漁陽城安置。開元五年，奚、契丹各款塞歸附，玄宗欲復營州於舊城，侍中宋璟固爭以為不可，獨慶禮甚陳其利。乃詔慶禮及太子詹事姜師度、左驍衞將軍邵宏等充使，更於柳城築營州城，興役三旬而畢。俄拜慶禮御史中丞，兼檢校營州都督。開屯田八十餘所，追拔幽州及漁陽、淄青等戶，并招輯商胡，為立店肆，數年間，營州倉廩頗實，居人漸殷。

慶禮爲政淸嚴，而勤於聽理，所歷之處，人吏不敢犯。然好興功役，多所改更。嘗於邊險置穽立槍，以邀賊路，議者頗嗤其不切事也。七年卒，贈工部尙書。太常博士張星議曰：「宋慶禮大剛則折，至察無徒，有事東北，所亡萬計，所謂害於而家，凶於而國。案謚法，好巧自是曰『專』，請謚曰『專』。」禮部員外郞張九齡駁曰：

慶禮在人苦節，爲國勞臣，一行邊陲，三十年所。戶庭可樂，彼獨安於傳遽；稼穡爲艱，又能實於軍廩。莫不服勞辱之事而匪懈其心，守貞堅之規而自盡其力，有一於此，人之所難。況營州者，鎭彼戎夷，扼喉斷臂，逆則制其死命，順則爲其主人，是稱樂都，其來尙矣。往緣趙翽作牧，馭之非才，自經隳廢，便長寇孽。故二十年間，有事東鄙，僵屍暴骨，敗將覆軍，蓋不可勝紀。

大明臨下，聖謀獨斷，恢祖宗之舊，復大禹之跡。以數千之役徒，無甲兵之強衞，指期遂往，稟命而行。於是量畚築，執鼛鼓，親總其役，不愆所慮，俾柳城爲金湯之險，林胡生腹心之疾，蓋爲此也。尋而罷海運，收歲儲，邊亭晏然，河朔無擾。與夫興師之費，轉輸之勞，較其優劣，孰爲利害？而云「所亡萬計」，一何謬哉！及契丹背誕之日，懼我掎角之勢，雖鼠穴自固，而駒牧無侵，蓋張皇彼都繄賴之力也。安有踐其跡以制其實，貶其謚以徇其虛，採慮始之謗聲，忘經遠之權利，義非得所，孰謂其可？請以所議，更下太常，庶素行之迹可尋，易名之典不墜者也。星復執前議，慶禮兄子辭玉又詣闕稱冤，乃諡曰敬。

姜師度，魏人也。明經舉。神龍初，累遷易州刺史、兼御史中丞，爲河北道監察兼支度營田使。師度勤於爲政，又有巧思，頗知溝洫之利。始於薊門之北，漲水爲溝，以備奚、契丹之寇。又約魏武舊渠，傍海穿漕，號爲平虜渠，以避海艱，糧運者至今利焉。尋加銀青光祿大夫，累遷大理卿。景雲二年，轉司農卿。

開元初，遷陝州刺史。州西太原倉控兩京水陸二運，常自倉車載米至河際，然後登舟。師度遂鑿地道，自上注之，便至水次，所省萬計。六年，以蒲州爲河中府，拜師度爲河中尹，令其繕緝府寺。先是，安邑鹽池漸涸，師度發卒開拓，疏決水道，置爲鹽屯，公私大收其利。再遷同州刺史，又於朝邑、河西二縣界，就古通靈陂，擇地引雒水及堰黃河灌之，以種稻田，凡二千餘頃，內置屯十餘所，收獲萬計。特加金紫光祿大夫，尋遷將作大匠。

明年，左拾遺劉彤上言：「請置鹽鐵之官，收利以供國用，則免重賦貧人，使窮困者獲濟。」疏奏，令宰相議其可否，咸以爲鹽鐵之利，甚裨國用。遂令師度與戶部侍郎強循並攝御史中丞，與諸道按察使計會，以收海內鹽鐵。其後頗多沮議者，事竟不行。師度以十一年病卒，年七十餘。師度既好溝洫，所在必發衆穿鑿，雖時有不利，而成功亦多。先是，太史令傅孝忠善占星緯，時人爲之語曰：「傅孝忠兩眼看天，姜師度一心穿地。」傳之以爲口實。

強循者，鳳州人。亦以吏幹知名，官至大理卿。

又有和逢堯者，岐州岐山人。性詭譎，有辭辯。睿宗時，突厥默啜請尙公主，許之，逢堯以御史中丞攝鴻臚卿充使報命。既至虜庭，默啜遣其大臣謂逢堯曰：「敕書送金鏤鞍，檢乃銀胎金塗，豈是天子意，爲是使人換却。如此虛假，公主必應非實。請還信物，罷和親之事。」遂策馬而去。逢堯大呼，命左右引馬迴，謂曰：「漢法重女壻，令送鞍者，祇取平安長久之義，何必以金銀爲升降耶？若爾，乃是可汗貪金而輕銀，豈是重人而貴信？」默啜聞之，曰：「承前漢使，不敢如此，不可輕也。」遂設宴備禮。逢堯又說默啜令裹頭著紫衫，南面再拜，遣子隨逢堯入朝。逢堯以奉使功，驟遷戶部侍郎。尋以附會太平公主，左遷朗州司馬。

開元中，累轉栢州刺史，卒于官。

潘好禮，貝州宗城人[二]。少與鄉人孟温禮、楊茂謙爲莫逆之友。好禮舉明經，累授上蔡令，理有異績，擢爲監察御史。開元三年，累轉邠王府長史。俄而邠王出爲滑州刺史，以好禮兼邠王府司馬，知滑州事。王欲有所遊觀，好禮輒諫止之。後王將鷹犬與家人出獵，好禮聞而遮道請還，王初不從，好禮遂臥於馬前，呼曰：「今正是農月，王何得非時將此惡少狗馬踐暴禾稼，縱樂以損於人！請先蹋殺司馬，然後聽王所爲也。」王慚懼，謝之而還。

好禮尋遷豫州刺史，爲政孜孜，而繁於細事，人吏雖憚其清嚴，亦厭其苛察。其子請歸鄉預明經舉，好禮謂曰：「國法須平，汝若經業未精，則不可妄求也。」乃自試其子，經義未通，好禮大怒，集州僚笞而枷之，立於州門以徇於衆。俄坐事左遷温州別駕卒。好禮常自以直道，不附於人，又未嘗敍累階勳，服用粗陋，形骸土木，議者亦嫌其邀名。

楊茂謙者，淸河人。竇懷貞初爲淸河令，甚重之。起家應制舉，拜左拾遺，出爲臨洺令。時洛州稱茂謙與清漳令馮元淑、肥鄉令韋景駿，皆有政理之聲。茂謙以清白聞，擢爲祕書郎。時竇懷貞爲相，數稱薦之，由是歷遷大理正、御史中丞。開元初，出爲魏州刺史、河北道按察使，與司馬張懷玉本同鄉曲，初善而末隙，遂相糾訐，坐貶桂州都督。尋轉廣州都督，以疾卒。

楊瑒，華陰人。高祖縉，陳中書舍人，以辭學知名。陳亡，始自江左徙關中。祖琮，絳州刺史。瑒初爲麟遊令，時御史大夫竇懷貞檢校造金仙、玉眞二觀，移牒近縣，徵百姓所隱逆人資財，以充觀用。瑒拒而不受，懷貞怒曰：「焉有縣令卑微，敢拒大夫之命乎？」瑒曰：「所論爲人冤抑，不知計位高卑。」懷貞壯其對。又中宗時，韋庶人上表請以年二十二爲丁限。及韋氏敗，省司舉徵租調，瑒執曰：「韋庶人臨朝當國，制書非一，或進階卿士，或赦宥罪人，何獨於已役中男，重徵丁課，恐非保人之術。」省司遂依瑒所執，一切免之。瑒由是知名，擢拜殿中侍御史。

開元初，還侍御史。時崔日知爲京兆尹，貪暴犯法，瑒與御史大夫李傑將糾劾之。傑反爲日知所構，瑒廷奏曰：「糾彈之司，若遭恐脅，以成姦人之謀，御史臺固可廢矣。」上以其言切直，遽令傑依舊視事，貶日知爲歙縣丞。瑒歷遷御史中丞、戶部侍郎。上曾於延英殿召中書門下與諸司尚書及瑒議戶口之事，瑒因奏人間損益，甚見嗟賞。時御史中丞宇文融奏括戶口，議者或以爲不便，敕百僚省中集議，時融方在權要，公卿已下，多雷同融議，瑒獨與盡理爭之。尋出爲華州刺史。

十六年，遷國子祭酒，表薦「滄州人王迴質、瀛州人尹子路、汴州人白履忠，皆經學優長，德行純茂，堪爲後生師範，請追授學官，令其教授，以獎儒學之路」。及追至，迴質起家拜諫議大夫，仍爲皇太子侍讀；履忠以年老，不任職事，拜朝散大夫，放歸家；子路直弘文館教授。瑒又奏曰：「竊見今之舉明經者，主司不詳其述作之意，曲求其文句之難，每至帖試，必取年頭月日，孤經絕句。且今之明經，習左傳者十無二三，若此久行，臣恐左氏之學，廢無日矣。臣望請自今已後，考試者盡帖平文，以存大典。又周禮〔三〕、儀禮及公羊、穀梁殆將廢絕，若無甄異，恐後代便棄。望請能通周、儀禮、公羊、穀梁者，亦量加優獎。」於是下制「明經習左氏及通周禮等四經者，出身免任散官」，遂著於式。由是生徒爲瑒立頌於學門之外。再遷大理卿，以老疾辭職。二十三年，拜左散騎常侍。尋卒，贈戶部尚書，諡曰貞。

瑒常嘆儀禮廢絕，雖士大夫不能行之。其家子女婚冠及有吉凶之會，皆按據舊文，更爲儀注，使長幼遵行焉。

崔隱甫，貝州武城人，散騎侍郎儦之曾孫也。祖濟，太子洗馬。父元彥，太平令。隱甫，開元初再遷洛陽令，理有威名。九年，自華州刺史轉太原尹，人吏刊石頌其美政。十二年，入爲河南尹。十四年，代程行諶爲御史大夫。時中書令張說當朝用事，隱甫與御史中丞宇文融、李林甫劾其犯狀，說遂罷知政事。

隱甫在職強正，無所迴避。自貞觀年李乾祐爲御史大夫，別置臺獄，有所鞫訊，便輒繫之。由是自中丞、侍御史已下，各自禁人，牢扉常滿。隱甫引故事，奏以爲不便，遂掘去之。又憲司故事，大夫已下至監察御史，競爲官政，略無承稟。隱甫一切督責，事無大小，悉令諮決，稍有忤意者，便列上其罪，前後貶黜者殆半，羣僚側目。是冬，敕隱甫校外官考。舊例皆委細參問，經春未定。隱甫召天下朝集使，一時集省中，一日校考便畢，時人伏其敏斷。帝嘗謂曰：「卿爲御史大夫，海內咸云稱職，甚副朕之所委也。」

隱甫既與張說有隙，俄又遞爲朋黨，帝聞而惡之，特免官，令歸侍母。歲餘，復授御史大夫。遷刑部尚書，母憂去官。二十一年，起復太原尹，仍爲河東採訪處置使。復爲刑部尚書，兼河南尹。二十四年，車駕還京，以隱甫爲東都留守，爲政嚴肅，甚爲人吏之所嘆服。

尋卒。

李尚隱，其先趙郡人，世居潞州之銅鞮，近又徙家京兆之萬年。弱冠明經累舉，補下邽主簿。時姚珽爲同州刺史，甚禮之。景龍中爲左臺監察御史。時中書侍郎、知吏部選事崔湜及吏部侍郎鄭愔同時典選，傾附勢要，逆用三年員闕，士庶嗟怨。尋而相次知政事，尚隱與同列御史李懷讓於殿廷劾之，湜等遂下獄推究，竟貶黜之。時又有睦州刺史馮昭泰，誣奏桐廬令李師等二百餘家，稱其妖逆，詔御史按覆之。諸御史憚昭泰剛愎，皆稱病不敢往。尚隱嘆曰：「豈可使良善陷枉刑而不爲申明哉！」遂越次請往，竟推雪李師等，奏免之。俄而崔湜、鄭愔等復用，尚隱自殿中侍御史出爲伊闕令，懷讓爲魏縣令。湜等既死，尚隱又自定州司馬擢拜吏部員外郎，懷讓自河陽令擢拜兵部員外郎。尚隱累遷御史中丞。時御史王旭頗用威權，爲士庶所患。會爲讎者所訟，尚隱按之，無所容貸，獲其姦贓鉅萬，旭遂得罪。尚隱尋轉兵部侍郎，再遷河南尹。

尚隱性率剛直，言無所隱，處事明斷。其御下，豁如也。又詳練故事，近年制敕，皆暗記之，所在稱爲良吏。

十三年夏，妖賊劉定高夜犯通洛門，倘隱坐不能覺察所部，左遷桂州都督。臨行，帝使謂之曰：「知卿公忠，然國法須爾。」因賜雜綵百匹以慰之。俄又遷廣州都督，仍充五府經略使。及去任，有懷金以贈倘隱者，倘隱固辭之，曰：「吾自性分，不可改易，非爲愼四知也。」竟不受之。

累轉京兆尹，歷蒲、華二州刺史，加銀青光祿大夫，賜爵高邑伯，入爲大理卿，代王鉷爲御史大夫。時司農卿陳思問多引小人爲其屬吏，隱盜錢穀，積至累萬。倘隱又舉按之，思問遂流嶺南而死。倘隱三爲憲官，輒去朝廷之所惡者，時議甚以此稱之。二十四年，拜戶部尚書、東都留守。二十八年，轉太子賓客。尋卒，年七十五，謚曰貞。

呂諲，蒲州河東人。志行修整，勤於學業。少孤貧，不能自振，里人程楚賓家富於財，諲娶其女，楚賓及子震皆重其才，厚與資給，遂遊京師。天寶初，進士及第，調授寧陵尉，本道採訪使韋陟嘉其才，辟爲支使。隴右、河西節度使哥舒翰奏充度支判官，累兼衞佐、太子通事舍人。諲性謹守，勤於吏職，雖同僚追賞，而塊然視事，不離案簿，翰益親之，累兼虞部員外郎、侍御史。

祿山之亂，哥舒翰敗，肅宗即位于靈武，諲馳赴行在。內官朱光輝、李遵騄薦有才，帝深遇之，超拜御史中丞，進奏無不允從。幸鳳翔，遷武部侍郎，賜金紫之服。十月，克復兩京，詔諲與三司官詳定陷賊官陳希烈已下數百人罪戾輕重。諲用法太深，君子薄之。乾元二年三月，以本官同中書門下平章事，知門下省事。七月，丁母憂免。十月，起復授本官，兼充度支使，遷黃門侍郎。上元元年正月，加同中書門下三品，賜門戟。既立於第門，或謂諲曰：「吉慶之事，不宜凶服受之。」諲遂權釋縗麻，當中而拜，人皆笑其失禮。累加銀青光祿大夫，東平男。諲既爲相，用妻父程楚賓爲衞尉少卿，子震爲員外郎。中官馬上言出納詔命，諲昵之，有納賂於上言求官者，諲補之藍田尉。五月，上言事洩笞死，以其肉令從官食之，諲坐貶太子賓客。

七月，授諲荊州大都督府長史，兼御史大夫，充澧、朗、荊、忠、硤五州節度觀察處置等使。諲至治所，上言請於江陵置南都。九月，敕改荊州爲江陵府，永平軍團練三千人，以遏吳、蜀之衝。又析江陵置長寧縣。又請割潭、衡、連、道、邵、郴〔三〕、涪等七州隸江陵府。

先是，張惟一爲荊州長史，已爲防禦使，陳希昂爲司馬。希昂，衡州酋帥，家兵千人在部下，自爲藩衞。有牟遂金仕至將軍，爲惟一親將，與希昂積憾。希昂率兵入惟一衙，索遂金之首，惟一懼，即令斬首與之。自是軍政歸於希昂。及諲至，奏追希昂赴上都，除侍御史，出爲常州刺史、本州防禦使。希昂路由江陵，譓伏甲擊殺之，部下皆斬，積屍於府門。府中懾服，始奏其罪。

又妖人申泰芝以左道事李輔國，擢爲諫議大夫。輔國奏於道州界置軍，令泰芝爲軍校，誘引羣蠻，納其金帛，賞以緋紫，用囊中敕書賜衣以示之，人用聽信。軍人例衣朱紫，作剽磔洞，吏不敢制，已積年矣。潭州刺史龐承鼎忿之，因泰芝入奏，至長沙，縶之，首贓巨萬，及左道文記，一時搜獲，遣使奏聞。輔國黨芝，奏召泰芝赴闕。既得召見，具言承鼎曲加誣陷。詔鞫承鼎誣罔之罪，令荆南府按問。譓令判官、監察御史嚴郢鞫之。譓上疏論其事，肅宗怒，流郢於建州。承鼎竟得雪，後泰芝竟以贓敗流死。人重譓之守正，其剛斷不撓，皆此類也。

初譓作相，與同列李揆不協。及譓被斥二年，以善政聞，揆惡之，因言置軍湖南不便，又使人往荆、湖，密伺譓過。譓知之，乃上疏論揆，揆坐貶袁州長史。

譓素羸疾，元年建卯月卒，贈吏部尚書，有司謚曰肅。故吏度支員外郎嚴郢請以二字曰「忠肅」；博士獨孤及堅議以「肅」爲當，從之。譓在台司無異稱，及理江陵三年，號爲良守。初郡人立祠，譓歿後歲餘，江陵將吏合錢十萬，於府西爽塏地大立祠宇，四時祠禱之。

蕭定字梅臣，江南蘭陵人，左僕射、宋國公瑀曾孫也。父恕，虢州刺史，以定贈工部尚書。定以蔭授陝州參軍、金城丞，以吏事清幹聞。給事中裴遵慶奏爲選補黜陟使判官。迴改萬年主簿，累遷侍御史、考功員外郎、左右司二郎中。爲元載所擠，出爲祕書少監，兼袁州刺史，歷信、湖、宋、睦、潤五州刺史，所涖有政聲。大曆中，有司條天下牧守課績，唯定與常州刺史蕭復、豪州刺史張鎰爲理行第一。其勸農桑，均賦稅，逋亡歸復，戶口增加，定又冠焉。尋遷戶部侍郎、太常卿。朱泚之逆，變姓名藏匿里閭間。京師平，首蒙旌擢，除太子少師。興元元年卒，年七十七，加贈太子太師。

蔣沇，萊州膠水人，吏部侍郎欽緒之子也。性介獨好學，早有名稱。以孝廉累授洛陽尉、監察御史。與兄演、溶，弟清，俱以幹局吏事擅能名於天寶中。長史韓朝宗、裴迥咸以推覆檢勾之任委之，處事平允，剖斷精當，動爲羣僚楷式。乾元後，授陸渾、盩厔、咸陽、高陵四縣令，當軍旅之後，瘡痍未平，沇竭心綏撫，所至安輯。副元帥郭子儀每統兵由其縣，必誡軍吏曰：「蔣沇令清而嚴幹，供億故當有素，士衆得蔬飯見饋則足，無撓清政。」其爲名人所知如此。

稍遷長安令、刑部郎中、兼侍御史，領渭橋河運出納使。時元載秉政，廉潔守道者多不更職，沇以故滯於郎位，久不徙官。大曆十二年，常衮以羣議稱沇屈，擢拜御史中丞、東都副留守。尋遷刑部侍郎、刪定副使。改大理卿，持法明審，號爲稱職。

建中元年冬，鑾駕幸奉天，沇奔行在，爲賊候騎所拘執，欲以僞職誘之，因絕食稱病，潛竄里閭間。京師平，首蒙旌擢，拜右散騎常侍。尋以疾終，年七十四，追贈工部尙書。

薛珏字溫如，河中寶鼎人。祖寶胤，邠州刺史。父紘，蒲州刺史。珏少以門蔭授懿德太子廟令，累授乾陵臺令。無幾，拜試太子中允，兼渭南尉，奏課第一。間歲，復以淸名尤異聞，遷昭德令。縣人請立碑紀政，珏固讓不受。

遷楚州刺史、本州營田使。先是，州營田宰相遙領使，刺史得專達，俸錢及他給百餘萬，田官數百員，奉廝役者三千戶，歲以優授官者復十餘人。珏皆條去之，十留一二，而租入有贏。爲觀察使誣奏，左授硤州刺史，遷陳州刺史。建中初，上分命使臣黜陟官吏，使淮南李承以珏楚州之去煩政簡〔四〕，使山南趙贊以珏硤州之廉淸，使河南盧翰以珏之肅物〔五〕，皆以陟狀聞，加中散大夫，賜紫。宣武軍節度使劉玄佐署奏兼御史大夫、汴宋都統行軍司馬。無幾，李希烈自汴州走，除珏汴州刺史，遷河南尹，入爲司農卿。

當是時，詔天下舉可任刺史、縣令者，殆有百人。有詔令與羣官詢考，及延問人間疾苦，及胥吏得失，取其有惻隱、通達事理者條舉，什纔一二。宰相將以辭策校之，珏曰：「求良吏不可兼責以文學，宜以聖君愛人之本爲心。」執政卒無難之，皆敍進官，頗多稱職。

貞元五年，拜京兆尹。珏剛嚴明察，練達法理，以勤身率下，失於纖巧，無文學大體。八年，坐竇參改太子賓客。無幾，除嶺南節度觀察使。以疾卒，年七十四，廢朝一日，贈工部尚書。有子存慶，自有傳。

李惠登，平盧人也。少爲平盧裨將。安祿山反，遂從兵馬使董秦海轉收滄、棣等州，輕師遠鬬，賊不能支。史思明反，復陷于賊，脫身投山南節度使來瑱，奏授試金吾衞將軍。李希烈反，授惠登兵二千，鎮隨州。貞元初，舉州歸順，授隨州刺史、兼御史中丞。遭李忠臣、希烈殲殘之後，野曠無人，惠登朴素不知學，居官無枝葉〔六〕，率心爲政，皆與理順。利人者因行之，病人者因去之，二十年間，田疇闢，戶口加。諸州奏吏入其境，無不歌謠其能。及于頔爲山南東道節度，以其績上聞，加御史大夫，升其州爲上。尋加檢校國子祭酒。及卒，加贈洪州都督。

任迪簡，京兆萬年人。舉進士。初爲天德軍使李景略判官。性重厚，嘗有軍宴，行酒者誤以醯進，迪簡知誤，以景略性嚴，慮坐主酒者，乃勉飲盡之，而僞容其過，以酒薄白景略，請換之，於是軍中皆感悅。及景略卒，衆以迪簡長者，議請爲帥。監軍使聞之，拘迪簡於別室，軍衆連呼而至，發戶扃取之。表聞，德宗使察焉，具以軍情奏，除豐州刺史、天德軍使，自殿中授兼御史大夫，再加常侍。追入，拜太常少卿、汝州刺史、左庶子。

及張茂昭去易定，以迪簡爲行軍司馬。既至，屬虞候楊伯玉以府城叛，俄而衆殺之。將納迪簡〔七〕，兵馬使張佐元又叛，迪簡攻殺之，乃得入。尋加檢校工部尚書，充節度使。初，茂昭奢蕩不節，公私殫罄，迪簡至，欲饗士，無所取給，乃以糲食與士同之。身居戟門下凡周月，軍吏感之，請歸堂寢，迪簡乃安其位。三年，以疾代，除工部侍郎，至京，竟不能朝謝。改太子賓客卒，贈刑部尚書。

范傳正，字西老，南陽順陽人也。父倫，戶部員外郎，與郡人李華敦交友之契。傳正舉進士，又以博學宏辭及書判皆登甲科，授集賢殿校書郎、渭南尉，拜監察、殿中侍御史。自比部員外郎出爲歙州刺史，轉湖州刺史，歷三郡，以政事修理聞。擢爲宣歙觀察使，受代至京師，憲宗聞其里第過侈，薄之，因拜光祿卿。以風恙卒，贈左散騎常侍。

傳正精悍有立，好古自飭。及爲廉察，頗事奢侈，厚以財貨問遺權貴，視公蓄如私藏，幸而不至甚敗。褐衣時遊西邊，著西陲要略三卷。

袁滋字德深，陳郡汝南人也。弱歲強學，以外兄道州刺史元結有重名，往來依焉。每讀書，玄解旨奧，結甚重之。無何，黜陟使趙贊以處士薦，授試校書郎。何士幹鎮武昌，辟爲從事，累官詹事府司直。部有邑長，下吏誣以盜金，滋察其冤，竟出之。御史中丞韋縚聞之，薦爲侍御史，轉工部員外郎。

貞元十九年，韋皐始通西南蠻夷，酋長異牟尋貢琛請使，朝廷方命撫諭，選郎吏可行者，皆以西南遐遠憚之。滋獨不辭，德宗甚嘉之，以本官兼御史中丞，持節充入南詔使。未行，遷祠部郎中，使如故。來年夏，使還，擢爲諫議大夫。俄拜尚書右丞，知吏部選事。出爲華州刺史、兼御史中丞、潼關防禦使、鎮國軍使，以寬易淸簡爲政。百姓有至自他境者，皆給地以居，名其居曰義合里。專以慈惠爲本，人甚愛之。然百姓有過犯者，皆縱而不理。擒盜輒捨，或以物償之。徵拜金吾衞大將軍，耆耋鰥寡遮道不得進。楊於陵代其任，宣言謂百姓曰：「於陵不敢易袁公之政。」然後羅拜而訣。

上始監國，與杜黃裳俱爲相，拜中書侍郎、平章事。會韋臯歿，劉闢擁兵擅命，滋持節安撫。行及中路，拜檢校吏部尚書、平章事、劍南西川節度使，賊兵方熾，滋懼而不進，貶吉州刺史。俄拜義成軍節度使，百姓立生祠禱之。徵拜戶部尚書，連爲荆襄二帥，改彰義軍節度、隨唐鄧申光等州觀察使。逆賊吳元濟與官軍對壘者數年，滋竟以淹留無功，貶撫州刺史。未幾，遷湖南觀察使卒，年七十，贈太子少保。

滋工篆籀書，雅有古法。因使行，著雲南記五卷。嘗讀劉暉悲甘陵賦，嘆其褒善懲惡雖失春秋之旨，然其文不可廢，因著甘陵賦後序。

子都，仕至翰林學士。

薛苹，河東寶鼎人也。少以吏事進，累官至長安令，拜虢州刺史，朝廷以尤課擢爲湖南觀察使，又遷浙江東道觀察使，以理行遷浙江西道觀察使。廉風俗，守法度，人甚安之。理身儉薄，嘗衣一綠袍，十餘年不易，因加賜朱紱，然後解去。苹歷三鎭，凡十餘年，家無聲樂，俸祿悉以散諸親族故人子弟。除左散騎常侍致仕。時有年過懸車而不知止者，唯苹年至而無疾請告，角巾東洛，時甚高之。卒年七十四，贈工部尙書。

閻濟美，登進士第。累歷臺省，有長者之譽。自婺州刺史爲福建觀察使，復爲潤州刺史、浙西觀察使。所至以簡淡爲理，兩地之人，常賦之外，不知其他。入拜右散騎常侍。華州刺史〔六〕、潼關防禦、鎭國軍使，入爲祕書監。以年及懸車，上表乞骸骨，以工部尙書致仕。後以恩例，累有進改。及歿于家，年九十餘。

贊曰：聖人造世，才傑濟時。在理致治，無爲而爲。坑隍非議，簡易從規。樂只君子，邦家之基。

校勘記

〔一〕宗城　各本原作「宋城」，據本書卷三九地理志、新書卷一二八潘好禮傳改。

〔二〕周禮　各本原無，據冊府卷六三九補。

〔三〕郴　各本原作「柳」，據新書卷一四〇呂諲傳改。

〔四〕使淮南李承　「使」字各本原無，據冊府卷六七三補。

〔五〕河南　各本原作「淮南」，據冊府卷六七三改。

〔六〕居官無枝葉　「枝葉」，各本原作「拔萃」，據冊府卷六七七改。

〔七〕將納迪簡　「將納」二字各本原無，據冊府卷七二四補。

〔八〕華州刺史　新書卷一五九閻濟美傳「華州」上有「尋出」二字。

舊唐書卷一百八十六上

列傳第一百三十六上

酷吏上

來俊臣　周興　傅遊藝　丘神勣　索元禮　侯思止　萬國俊
來子珣　王弘義　郭霸　吉頊

古今御天下者，其政有四：五帝尚仁，體文德也；三王仗義，立武功也；五霸崇信，取威令也；七雄任力，重刑名也。蓋仁義既廢，然後齊之以威刑；威刑既衰，而酷吏為用，於是商鞅、李斯譎詐設矣。持法任術，尊君卑臣，奮其策而鞭撻宇宙，持危救弊，先王不得已而用之，天下之人謂之苛法。降及兩漢，承其餘烈，於是前有郅都、張湯之徒持其刻，後有董宣、陽球之屬肆其猛。雖然異代，亦克公方，天下之人謂之酷吏，此又鞅、斯之罪人也，然而網既密而姦不勝矣。夫子曰：「刑罰不中，則人無所措手足。」誠哉是言也。

唐初革前古之敝，務於勝殘，垂衣而理，且七十載，而人不敢欺。由是觀之，在彼不在此。逮則天以女主臨朝，大臣未附，委政獄吏，剪除宗枝。於是來俊臣、索元禮、萬國俊、周興、丘神勣、侯思止、郭霸、王弘義之屬，紛紛而出。然後起告密之刑，制羅織之獄，生人屏息，莫能自固。至於懷忠蹈義，連頸就戮者，不可勝言。武后因之坐移唐鼎，天網一舉，而卒籠八荒，酷之爲用，斯害也已。遂使酷吏之黨，橫噬於朝，制公卿之死命，擅王者之威力。貴從其欲，毒侈其心，天誅發於脣吻，國柄秉於掌握。兇慝之士，榮而慕之，身赴鼎鑊，死而無悔。若是者何哉？要時希旨，見利忘義也。

嘗試而論之，今夫國家行斧鉞之誅，設狴牢之禁以防盜者，雖云固矣，而猶踰垣掘塚，揭篋探囊，死者於前，盜者於後，何者？以其間有欲也。然所徇者不過數金之資耳！彼酷吏與時上下，取重人主，無怵惕之憂，坐致尊寵，杖起卒伍，富擬封君，豈唯數金之利耶？則盜官者爲幸矣。故有國者則必窒覬覦之路，杜僥倖之門，可不務乎！況乎樂觀時變，恣懷陰賊，斯又郅都、董宣之罪人也。異哉，又有效於斯者！中興四十載而有吉溫、羅希奭之蠹政，又數載而有敬羽、毛若虛之危法。朝經四葉，獄訟再起，比周惡黨，勦絕善人。屢撓將措之刑，以傷太和之氣，幸災樂禍，苟售其身，此又來、索之罪人也。

嗚呼！天道禍淫，人道惡殺，既爲禍始，必以凶終。故自鞅、斯至于毛、敬，蹈其跡者，卒以誅夷，非不幸也。嗚呼！執愚賈害，任天下之怨；反道辱名，歸天下之惡。或肆諸原野，人得而誅之；或投之魑魅，鬼得而誅之。天人報應，豈虛也哉！俾千載之後，聞其名者，曾蛇豕之不若。悲夫！昔春秋之義，善惡不隱，今爲酷吏傳，亦所以示懲勸也。語曰：「前事不忘，將來之師。」意在斯乎！意在斯乎！

來俊臣，雍州萬年人也。父操，博徒。與鄉人蔡本結友，遂通其妻，因樗蒲贏本錢數十萬，本無以酬，操遂納本妻。入操門時，先已有娠，而生俊臣。凶險不事生產，反覆殘害，舉無與比。曾於和州犯奸盜被鞫，遂妄告密，召見奏〔一〕，刺史東平王續杖之一百。後續天授中被誅，俊臣復告密，召見，奏言前所告密是豫、博州事，枉被續決杖，遂不得申。則天以爲忠，累遷侍御史，加朝散大夫。按制獄，少不會意者，必引之，前後坐族千餘家。

二年，擢拜左臺御史中丞。朝廷累息，無交言者，道路以目。與侍御史侯思止、王弘義、郭霸、李仁敬，司刑評事康暐、衞遂忠等，同惡相濟。招集無賴數百人，令其告事，共爲羅織，千里響應。欲誣陷一人，卽數處別告，皆是事狀不異，以惑上下。仍皆云：「請付來俊臣推勘，必獲實情。」則天於是於麗景門別置推事院，俊臣推勘必獲，專令俊臣等按鞫，亦號爲新開門。但入新開門者，百不全一。弘義戲謂麗景門爲「例竟門」，言入此門者，例皆竟也。

俊臣與其黨朱南山輩造告密羅織經一卷，皆有條貫支節，布置事狀由緒。俊臣每鞫囚，無問輕重，多以醋灌鼻，禁地牢中，或盛之瓮中，以火圜遶炙之，並絕其糧餉，至有抽衣絮以噉之者。又令寢處糞穢，備諸苦毒。自非身死，終不得出。每有赦令，俊臣必先遣獄卒盡殺重囚，然後宣示。又以索元禮等作大枷，凡有十號：一曰定百脉，二曰喘不得，三曰突地吼，四曰著即承，五曰失魂膽，六曰實同反，七曰反是實，八曰死豬愁，九曰求即死，十曰求破家。復有鐵籠頭連其枷者，輪轉于地，斯須悶絕矣。囚人無貴賤，必先布枷棒于地，召囚前曰：「此是作具。」見之魂膽飛越，無不自誣矣。則天重其賞以酬之，故吏競勸爲酷矣。由是告密之徒，紛然道路，名流僶俛閲日而已。朝士多因入朝，默遭掩襲，以至于族，與其家無復音息。故每入朝者，必與其家訣曰：「不知重相見不？」

如意元年，地官尚書狄仁傑、益州長史任令暉、冬官尚書李遊道、秋官尚書袁智宏、司賓卿崔神基、文昌左丞盧獻等六人，並爲其羅告。俊臣既以族人家爲功，苟引之承反，乃奏請降敕，一問即承，同首例得減死。及脅仁傑等反，仁傑歎曰：「大周革命，萬物惟新，唐朝舊臣，甘從誅戮。反是實。」俊臣乃少寬之。其判官王德壽謂仁傑曰：「尚書事已爾，得減死。德壽今業已受驅策，欲求少階級，憑尚書牽楊執柔，可乎？」仁傑曰：「若之何？」德壽曰：「尚書昔在春官時，執柔任某司員外，引之可也。」仁傑曰：「皇天后土，遣狄仁傑行此事！」以頭觸柱，血流被面，德壽懼而止焉。

仁傑既承反，有司但待報行刑，不復嚴備。仁傑得憑守者求筆硯，拆被頭帛書之，敍冤苦，置于綿衣，遣謂德壽曰：「時方熱，請付家人去其綿。」德壽不復疑矣，家人得衣中書，仁傑子光遠持之稱變，得召見。則天覽之愕然，召問俊臣曰：「卿言仁傑等承反，今子弟訟冤，何故也？」俊臣曰：「此等何能自伏其罪！臣寢處甚安，亦不去其巾帶。」則天令通事舍人周綝視之。俊臣遽令獄卒令假仁傑等巾帶，行立於西，命綝視之。綝懼俊臣，莫敢西顧，但視東唯諾而已。俊臣令綝少留，附進狀，乃令判官妄爲仁傑等作謝死表，代署而進之。鳳閣侍郎樂思晦男年八九歲，其家已族，宜隸于司農〔三〕，上變，得召見，言「俊臣苛毒，願陛下假條反狀以付之，無大小皆如狀矣。」則天意少解，乃召見仁傑曰：「卿承反何也？」仁傑等曰：「不承反，臣已死於枷棒矣。」則天曰：「何謂作謝死表？」仁傑曰：「無。」因以表示之，乃知其代署，遂出此六家。

俊臣復按大將軍張虔勗、大將軍內侍范雲仙於洛陽牧院。虔勗等不堪其苦，自訟於徐有功，言辭頗厲，俊臣命衞士以亂刀斬殺之。雲仙亦言歷事先朝，稱所司冤苦，俊臣命截去其舌。士庶破膽，無敢言者。

俊臣累坐贓，爲衞吏紀履忠所告下獄〔三〕。長壽二年，除殿中丞。又坐贓，出爲同州參軍，逼奪同列參軍妻，仍辱其母。萬歲通天元年，召爲合宮尉，擢拜洛陽令、司農少卿。則天賜其奴婢十人，當受於司農。時西蕃酋長阿史那斛瑟羅家有細婢，善歌舞，俊臣因令其黨羅告斛瑟羅反，將圖其婢。諸蕃長詣闕割耳剺面訟冤者數十人，乃得不族。時綦連耀、劉思禮等有異謀，明堂尉吉頊知之，不自安，以白俊臣發之，連坐族者數十輩。俊臣將擅其功，復羅告頊，得召見，僅而免。

俊臣先逼娶太原王慶詵女。俊臣與河東衞遂忠有舊，遂忠行雖不著，然好學，有詞辯，嘗攜酒謁俊臣，俊臣方與妻族宴集，應門者紿云：「已出矣。」遂忠知妄，入其宅，慢罵毀辱之。俊臣恥其妻族，命毆擊反接，既而免之，自此構隙。俊臣將羅告武氏諸王及太平公主、張易之等，遂相掎摭，則天屢保持之。而諸武及太平公主恐懼，共發其罪，乃棄市，國人無少長皆怨之，競剮其肉，斯須盡矣。

中宗神龍元年三月八日，詔曰：「國之大綱，惟刑與政，刑之不中，其政乃虧。劉光業、王德壽、王處貞、屈貞筠、鮑思恭、劉景陽等，庸流賤職，姦吏險夫，以粗暴爲能官，以兇殘爲奉法。往從按察，害虐在心，倏忽加刑，呼吸就戮，曝骨流血，其數甚多，冤濫之聲，盈於海內。朕唯布新澤，恩被人祇，撫事長懷，尤深惻隱。光業等五人積惡成釁，並謝生涯，雖其人已殂，而其跡可貶，所有官爵，並宜追奪。其枉被殺人，各令州縣以禮埋葬，還其官廕。劉景陽身今見在，情不可矜，特以會恩，免其嚴罰，宜從貶降，以雪冤情，可棣州樂單縣員外尉。自今內外法官，咸宜敬慎。其文深刺骨，跡徇凝脂，高下任情，輕重隨意，如酷吏丘神勣、來子珣、萬國俊、周興、來俊臣、魚承曄、王景昭、索元禮、傅遊藝、王弘義、張知默、裴籍、焦仁亶、侯思止、郭霸、李仁敬、皇甫文備、陳嘉言等，其身已死，並遺除名〔四〕。自垂拱已來，枉濫殺人，有官者並令削奪。唐奉一依前配流，李秦授、曹仁哲並與嶺南惡處。」

開元十三年三月十二日，御史大夫程行諶奏：「周朝酷吏來子珣、萬國俊、王弘義、侯思止、郭霸、焦仁亶、張知默、李敬仁、唐奉一、來俊臣、周興、丘神勣、索元禮、曹仁哲、王景昭、裴籍、李秦授、劉光業、王德壽、屈貞筠、鮑思恭、劉景陽、王處貞二十三人，殘害宗枝，毒陷良善，情狀尤重，子孫不許與官。陳嘉言、魚承曄、皇甫文備、傅遊藝四人，情狀稍輕，子孫不許近任。」

周興者，雍州長安人也。少以明習法律，爲尙書省都事。累遷司刑少卿、秋官侍郎。自垂拱已來，屢受制獄，被其陷害者數千人。天授元年九月革命，除尙書左丞，上疏除李家宗正屬籍。二年十一月，與丘神勣同下獄，當誅，則天特免之，徙於嶺表。在道爲讎人所殺。

傅遊藝，衞州汲人也。載初元年，爲合宮主簿、左肅政臺御史，除左補闕。上書稱武氏符瑞，合革姓受命，則天甚悅，擢爲給事中。數月，加同鳳閣鸞臺平章事。同月，又加朝散大夫，守鸞臺侍郎，依舊同平章事。其年九月革命，改天授元年，賜姓武氏。二年五月，加銀青光祿大夫。兄神童爲多官尙書，兄弟並承榮寵。踰月，除司禮少卿，停知政事。夢登湛露殿，旦而陳於所親，爲其所發，伏誅。時人號爲四時仕宦，言一年自青而綠，及於朱紫也。希則天旨，誣族皇枝。神龍初，禁錮其子孫。初，遊藝請則天發六道使，雖身死之後，竟從其謀，於是萬國俊輩恣斬戮矣。

丘神勣，左衞大將軍行恭子也。永淳元年，爲左金吾衞將軍。弘道元年，高宗崩，則天使於巴州害章懷太子，既而歸罪於神勣，左遷疊州刺史。尋復入爲左金吾衞將軍，深見親委。受詔與周興、來俊臣鞫制獄，俱號爲酷吏。垂拱四年，博州刺史、琅邪王冲起兵，以神勣爲清平道大總管。尋而冲爲百姓孟青棒、吳希智所殺。神勣至州，官吏素服來迎，神勣揮刃盡殺之，破千餘家，因加左金吾衞大將軍。天授二年十月，下詔獄伏誅。

索元禮，胡人也。光宅初，徐敬業起兵揚州，以匡復爲名，則天震怒，又恐人心動搖，欲以威制天下。元禮探其旨告事，召見，擢爲游擊將軍，令於洛州牧院推案制獄。元禮性殘忍，推一人，廣令引數十百人，衣冠震懼，甚於狼虎。則天數召見賞賜，張其權勢，凡爲殺戮者數千人。於是周興、來俊臣之徒，效之而起矣。時有諸州告密人，皆給公乘，州縣護送至闕下，於賓館以廩之，稍稱旨，必授以爵賞以誘之，貴以威於遠近。元禮尋以酷毒轉甚，則天收人望而殺之。天下之人謂之來、索，言酷毒之極，又首按制獄也。

載初元年十月，左臺御史周矩上疏諫曰：「頃者小人告訐，習以爲常，內外諸司，人懷苟免，姑息臺吏，承接強梁，非故欲，規避誣構耳。又推劾之吏，皆以深刻爲功，鑿空爭能，相矜以虐。泥耳籠頭，枷研楔轂，摺脅籤爪，懸髮薰耳，臥鄰穢溺，曾不聊生，號爲「獄持」。或累日節食，連宵緩問，晝夜搖撼，使不得眠，號曰「宿囚」。此等既非木石，且救目前，苟求賒死。臣竊聽輿議，皆稱天下太平，何苦須反。豈被告者盡是英雄，以求帝王耶？只是不勝楚毒自誣耳。何以覈之？陛下試取所告狀酌其虛實者，付令推，微訊動以探其情，所推者必上下其手，希聖旨也。願陛下察之。今滿朝側息不安，皆以爲陛下朝與之密，夕與之讎，不可保也。聞有追攝，與妻子卽爲死訣。故爲國者以仁爲宗，以刑爲助，周用仁而昌，秦用刑而亡，此之謂也。願陛下緩刑用仁，天下幸甚。」則天從之，由是制獄稍息。

侯思止，雍州醴泉人也。貧窮不能理生業，乃樂事渤海高元禮家。性無賴詭譎。時恆州刺史裴貞杖一判司。則天將不利王室，羅反之徒已興矣。判司敎思止說游擊將軍高元禮，因請狀乃告舒王元名及裴貞反，周興按之，並族滅。授思止游擊將軍。元禮懼而曲媚，引與同坐，呼爲侯大，曰：「國家用人以不次，若言侯大不識字，卽奏云：『獬豸獸亦不識字，而能觸邪。』」則天果如其言，思止以獬豸對之，則天大悅。天授三年，乃拜朝散大夫、左臺侍御史。元禮復敎曰：「在上知侯大無宅，倘以諸役官宅見借，可辭謝而不受。在上必問所由，卽奏云：『諸反逆人，臣惡其名，不願坐其宅。』」則天復大悅，恩澤甚優。

思止既按制獄，苛酷日甚。嘗按中丞魏元忠，曰：「急認白司馬，不然，即喫孟青。」白司馬者，洛陽有坂號白司馬坂。孟青者，將軍姓孟名青棒，即殺琅邪王冲者也。思止閭巷庸奴，常以此謂諸囚也。元忠辭氣不屈，思止怒而倒曳元忠。元忠徐起曰：「我薄命，如乘惡驢墜，脚爲鐙所挂，被拖曳。」思止大怒，又曳之曰：「汝拒捍制使，奏斬之。」元忠曰：「侯思止，汝今爲國家御史，須識禮數輕重。如必須魏元忠頭，何不以鋸截將，無爲抑我承反。奈何爾佩服朱紫，親銜天命，不行正直之事，乃言白司馬、孟青，是何言也！非魏元忠，無人抑教。」思止驚起悚怍，曰：「思止死罪，幸蒙中丞教。」引上牀坐而問之，元忠徐就坐自若，思止言竟不正。時人効之，以爲談謔之資。侍御史霍獻可笑之，思止以聞，則天怒，謂獻可曰：「我已用之，卿笑何也？」獻可具以其言奏，則天亦大笑。

時來俊臣棄故妻，逼娶太原王慶詵女，思止亦奏請娶趙郡李自挹女，敕政事商量。鳳閣侍郎李昭德撫掌謂諸宰相曰：「大可笑。」諸宰相問故，昭德曰：「往年來俊臣賊劫王慶詵女，已大辱國。今日此奴又請索李自挹女，無乃復辱國乎！」竟爲李昭德搒殺之。

萬國俊，洛陽人。少譎異險詐。垂拱後，與來俊臣同爲羅織經，屠覆宗枝朝貴，以作威勢，自司刑評事，俊臣同引為判官。天授二年，攝右臺監察御史，常與俊臣同按制獄。長壽二年，有上封事言嶺南流人有陰謀逆者，乃遣國俊就按之，若得反狀，便斬決。國俊至廣州，遍召流人，置于別所，矯制賜自盡，並號哭稱冤不服。國俊乃引出，擁之水曲，以次加戮，三百餘人，一時併命。然後鍛鍊曲成反狀，仍誣奏云：「諸流人咸有怨望，若不推究，為變不遙。」則天深然其奏，乃命右衞翊二府兵曹參軍劉光業、司刑評事王德壽、苑南面監丞鮑思恭、尚輦直長王大貞、右武衞兵曹參軍屈貞筠等，並攝監察御史，分往劍南、黔中、安南等六道鞫流人。尋擢授國俊朝散大夫、肅政臺侍御史。光業等見國俊盛行殘殺，得加榮貴，乃共肆其兇忍，唯恐後之。光業殺九百人，德壽殺七百人，其餘少者咸五百人。亦有遠年流人，非革命時犯罪，亦同殺之。則天後知其冤濫，下制：「被六道使所殺之家口未歸者，並遞還本管。」國俊等俄亦相次而死，皆見鬼物為祟，或有流竄而終。

來子珣，雍州長安人。永昌元年四月，以上書陳事，除左臺監察御史。時朝士有不帶靴而朝者，子珣彈之曰：「臣聞束帶立於朝。」舉朝大噱。則天委之按制獄，多希旨，賜姓武氏，字家臣。天授中，丁父憂，起復朝散大夫、侍御史。時雅州刺史劉行實及弟渠州刺史行瑜、尙衣奉御行威幷兄子鷹揚郎將軍虔通等，爲子珣誣告謀反誅，又於盱眙毀其父左監門大將軍伯英棺柩。俄又轉爲游擊將軍、右羽林中郎將。常衣錦半臂，言笑自若，朝士詭之。長壽元年，配流愛州卒。

王弘義，冀州衡水人也。告變，授游擊將軍。天授中，拜右臺殿中侍御史。長壽中，拜左臺侍御史，與來俊臣羅告衣冠。延載元年，俊臣貶，弘義亦流放瓊州，妄稱敕追。時胡元禮爲侍御史，使嶺南道，次于襄、鄧，會而按之。弘義詞窮，乃謂曰：「與公氣類。」元禮曰：「足下任御史，元禮任洛陽尉。元禮今爲御史，公乃流囚，復何氣類？」乃搒殺之。弘義每暑月繫囚，必於小房中積蒿而施氈褥，遭之者斯須氣絕矣，苟自誣引，則易於他房。與俊臣常行移牒，州縣慴懼，自矜曰：「我之文牒，有如狠毒野葛也。」弘義常於鄉里傍舍求瓜，主客之，弘義乃狀言瓜園中有白兔，縣官命人捕逐，斯須園苗盡矣。內史李昭德曰：「昔聞蒼鷹獄吏，今見白兔御史。」

郭霸，廬江人也。天授二年，自宋州寧陵丞應革命舉，拜左臺監察御史。如意元年，除左臺殿中侍御史。長壽二年，右臺侍御史。初舉集，召見，於則天前自陳忠鯁云：「往年征徐敬業，臣願抽其筋，食其肉，飲其血，絕其髓。」則天悅，故拜焉，時人號爲「四其御史」。時大夫魏元忠臥疾，諸御史盡往省之，霸獨居後，比見元忠，憂懼，請示元忠便液，以驗疾之輕重。元忠驚悚，霸悅曰：「大夫糞味甘，或不瘳。今味苦，當即愈矣。」元忠剛直，殊惡之，以其事露朝士。嘗推芳州刺史李思徵，搒捶考禁，不勝而死。聖曆中，屢見思徵，甚惡之。嘗因退朝遽歸，命家人曰：「速請僧轉經設齋。」須臾見思徵從數十騎上其廷，曰：「汝枉陷我，我今取汝。」霸周章惶怖，援刀自刳其腹，斯須蛆爛矣。是日，閭里亦見兵馬數十騎駐于門，少頃不復見矣。時洛陽橋壞，行李弊之，至是功畢。則天嘗問羣臣：「比在外有何好事？」舍人張元一素滑稽，對曰：「百姓喜洛橋成，幸郭霸死，此即好事。」

吉頊，洛州河南人也。身長七尺，陰毒敢言事。進士舉，累轉明堂尉。萬歲通天二年，有箕州刺史劉思禮，自云學於張憬藏，善相，云洛州錄事參軍綦連耀應圖讖，有「兩角騏驎兒」之符命。頊告之，則天付武懿宗與頊對訊。懿宗與頊誘思禮，令廣引朝士，必全其命。

思禮乃引鳳閣侍郎李元素、夏官侍郎孫元通、天官侍郎劉奇石抱忠、鳳閣舍人王處來庭、主簿柳璆、給事中周潘、涇州刺史王勔、監察御史王助、司議郎路敬淳、司門員外郎劉愼之、右司員外郎宇文全志等三十六家，微有忤意者，必構之，楚毒百端，以成其獄。皆海內賢士名家，天下冤之，親故連累竄逐者千餘人。項由是擢拜右肅政臺中丞，日見恩遇。

明年，突厥寇陷趙、定等州，則天召項檢校相州刺史，以斷賊南侵之路。項以素不習武爲辭，則天曰：「賊勢將退，藉卿威名鎭遏耳。」初，太原有術士温彬茂，高宗時老，臨死，封一狀謂其妻曰：「吾死後，年名垂拱，即詣闕獻之，愼勿開也。」垂拱初，其妻獻之。狀中預陳則天革命及突厥至趙、定之事，故則天知賊至趙州而退。項初至州募人，略無應者。俄而詔以皇太子爲元帥，應募者不可勝數。及賊退，項入朝奏之，則天甚悅。

聖曆二年臘月，遷天官侍郎、同鳳閣鸞臺平章事。時易之、昌宗諷則天置控鶴監官員，則天以易之爲控鶴監。項素與易之兄弟親善，遂引項，以殿中少監田歸道、鳳閣舍人薛稷、正諫大夫員半千、夏官侍郎李迥秀，俱爲控鶴內供奉，時議甚不悅。初，則天以項幹辯有口才，偉儀質，堪委以心腹，故擢任之。及與武懿宗爭趙州功於殿中，懿宗短小俯僂，項聲氣凌厲，下視懿宗，嘗不相假。則天以爲「卑我諸武於我前，其可倚與！」其年十月，以弟作僞官，貶琰川尉，後改安固尉。尋卒。

初，中宗未立爲皇太子時，易之、昌宗嘗密問頊自安之策，頊云：「公兄弟承恩既深，非有大功於天下，則不全矣。今天下士庶，咸思李家，廬陵既在房州，相王又在幽閉，主上春秋既高，須有付託。武氏諸王，殊非屬意。明公若能從容請建立廬陵及相王，以副生人之望，豈止轉禍爲福，必長享茅土之重矣。」易之然其言，遂承間奏請。則天知頊首謀，召而問之，頊曰：「廬陵王及相王，皆陛下之子，先帝顧託於陛下，當有主意，唯陛下裁之。」則天意乃定。頊既得罪，時無知者。睿宗即位，左右發明其事，乃下制曰：「故吏部侍郎、同中書門下平章事吉頊，體識宏遠，風規久大。嘗以經緯之才，允膺匡佐之委。時王命中否，人謀未輯，首陳返政之議，克副祈天之基。永懷遺烈，寧忘厥効。可贈左御史臺大夫。」

校勘記

〔一〕遂安告密召見奏　「召見奏」三字疑是涉後文而衍。

〔二〕宜隸于司農　張森楷云：「『宜』字不當有，各本並誤衍文。」

〔三〕衞吏紀履忠　「衞吏」二字新書卷二〇九來俊臣傳、通鑑卷二〇五考異引統記均作「御史」。

〔四〕並遣除名　以上四字各本原無，據冊府卷一五二補。

舊唐書卷一百八十六下

列傳第一百三十六下

酷吏下

姚紹之　周利貞　王旭　吉溫王鈞　嚴安之　盧鉉附　羅希奭

毛若虛　敬羽裴昇　畢曜附

姚紹之，湖州武康人也。解褐典儀，累拜監察御史。中宗朝，武三思恃庶人勢，駙馬都尉王同皎謀誅之，事洩，令紹之按問而誅同皎。紹之初按問同皎，張仲之、祖延慶謀衣袖中發調弩射三思，伺其便未果。宋之遜以其外妹妻延慶，曰：「今日將行何事，而以妻爲？」之遜固抑與延慶，且洽其心矣。之遜子曇密發之，乃敕右臺大夫李承嘉與紹之按於新開門內。初，紹之將直盡其事。詔宰相李嶠等對問，諸相懼三思威權，但僶俛，佯不問。仲之、延慶言曰：「宰相中有附會三思者。」嶠與承嘉耳言，復說誘紹之，其事乃變。遂密置人力十餘，命引仲之對問，至，卽爲紹之所擒，塞口反接，送獄中。紹之還，謂仲之曰：「張三，事不諧矣！」仲之固言三思反狀，紹之命棒之而臂折，大呼天者六七，謂紹之曰：「反賊，臂且折矣，命已輸汝，當訴爾於天帝！」因裂衫以束之，乃自誣反而遇誅。紹之自此神氣自若，朝廷側目。

累遷左臺侍御史。奉使江左，經汴州，辱錄事參軍魏傳弓。尋拜監察御史。紹之後坐贓汚，詔傳弓按之，獲贓五千餘貫以聞，當坐死。韋庶人妹保持之，遂黜放爲嶺南瓊山尉。傳弓初按紹之，紹之在揚州，色動，謂長吏盧萬石曰：「頃辱傳弓，今爲所按，紹之死矣。」逃入西京，爲萬年尉擒之，擊折其足，因授南陵令員外置。開元十三年，累轉括州長史同正員，不預知州事，死。

周利貞，神龍初爲侍御史，附託權要，爲桓彥範、敬暉等五王嫉之，出爲嘉州司馬。時中書舍人崔湜與桓、敬善，武三思用事禁中，彥範憂之，託心腹於湜。湜反露其計於三思，爲三思所中，盡流嶺南。湜勸盡殺之，以絕其歸望。三思問：「誰可使者？」利貞卽湜之表兄，因舉爲此行。利貞至，皆鴆殺之，因擢爲左臺御史中丞。先天元年，爲廣州都督。時湜爲中書令，與僕射劉幽求不叶，陷幽求徙于嶺表，諷利貞殺之，爲桂州都督王晙護之，逗留獲免。無何，玄宗正位，利貞與薛季昶、宋之問同賜死於桂州驛。

王旭，太原祁人也。曾祖珪，貞觀初爲侍中，尙永寧公主〔一〕。旭解褐鴻州參軍，轉兗州兵曹。神龍元年正月，張柬之、桓彥範等誅張易之、昌宗兄弟，尊立孝和皇帝。其兄昌儀，先貶乾封尉，旭斬之，齎其首赴于東都，遷幷州錄事參軍。唐隆元年，玄宗誅韋庶人等，幷州長史周仁軌，韋氏之黨，有詔誅之，旭不覆敕，又斬其首，馳赴西京。開元二年，累遷左臺侍御史。時光祿少卿盧崇道以崔湜妻父，貶於嶺外。逃歸，匿於東都，爲讎家所發，詔旭究其獄。旭欲擅其威權，因捕崇道親黨數十人，皆極其楚毒，然後結成其罪，崇道及三子並杖死於都亭驛，門生親友皆決杖流貶。時得罪多是知名之士，四海冤之。旭又與御史大夫李傑不叶，遞相糾訐，傑竟左遷衢州刺史。旭既得志，擅行威福，由是朝廷畏而鄙之。

五年，遷左司郎中，常帶侍御史。旭爲吏嚴苛，左右無敢支梧，每銜命推劾，一見無不輸款者。時宋王憲府掾紀希虬兄任劍南縣令，被告有贓私，旭使至蜀鞫之。其妻美，旭威逼之，因奏決殺縣令，納贓數千萬。至六年，希玭遣奴詐爲祗承人，受顧在臺，事旭累月，旭賞之，召入宅中，委以腹心。其奴密記旭受饋遺囑託事，乃成數千貫，歸謁希玭。希玭銜泣見憲，敍以家冤。憲憫之，執其狀以奏，詔付臺司劾之，贓私累巨萬，貶龍平尉，憤恚而死，甚爲時人之所慶快。

吉温，天官侍郎頊弟琚之孽子也。譎詭能諂事人，遊於中貴門，愛若親戚。性禁害，果於推劾。天寶初，爲新豐丞。時太子文學薛嶷承恩倖，引温入對，玄宗目之而謂嶷曰：「是一不良漢，朕不要也。」時蕭炅爲河南尹，河南府有事，京臺差温推詰，事連炅，堅執不捨，賴炅與右相李林甫善，抑而免之。及温選，炅已爲京兆尹，一唱萬年尉，即就其官，人爲危之。時驃騎高力士常止宿宮禁，或時出外第，炅必謁焉。温先馳與力士言謔甚洽，握手呼行第，炅覷之歎伏。及他日，温謁炅於府庭，遽布心腹曰：「他日不敢隳國家法，今日已後，洗心事公。」炅復與盡歡。

會林甫與左相李適之、駙馬張垍不叶，適之兼兵部尚書，垍兄均爲兵部侍郎，林甫遣人訐出兵部銓曹主簿事令史六十餘人僞濫事，圖覆其官長，詔出付京兆府與憲司對問。數日，竟不究其由。炅使温劾之。温於院中分囚於兩處，温於後廳佯取兩重囚訊之，或杖或壓，痛苦之聲，所不忍聞，卽云：「若存性命，乞紙盡答。」令史輩素諳温，各自誣伏罪，及温引問，無敢違者。晷刻間事輯，驗囚無栲訊決罰處。常云：「若遇知己，南山白額獸不足縛也。」會李林甫將起刑獄，除不附己者，乃引之於門，與羅希奭同鍛鍊詔獄。

五載，因中官納其外甥武敬一女爲盛王琦妃，擢京兆府士曹。時林甫專謀不利於東儲，以左驍衞兵曹柳勣杜良娣妹壻，令温推之。温追著作郎王曾、前右司禦率府倉曹王修己、左武衞司戈盧寧、左威衞騎曹徐徵同就臺鞫，數日而獄成。勣等杖死，積屍於大理寺。

六載，林甫又以戶部侍郎、兼御史中丞楊愼矜違忤其旨，御史中丞王鉷與愼矜親而嫉之，同構其事，云「蓄圖讖，以己是隋煬帝子孫，闚於興復」，林甫又奏付温鞫焉，愼矜下獄繫之。使温於東京收捕其兄少府少監愼餘、弟洛陽令愼名，於汝州捕其門客史敬忠。敬忠頗有學，嘗與朝貴遊，蹉跎不進，與温父琚情契甚密，温孩孺時，敬忠嘗抱撫之。温令河南丞姚開就擒之，鎖其頸，布袂蒙面以見温。温驅之於前，不交一言。欲及京，使典誘之云：「楊愼矜今款招已成，須子一辨。若解人意，必活；忤之，必死。」敬忠迴首曰：「七郎，乞一紙。」温佯不與，見詞懇，乃於桑下令答三紙，辯皆符温旨，喜曰：「丈人莫相怪！」遂徐下拜。及至温湯，始鞫愼矜，以敬忠詞爲證。及再搜其家，不得圖讖。林甫恐事洩，危之，乃使御史盧鉉入搜。鉉乃袖讖書而入，於隱僻中詬而出曰：「逆賊牢藏祕記，今得之矣。」指於愼矜小妻韓珠團婢見，舉家惶懼，且行捶擊，誰敢忤焉。獄乃成，愼矜兄弟賜死。溫自是威振，衣冠不敢偶言。

溫早以嚴毒聞，頻知詔獄，忍行枉濫，推事未訊問，已作奏狀，計贓數。及被引問，便懾懼，卽隨意而書，無敢惜其生者，因不加栲擊，獄成矣。林甫深以溫爲能，擢戶部郎中，常帶御史。林甫雖倚以爪牙，溫又見安祿山受主恩，驃騎高力士居中用事，皆附會其間，結爲兄弟。常謂祿山曰：「李右相雖觀察人事，親於三兄，必不以兄爲宰相。溫雖被驅使，必不超擢。若三兄奏溫爲相，卽奏兄堪大任，擠出林甫，是兩人必爲相矣。」祿山悅之。時祿山承恩無敵，驟言溫能，玄宗亦忘曩歲之語。十載，祿山加河東節度，因奏溫爲河東節度副使，并知節度營田及管內採訪監察留後事。其載，又加兼鴈門太守，仍知安邊郡鑄錢事，賜紫金魚袋。及丁所生憂，祿山又奏起復爲本官。尋復奏爲魏郡太守、兼侍御史。

楊國忠入相，素與溫交通，追入爲御史中丞，仍充京畿、關內採訪處置使。溫於范陽辭，祿山令累路館驛作白紬帳以候之，又令男慶緒出界送，攏馬出驛數十步。及至西京，朝廷動靜，輒報祿山，信宿而達。十三載正月，祿山入朝，拜左僕射，充閑廄使，因奏加溫武部侍郎、兼御史中丞，充閑廄、苑內、營田、五坊等副使。時楊國忠與祿山嫌隙已成，溫轉厚於祿山，國忠又忌之。其多，河東太守韋陟入奏於華清宮，陟自謂失職，託於温結歡於祿山，廣載河東土物饋於温，又及權貴。國忠諷評事吳豸之使鄉人告之，召付中書門下，對法官鞫之，陟伏其狀，貶桂嶺尉，温澧陽長史，温判官員錫新興尉。明年，温又坐贓七千匹及奪人口馬奸穢事發，貶端州高要尉。温至嶺外，遷延不進，依於張博濟，止於始安郡。八月，遣大理司直蔣沇鞫之，温死於獄中，博濟及始安太守羅希奭死於州門。

初，温之貶斥，玄宗在華清宮，謂朝臣曰：「吉温是酷吏子姪，朕被人誑惑，用之至此。屢勸朕起刑獄以作威福，朕不受其言。今去矣，卿等皆可安枕也。」初，開元九年，有王鈞爲洛陽尉，十八年，有嚴安之爲河南丞，皆性毒虐，笞罰人畏其不死，皆杖訖不放起，須其腫憤，徐乃重杖之，懊血流地，苦楚欲死，鈞與安之始眉目喜暢，故人吏懾懼。温則售身權貴，噬螫衣冠，來頗異耳。温九月死始興，十一月，祿山起兵作亂，人謂與温報讎耳。祿山入洛陽城，卽僞位。玄宗幸蜀後，祿山求得温一子，纔六七歲，授河南府參軍，給與財帛。

初，温之按楊愼矜，侍御史盧鉉同其事。鉉初爲御史，作韋堅判官，及堅爲李林甫所嫉，鉉以堅款曲發於林甫，冀售其身。及按愼矜，鉉先與張瑄同臺，情旨素厚，貴取媚於權臣，誣瑄與楊愼矜共解圖讖，持之，爲驢駒拔橛以成其獄〔三〕。又爲王鉷閑廄判官，鉷緣邢縡事朝堂被推，鉉證云：「大夫將白帖索廄馬五百匹以助逆，我不與之。」鉷死在晷刻，鉉忍誣之，衆咸怨恨焉。及被貶爲廬江長史，在郡忽見瑄爲祟，乃云：「端公何得來乞命？不自由。」鉉須臾而卒。

羅希奭，本杭州人也，近家洛陽，鴻臚少卿張博濟堂外甥。爲吏持法深刻。天寶初，右相李林甫引與吉温持獄，又與希奭姻婭，自御史臺主簿再遷殿中侍御史。自韋堅、皇甫惟明、李適之、柳勣、裴敦復、李邕、鄔元昌、楊慎矜、趙奉璋下獄事，皆與温鍛鍊，故時稱「羅鉗吉網」，惡其深刻也。八載，除刑部員外，轉郎中。十一載，李林甫卒，出爲中部、始安二太守，仍充當管經略使。

十四載，以張博濟、吉温、韋陟、韋誠奢、李從一、員錫等流貶，皆於始安，希奭或令假攝。右相楊國忠奏遣司直蔣沇往按之，復令張光奇替爲始安太守，仍降敕曰：「前始安郡太守、充當管經略使羅希奭，幸此資序，叨居牧守。地列要荒，人多竄殛，尤加委任，冀絕姦訛。翻乃嘯結逋逃，羣聚不逞，應是流貶，公然安置。或差攝郡縣，割剝黎甿；或輟借館宇，侵擾人吏。不唯輕侮典憲，實亦隳壞紀綱。擢髮數愆，豈多其罪，可貶海東郡海康尉員外置。張博濟往託回邪，跡惟憑恃，嘗自抵犯，又坐親姻，前後貶官，歲月頗久，逗留不赴，情狀難容。及命按舉，仍更潛匿，亡命逭刑，莫斯爲甚。並當切害，合峻常刑，宜於所在各決重杖六十。使夫爲政之士，克守章程，負罪之人，期於悛革。凡厥在位，宜各悉心。」時員錫、李從一、韋誠奢、吉承恩並決杖，遣司直宇文審往監之。

毛若虛，絳州太平人也。眉毛覆於眼，其性殘忍。初爲蜀川縣尉，使司以推勾見任。天寶末，爲武功丞，年已六十餘矣。肅宗收兩京，除監察御史，審國用不足，上策徵剝財貨，有潤於公者，日有進奉，漸見任用稱旨。每推一人，未鞫，即先收其家資，以定贓數，不滿望，即攤徵鄉里近親，峻其威權，人皆懼死，輸納不差晷刻。

乾元二年，鳳翔府七坊押官先行剽劫，州縣不能制，因有劫殺事，縣尉謝夷甫因衆怒，遂搒殺之。其妻訴於李輔國，輔國奏請御史孫鎣鞫之〔三〕，鎣不能正其事。又令中丞崔伯陽三司使雜訊之，又不證成其罪。因令若虛推之，遂歸罪於夷甫。伯陽與之言，若虛頗不遜。伯陽數讓之，若虛馳謁告急，肅宗曰：「卿且出。」對曰：「臣出即死矣。」肅宗潛留若虛簾內，召伯陽至，伯陽頗短若虛，上怒，叱出之。因流貶伯陽同推官十餘人〔四〕，皆於嶺外遠惡處。宰相李峴以左右於鎣等，亦被貶斥。於是若虛威震朝列，公卿懾懼矣。尋擢爲御史中丞。上元元年，貶賓化尉而死。

敬羽，寶鼎人也。父昭道，開元初爲監察御史。羽貌寢而性便僻，善候人意旨。天寶九載，爲康成縣尉。安思順爲朔方節度使，引在幕下。及肅宗於靈武卽大位，羽尋擢爲監察御史，以苛刻徼剝求進。及收兩京後，轉見委任。作大枷，有鉤尾榆，著卽悶絕。又臥囚於地，以門關輾其腹，號爲「肉餺飥」。掘地爲坑，實以棘刺，以敗席覆上，領囚臨坑訊之，必墜其中，萬刺攢之。又捕逐錢貨，不減毛若虛。

上元中，擢爲御史中丞。太子少傅、宗正卿、鄭國公李遵，爲宗子通事舍人李若冰告其贓私，詔羽按之。羽延遵，各危坐於小牀，羽小瘦，遵豐碩，頃間問卽倒。請垂足，羽曰：「尙書下獄是囚，羽禮延坐，何得慢耶！」遵絕倒者數四。請問，羽徐應之，授紙筆，書贓數千貫，奏之。肅宗以勳舊捨之，但停宗正卿。及嗣薛王珍潛謀不軌〔三〕，詔羽鞫之。羽召支黨羅於廷，索鉤尾榆枷之，布栲訊之具以繞之，信宿成獄。珍坐死，右衞將軍竇如玢、試都水使者崔昌等九人並斬，太子洗馬趙非熊、陳王府長史陳閎、楚州司馬張昴、左武衞兵曹參軍焦自榮、前鳳翔府郿縣主簿李岊、廣文館進士張ⓘ等六人決殺，駙馬都尉薛履謙賜自盡，左散騎常侍張鎬貶辰州司戶。

胡人康謙善賈，資產億萬計。楊國忠爲相，授安南都護。至德中，爲試鴻臚卿，專知山南東路驛。人嫉之，告其陰通史朝義。謙髭鬚長三尺過帶，按之兩宿，鬢髮皆禿，膝踝亦㮄碎，視之者以爲鬼物，非人類也。乞捨其生，以後送狀奏殺之，沒其資產。

羽與毛若虛在臺五六年間，臺中囚繫不絕。又有裴昇、畢曜同爲御史，皆酷毒，人之陷刑，當時有毛、敬、裴、畢之稱。裴、畢尋又流黔中。羽，寶應元年貶爲道州刺史。尋有詔殺之，羽聞之，衣凶服南奔溪洞，爲吏所擒，臨刑，袖中執州縣官吏犯贓私狀數紙，曰：「有人通此狀，恨不得推究其事。主州政者，無宜寢也。」

贊曰：王德將衰，政在姦臣。鷹犬搏擊，縱之者人。遭其毒螫，可爲悲辛。作法爲害，延濫不仁。

校勘記

〔一〕尚永寧公主　廿二史考異卷六〇云：「案珪封永寧郡公，未嘗尚主。尚南平公主者，珪之子敬直也。」

〔二〕驢駒拔撅　「拔」字各本原作「板」，據本書卷一〇五楊愼矜傳、合鈔卷二四二吉溫傳改。

〔三〕孫鎣　各本原作「孫瑩」，據本書卷一一二李峘傳、冊府卷六一九、新書卷二〇九毛若虛傳改。下同。

〔四〕因流貶伯陽　冊府卷六一九「流」下有「夷甫」二字。

〔五〕嗣薛王珍　新書卷二〇九敬羽傳、通鑑卷二二二「薛」作「岐」，是也。珍是薛王業子，後出嗣岐王，當作嗣岐王。

舊唐書卷一百八十七上

列傳第一百三十七上

忠義上

夏侯端 劉感 常達 羅士信 呂子臧 張道源 族子楚金附
李公逸 張善相 李玄通 敬君弘 馮立 謝叔方 王義方
成三郎 尹元貞 高叡 子仲舒 崔琳附 王同皎 周憬附 蘇安恒
俞文俊 王求禮 燕欽融 郎岌附 安金藏

語曰：「無求生以害仁，有殺身以成仁。」孟軻曰：「生亦我所欲，義亦我所欲，捨生而取義可也。」古之德行君子，動必由禮，守之以仁，造次顚沛，不忘于素。有若仲由之結纓，鉏麑之觸樹，紀信之蹈火，豫讓之斬衣，此所謂殺身成仁，臨難不苟者也。然受刑一代，顧瞻七族。不犯難者，有終身之利；隨市道者，獲當世之榮。苟非氣義不羣，貞剛絕俗，安能碎所重之支體，徇他人之義哉！則由、鹿、信、讓之徒，君人者常宜血祀，況自有其臣乎！卽如安金藏剖腹以明皇嗣，段秀實挺笏而擊元兇，張巡、姚誾之守城，杲卿、眞卿之罵賊，又愈於金藏。秀實等各見本傳。今採夏侯端、李憕已下，附于此篇。

夏侯端，壽州壽春人，梁尚書左僕射詳之孫也。仕隋爲大理司直，高祖龍潛時，與其結交。大業中，高祖帥師於河東討捕，乃請端爲副。時煬帝幸江都，盜賊日滋。端頗知玄象，善相人，說高祖曰：「金玉牀搖動，此帝座不安。參墟得歲，必有眞人起於實沉之次。天下方亂，能安之者，其在明公。但主上曉察，情多猜忍，切忌諸李，強者先誅，金才既死，明公豈非其次？若早爲計，則應天福，不然者，則誅矣。」高祖深然其言。及義師起，端在河東，爲吏所捕，送于長安，囚之。高祖入京城，釋之，引入臥內，與語極歡，授祕書監。

屬李密爲王世充所破，以衆來降，關東之地，未有所屬，端固請往招諭之，乃加大將軍，持節爲河南道招慰使。至黎陽，李勣發兵送之，自澶水濟河，傳檄郡縣，東至于海，南至于淮，二十餘州，並遣使送款。行次譙州，會亳州刺史丁叔則及汴州刺史王要漢並以所部降於世充，路遂隔絕。

端素得衆心，所從二千人，雖糧盡，不忍委去。端知事必不濟，乃坐澤中，盡殺私馬，以會軍士，因歔欷曰：「今王師已敗，諸處並沒，卿等土壤，悉皆從僞，特以共事之情，未能見委。然我奉王命，不可從。卿有妻子，無宜效我。可斬吾首，持歸於賊，必獲富貴。」衆皆流涕。端又曰：「卿不忍見殺，吾當自刎。」衆士抱持之，皆曰：「公於唐家，非有親屬，但以忠義之故，不辭於死。諸人與公共事，經涉艱危，豈有害公而取富貴！」復與同進。潛行五日，餒死者十三四，又爲賊所擊，奔潰相失者大半。端唯與三十餘人東走，採生豋豆而食之，猶持節與之俱臥起，謂衆人曰：「平生不知死地乃在此中。我受國恩，所以然耳，今卿等何乃相伴死乎！可散投賊，猶全性命。吾當抱此一節，與之俱殞。」衆又不去。

屬李公逸爲唐守杞州，聞而勒兵迎館之。于時河南之地，皆入世充，唯公逸感端之義，獨堅守不下。世充遣使召端，解衣遺之，禮甚厚，仍送除書，以端爲淮南郡公、吏部尚書。端對其使者曰：「夏侯端天子大使，豈受王世充之官！自非斬我頭將往見汝，何容身苟活而屈於賊乎！」遂焚其書，拔刀斬其所遺衣服。因發路西歸，解節旄懷之，取竿加刃，從間道得至宜陽。初，山中險峻，先無蹊徑，但冒履榛梗，晝夜兼行，從者三十二人，或墜崖溺水、遇猛獸而死又半，其餘至者，皆鬢髮禿落，形貌枯瘠。端馳驛奉見，但謝無功，殊不自言艱苦。高祖憫之，復以爲祕書監。俄出爲梓州刺史，所得料錢，皆散施孤寡。貞觀元年病卒。

劉感，岐州鳳泉人，後魏司徒高昌王豐生之孫也。武德初，以驃騎將軍鎮涇州，薛仁杲率衆圍之，感嬰城拒守，城中糧盡，遂殺所乘馬以分將士，感一無所啖，唯煑馬骨取汁，和木屑食之。城垂陷者數矣。長平王叔良援兵至，仁杲解圍而去。感與叔良出戰，爲賊所擒。仁杲復圍涇州，令感語城中云：「援軍已敗，徒守孤城，何益也！宜早出降，以全家室。」感許之。及至城下，大呼曰：「逆賊飢餓，亡在朝夕！秦王率數十萬衆，四面俱集，城中勿憂，各宜自勉〔一〕，以全忠節！」仁杲大怒，執感於城邊，埋脚至膝，馳騎射殺之，至死聲色逾厲。賊平，高祖購得其屍，祭以少牢，贈瀛州刺史，封平原郡公，諡曰忠壯。令其子襲官爵，并賜田宅。

常達，陝人也。初仕隋爲鷹揚郎將，數從高祖征伐，甚蒙親待。及義兵起，達在霍邑，從宋老生來拒戰。老生敗，達懼，自匿不出。高祖謂達已死，令人閱屍求之。及達奉見，高祖大悅，以爲統軍。武德初，拜隴州刺史。時薛舉屢攻之，不能克，乃遣其將仵士政以數百人僞降達。達不之測，厚加撫接。士政伺隙以其徒劫達，擁城中二千人而叛，牽達以見於舉，達詞色抗厲，不爲之屈。舉指其妻謂達曰：「識皇后否？」達曰：「正是瘦老嫗，何足可識！」竟釋之。有賊帥張貴謂達曰：「汝識我否？」答曰：「汝逃死奴。」瞋目視之，貴怒，拔刀將斫達，人救之，獲免。及仁杲平，高祖見達，謂曰：「卿之忠節，便可求之古人。」命起居舍人令狐德棻曰：「劉感、常達，須載之史策也。」執仵士政，撲殺之。賜達布帛三百段，復拜隴州刺史，卒。

羅士信，齊州歷城人也。大業中，長白山賊王薄、左才相、孟讓來寇齊郡，通守張須陀率兵討擊。士信年始十四，固請自効，須陀謂曰：「汝形容未勝衣甲，何可入陣！」士信怒，重著二甲，左右雙鞬而上馬，須陀壯而從之。擊賊濰水之上，陣纔列，士信馳至賊所，刺倒數人，斬一人首，擲於空中，用槍承之，戴以略陣。賊衆愕然，無敢逼者，須陀因而奮擊，賊衆大潰。士信逐北，每殺一人，輒劓其鼻而懷之，及還，則驗鼻以表殺賊之多少也。須陀甚加歎賞，以所乘馬遺之，引置左右。每戰，須陀先登，士信爲副。煬帝遣使慰喩之，又令畫工寫須陀、士信戰陣之圖，上于內史。

及須陀爲李密所殺，士信隨裴仁基率衆歸于密，署爲總管。使統所部，隨密擊王世充。敗，士信躍馬突進，身中數矢，乃陷於世充軍。世充知其驍勇，厚禮之，與同寢食。後世充破李密，得密將邴元眞等，盡拜爲將軍，不復專重之。士信恥與爲伍，率所部千餘人奔于穀州。高祖以爲陝州道行軍總管，使圖世充。及大軍至洛陽，士信以兵圍世充千金堡，中有大罵之者，士信怒，夜遣百餘人將嬰兒數十至于堡下，詐言「從東都來投羅總管」。因令嬰兒啼譟，既而佯驚曰：「此千金堡，吾輩錯矣！」忽然而去。堡中謂是東都逃人，遽出兵追之。士信伏兵於路，俟其開門，奮擊大破之，殺無遺類。世充平，擢授絳州總管，封剡國公。

尋從太宗擊劉黑闥於河北，有洺水人以城來降，遣士信入城據守，賊悉衆攻之甚急，遇雨雪，大軍不得救，經數日，城陷，爲賊所擒。黑闥聞其勇，意欲活之，士信詞色不屈，遂遇害，年二十。太宗聞而傷惜，購得其屍，葬之，謚曰勇。士信初爲裴仁基所禮，嘗感其知己之恩，及東都平，遂以家財收斂，葬於北邙。又云：「我死後，當葬此墓側。」及卒，果就仁基左而託葬焉。

呂子臧，蒲州河東人也。大業末，爲南陽郡丞。高祖克京師，遣馬元規撫慰山南，子臧堅守不下，元規遣使諷諭之，前後數輩，皆爲子臧所殺。及煬帝被殺，高祖又遣其婿薛君倩賫手詔諭旨，子臧乃爲煬帝發喪成禮，而後歸國，拜鄧州刺史，封南陽郡公。

時朱粲新敗，子臧率所部數千人，與元規併力將擊之，謂元規曰：「朱粲新破之後，上下危懼，一戰可擒。若更遷延，部衆稍集，力強食盡，必死戰於我，爲患不細也。」元規不納，子臧請以本兵獨戰，又不許。俄而粲衆大至，元規懼，退保南陽。子臧謂元規曰：「言不見納，以至於此，老夫今坐公死矣！」粲果率兵圍之，遇霖雨，城壁皆壞，所親者知城必陷，固勸其降，子臧曰：「安有天子方伯降賊者乎！」於是率其麾下赴敵而死。俄而城陷，元規亦遇害。

張道源，并州祁人也。年十五，父死，居喪以孝行稱，縣令郭湛改其所居爲復禮鄉至孝里。道源嘗與友人客遊，友人病，中宵而卒，道源恐驚擾主人，遂共屍臥，達曙方哭，親步營送，至其本鄉里。高祖舉義，召授大將軍府戶曹參軍。及平京城，遣道源撫慰山東，燕、趙之地爭來款附，高祖下書褒美，累封范陽郡公，後拜大理卿。時何稠、士澄有罪，家口籍沒，仍以賜之，道源歎曰：「人有否泰，蓋亦是常。安可因己之泰，利人之否，取其子女以爲僕妾，豈近仁者之心乎！」皆捨之，一無所取。尋轉太僕卿，後歷相州都督。武德七年卒官，贈工部尚書，諡曰節。道源雖歷職九卿，身死日，唯有粟兩石，高祖深異之，賜其家帛三百段。族子楚金。

楚金少有志行，事親以孝聞。初與兄越石同預鄉貢進士，州司將罷越石而薦楚金，辭曰：「以順則越石長，以才則楚金不如。」固請俱退。時李勣爲都督，歎曰：「貢士本求才行，相推如此，何嫌雙居也。」乃俱薦擢第。楚金，高宗時累遷刑部侍郎。儀鳳年，有妖星見，楚金上疏，極言得失，高宗優納，賜帛二百段。則天臨朝，歷位吏部侍郎、秋官尚書，賜爵南陽侯。爲酷吏周興所陷，配流嶺表，竟卒於徙所。著翰苑三十卷、紳誡三卷，並傳於時。

李公逸，汴梁雍丘人也。隋末，與族弟善行以義勇爲人所附。初歸王世充，知其必敗，遣間使請降。高祖因以雍丘置杞州，拜爲總管，封陽夏郡公，又以善行爲杞州刺史。世充遣其從弟辨率衆攻之，公逸遣使請援，高祖以其懸隔賊境，未卽出兵。公逸乃留善行居守，自入朝請援，行至襄城，爲世充伊州刺史張殷所獲，送于洛陽。世充謂曰：「卿越鄭臣唐，其說安在？」公逸答曰：「我於天下，唯聞有唐。」世充怒，斬之，善行竟沒於賊。高祖聞而悼惜，封其子爲襄邑縣公。

張善相，許州襄城人也。大業末，爲里長，每督縣兵逐小盜，爲衆所附，遂據本郡，歸於李密。密敗，以城歸國，高祖授伊州總管。王世充數攻之，善相頻遣使請救，兵既不赴，城中糧盡，自知必敗，謂僚屬曰：「死當斬吾頭以歸世充。」衆皆泣曰：「寧與公同死，終不獨生！」後城陷被擒，送於世充，辭色不撓，罵世充極口，尋被害。高祖歎曰：「吾負善相，善相不負吾。」封其子爲襄城郡公。

李玄通，雍州藍田人。仕隋鷹揚郎將。義兵入關，率所部歸國，累除定州總管。劉黑闥反叛，攻之，城陷被擒。黑闥重其才，欲以爲大將，玄通歎息曰：「吾荷朝恩，作藩東夏，孤城無援，遂陷虜庭。當守臣節，以忠報國，豈能降志，輒受賊官。」拒而不受。故吏有以酒食餽之者，玄通曰：「諸君哀吾困辱，故以酒食來相寬慰，吾當爲諸君一醉。」遂與樂飲，謂守者曰：「吾能舞劍，可借吾刀。」守者與之，及曲終，太息而言：「大丈夫受國厚恩，鎭撫方面，不能保全所守，亦何面目視息世間哉！」因潰腹而死。高祖聞而爲之流涕，拜其子伏護爲大將。

敬君弘，絳州太平人，齊右僕射顯儁曾孫也。武德中，爲驃騎將軍，封黔昌縣侯，掌屯營兵於玄武門，加授雲麾將軍。隱太子建成之誅也，其餘黨馮立、謝叔方率兵犯玄武門，君弘挺身出戰，其所親止之曰：「事未可知，當且觀變，待兵集，成列而戰，未晚也。」君弘不從，乃與中郎將呂世衡大呼而進，並遇害。太宗甚嗟賞之，贈君弘左屯衞大將軍，世衡右驍衞將軍。

馮立，同州馮翊人也。有武藝，略涉書記，隱太子建成引爲翊衞車騎將軍，託以心膂。建成被誅，其左右多逃散，立歎曰：「豈有生受其恩而死逃其難！」於是率兵犯玄武門，苦戰久之，殺屯營將軍敬君弘，謂其徒曰：「微以報太子矣！」遂解兵遁於野。俄而來請罪，太宗數之曰：「汝在東宮，潛爲間構，阻我骨肉，汝罪一也。昨日復出兵來戰，殺傷我將士，汝罪二也。何以逃死！」對曰：「出身事主，期之効命，當職之日，無所顧憚。」因伏地歔欷，悲不自勝。太宗慰勉之。立歸，謂所親曰：「逢莫大之恩，幸而獲濟，終當以死奉答。」未幾，突厥至便橋，立率數百騎與虜戰於咸陽，殺獲甚衆。太宗聞而嘉歎，拜廣州都督。前後作牧者，多以黷貨爲蠻夷所患，由是數怨叛。立到，不營產業，衣食取給而已。嘗至貪泉，歎曰：「此吳隱之所酌泉也。飲一盃水，何足道哉！吾當汲而爲食，豈止一盃耶，安能易吾性乎！」遂畢飲而去。在職數年，甚有惠政，卒於官。

謝叔方，雍州萬年人也。初從巢刺王元吉征討，數有戰功，元吉奏授屈咥直府左軍騎。太宗誅隱太子及元吉于玄武門，叔方率府兵與馮立合軍，拒戰于北闕下，殺敬君弘、呂世衡。太宗兵不振，秦府護軍尉遲敬德傳元吉首以示之，叔方下馬號哭而遁。明日出首，太宗曰：「義士也！」命釋之。歷遷西、伊二州刺史，善綏邊鎮，胡戎愛而敬之，如事嚴父。貞觀末，累加銀青光祿大夫，歷洪、廣二州都督。永徽中卒。

王義方，泗州漣水人也。少孤貧，事母甚謹，博通五經，而謇傲獨行。初舉明經，因詣京師，中路逢徒步者，自云父爲潁上令，聞病篤，倍道將往焉，徒步不前，計無所出。義方解所乘馬與之，不告姓名而去。俄授晉王府參軍，直弘文館。特進魏徵甚禮之，將以姪女妻之，義方竟娶徵之姪女，告人曰：「昔不附宰相之勢，今感知己之言故也。」轉太子校書。無何，坐與刑部尚書張亮交通，貶爲儋州吉安丞。行至海南，舟人將以酒脯致祭，義方曰：「黍稷非馨，義在明德。」乃酌水而祭，爲文曰：「思帝鄉而北顧，望海浦而南浮。必也行慼諸己，義負前修。長鯨擊水，天吳覆舟。因忠獲戾，以孝見尤。四維霧廓，千里安流。靈應如響，無作神羞。」時當盛夏，風濤蒸毒，既而開霽，南渡吉安。蠻俗荒梗，義方召諸首領，集生徒，親爲講經，行釋奠之禮，清歌吹籥，登降有序，蠻酋大喜。

貞觀二十三年，改授洹水丞。時張亮兄子皎，配流在崖州，來依義方而卒，臨終託以妻子及致屍還鄉。義方與皎妻自誓於海神，使奴負柩，令皎妻抱其赤子，乘義方之馬，身獨步從而還。先之原武葬皎，告祭張亮，送皎妻子歸其家而往洹水。轉雲陽丞，擢爲著作佐郎。

顯慶元年，遷侍御史。時中書侍郎李義府執權用事，婦人淳于氏有美色，坐事繫大理，義府悅之，託大理丞畢正義枉法出之。高宗又敕給事中劉仁軌、侍御史張倫重按其事。正義自縊。高宗特原義府之罪。義方以義府姦蠹害政，將加彈奏，以問其母，母曰：「昔王陵母伏劍成子之義，汝能盡忠立名，吾之願也，雖死不恨。」義方乃先奏曰：

臣聞春鶯鳴於獻歲，蟋蟀吟於始秋，物有徵而應時，人有賤而言忠。臣去歲冬初，雲陽下縣丞耳。今春及夏，陛下擢臣著作佐郎，極文學之淸選。未幾，又拜臣侍御史，濫朝廷之雄職。顧視生涯，隕首非報，唯欲有犯無隱，以廣天聽。伏以李義府枉殺寺丞，陛下已赦之，臣不應更有鞫問。然天子置三公、九卿、二十七大夫、八十一元士，本欲水火相濟，鹽梅相成，然後庶績咸熙，風雨交泰，亦不可獨是獨非，皆由聖旨。昔唐堯失之於四凶，漢祖失之於陳豨，光武失之於逢萌，魏武失之於張邈。此四帝者，英傑之主，然失之於前，得之於後。今陛下繼聖，撫育萬邦，蠻陬夷落，猶懼疏網，況輦轂咫尺，姦臣肆虐，足使忠臣抗憤，義士扼腕。縱令正義自縊，彌不可容，便是畏義府之權勢，能殺身以滅口。此則生殺之威，上非主出；賞罰之柄，下移佞寵。臣恐履霜堅冰，積小成大，請重鞫正義死由，雪冤氣於幽泉，誅姦臣於白日。

乃廷劾義府曰：「臣聞附下罔上，聖主之所宜誅；心狠貌恭，明時之所必罰。是以隱賊掩義，不容唐帝之朝；竊幸乘權，終齒漢皇之劍。中書侍郎李義府，因緣際會，遂階通顯。不能盡忠竭節，對敭王休，策蹇勵駑，祗奉皇眷，而反憑附城社，蔽虧日月，請託公行，交遊羣小。貪冶容之美，原有罪之淳于；恐漏洩其謀，殞無辜之正義。雖挾山超海之力，望此猶輕；

迴天轉日之威，方斯更劣。此而可恕，孰不可容！金風屆節，玉露啓塗，霜簡與秋典共清，忠臣將鷹鸇並擊。請除君側，少答鴻私，碎首玉階，庶明臣節。」高宗以義方毀辱大臣，言詞不遜，左遷萊州司戶參軍。秩滿，家于昌樂，聚徒教授。母卒，遂不復仕進。總章二年卒，年五十五。撰筆海十卷、文集十卷。門人何彥光、員半千爲義方制師服，三年喪畢而去。半千者，齊州全節人也。事義方經十餘年，博涉經史，知名河朔。則天時官至天官侍郎。撰三國春秋二十卷，行於代。自有傳。

成三郎，幽州漁陽人也。光宅年，爲左豹韜衞長上果毅。李孝逸之討徐敬業，以爲前鋒，與賊戰於高郵，官軍敗績，被擒，送于江都。賊黨唐之奇紿其衆曰：「此李孝逸也！」將斬之，三郎大呼曰：「我是果毅成三郎，不是將軍李孝逸。官軍已圍爾數重，破爾在於朝夕。我死，妻子受榮；爾死，家口配沒，終不及我。」之奇怒，斬之。敬業平，贈左監門將軍，謚曰勇。時曲阿令尹元貞，亦死敬業之難。

尹元貞者，瀛州河間人也。在曲阿，聞敬業攻陷潤州，率兵赴援。及戰敗，被擒。敬業臨以白刃，脅令附己，將加任用。元貞詞色慷慨，竟不之屈，尋遇害。敬業平，贈潤州刺史，諡曰壯。

高叡，雍州萬年人，隋尚書左僕射熲孫也。父表仁，穀州刺史。叡少以明經累除桂州都督，尋加銀青光祿大夫，轉趙州刺史，封平昌縣子。聖曆初，突厥默啜來寇，叡嬰城固守。長史唐波若見城圍甚急，遂潛謀應賊。叡覺之，將自殺，不死，俄而城陷被擒，更令招喻諸縣未降者，叡竟不從，遂爲所殺。

初，賊將至州境，或謂叡曰：「突厥所向無前，百姓喪膽，明公力不能禦，不若降之。」叡曰：「吾爲天子刺史，不戰而降，其罪大矣。」則天聞而深歎息之，贈冬官尚書，諡曰節。及賊退，唐波若伏誅，家口籍沒。因下制曰：「故趙州刺史高叡，狂賊既至，死節不降；長史唐波若，不能固城，相率歸賊。高叡已加褒贈，波若等身死破家。賞罰既行，須敦懲勸，宜頒示天下，咸使知聞。」

子仲舒，博通經史，尤明三禮及詁訓之書。神龍中，爲相王府文學，王甚敬重之。開元中，累授中書舍人，侍中宋璟、中書侍郎蘇頲每詢訪故事焉。時又有中書舍人崔琳，深達政理，璟等亦禮焉，嘗謂人曰：「古事問高仲舒，今事問崔琳，則又何所疑矣。」仲舒累遷太子右庶子卒。

王同晈，相州安陽人，陳侍中、駙馬都尉寬之曾孫。其先自琅邪仕江左，陳亡，徙家河北。同晈，長安中尙皇太子女定安郡主，授朝散大夫，行太子典膳郎。敬暉等討張易之兄弟也，遣同晈與右羽林將軍李多祚迎太子於東宮，請太子至玄武門指麾將士。太子初拒而不許，同晈諷諭切至，太子乃就駕。以功授右千牛將軍，封琅邪郡公，賜實封五百戶。及郡主進封爲公主，拜同晈爲駙馬都尉。尋加銀青光祿大夫，遷光祿卿。

神龍二年，同晈以武三思專權任勢，謀爲逆亂，乃招集壯士，期以則天靈駕發引，劫殺三思。同謀人撫州司倉冉祖雍，具以其計密告三思。三思乃遣校書郎李悛上言：「同晈潛謀殺三思後，將擁兵詣闕，廢黜皇后。」帝然之，遂斬同晈于都亭驛前，籍沒其家。臨刑神色不變，天下莫不冤之。睿宗卽位，令復其官爵。執冉祖雍、李悛，並誅之。

初與同晈叶謀，有武當丞周憬者，壽州壽春人也。事旣洩，遁於比干廟中，自刎而死。

臨終，謂左右曰：「比干，古之忠臣也。倘神道聰明，應知周憬忠而死也。韋后亂朝，寵樹邪佞，武三思干上犯順，虐害忠良，吾知其滅亡不久也。可懸吾頭於國門，觀其身首異門而出。」其後皆如其言。

蘇安恆，冀州武邑人也。博學，尤明周禮及春秋左氏傳。大足元年，投匭上疏曰：

陛下欽聖皇之顧託，受嗣子之推讓，應天順人，二十年矣。豈不思虞舜褰裳，周公復辟，良以大禹至聖，成王既長，推位讓國，其道備焉。故舜之於禹，是其族親；旦與成王〔三〕，不離叔父。且族親何如子之愛？叔父何如母之恩？今太子孝敬是崇，春秋既壯，若使統臨宸極，何異陛下之身。陛下年德既尊，寶位將倦，機務殷重，浩蕩心神，何不禪位東宮，自怡聖體。臣聞自昔明王之孝理天下者，不見二姓而俱王也。當今梁、定、河內、建昌諸王等，承陛下之蔭覆，並得封王，臣恐千秋萬歲之後，於事非便，臣請黜爲公侯，任以閑簡。臣又聞陛下有二十餘孫，今無尺土之封，此非長久之計也。臣請四面都督府及要衝州郡，分土而王之。縱今年尚幼小，未嫻養人之術，請擇立師傅，成其孝敬之道，將以夾輔周室，藩屏皇家，使累葉重光，饗祀不輟，斯爲美矣，豈不大哉！

疏奏，則天召見，賜食慰諭而遣之。

長安二年，又上疏曰：

忠臣不順時而取寵，烈士不惜死而偷生。故君道不明者，忠臣之過歟！臣道不軌者，烈士之過歟！昔者先皇晏駕，留其顧託，將以萬機殷廣，令陛下兼知其事。雖唐堯、虞舜居其位，而共工、驩兜在其間，陛下骨肉之恩阻，陛下子母之愛忘。臣謂聖情以運祚將喪，極斯大節；天下謂陛下微弱李氏，貪天之功。何以年在耄倦，而不能復子明辟，使忠言莫進，姦佞成朋，夷狄紛擾，屠害黎庶。陛下雖納隍軫念，亦罔能救此生靈。

臣聞天下者，神堯、文武之天下也。昔有隋失馭，小人道長，羣雄駭鹿，四海瞻烏。皇唐親事戎旃，鳳翔參野，削平宇縣，龍踐宸極。歃血爲盟，指河爲誓，非李氏不王，非功臣不封。陛下雖居正統，實唐氏舊基。故詩曰：「惟鵲有巢，唯鳩居之。」此言雖小，可以喻大。陛下自坤生德，乘乾作主，豈不以上符天意，下順人心。東宮昔在諒陰，相王又非長子，陛下恐宗祀中絕，所以應其謳歌。當今太子追迴，年德俱盛，陛下貪其寶位而忘母子深恩。臣聞京邑翼翼，四方取則。陛下蔽太子之元良，枉太子之神器，何以教天下母慈子孝，焉能使天下移風易俗焉？惟陛下思之，將何聖顏以見唐家宗廟？將何誥命以謁大帝墳陵？陛下何故日夜積憂，不知鐘鳴漏盡？臣愚以天意人事，還歸李家。陛下雖安天位，殊不知物極則反，器滿則傾。故語曰：「當斷不斷，反受其亂。」此之謂也。陛下不如高揖機務，自恬聖躬，命史臣以書之，令樂府以歌之，斯亦太平之盛事也。

臣聞見過不諫，非忠臣也；畏死不言，非勇士也。臣何惜一朝之命，而不安萬乘之國哉！故曰：苟利國家，雖死可矣。願陛下稍輟萬機，詳臣愚見。陛下若以臣爲忠，則從諫如流，擇是而用；若以臣爲不忠，則斬取臣頭，以令天下。

疏奏不納。

明年，御史大夫魏元忠爲張易之兄弟所構，安恆又抗疏申理之曰：

臣聞明王有含天下之量，有濟天下之心，能進天下之善，除天下之惡。若爲君王而不行此四者，則當神冤鬼怒，陰錯陽亂，欲使國家榮泰，其可得乎！陛下革命之初，勤於庶政，親總萬機，博採謀猷，傍求俊乂，故海內以陛下爲納諫之主矣〔三〕。暮年已來〔四〕，怠於政教，讒邪結黨，水火成災，百姓不親，五品不遜，故四海之內，以陛下爲受佞之主矣。當今邪正莫辯〔五〕，訴訟含冤，豈陛下昔是而今非，蓋居安忘危之失也。

臣竊見御史大夫、檢校太子右庶子、同鳳閣鸞臺平章事魏元忠，廉直有聞，位居宰輔。履忠正之基者，用元忠爲龜鏡；踐邪佞之路者，嫉元忠若仇讎。麟臺監張易之兄弟，在身無德，於國無功，不踰數年，遂極隆貴。自當飲冰懷懼，酌水思淸，夙夜兢兢，以答恩造。不謂谿壑其志，豺狼其心，欲指鹿而獻馬，先害忠而損善，將斯亂代之法，汙我明君之朝。自元忠下獄，臣見長安城內，街談巷議，皆以陛下委任姦宄，斥逐賢良，以元忠必無不順之言，以易之必有交亂之意，相逢偶語，人心不安。雖有忠臣烈士，空撫髀於私室，而鉗口不敢言者，皆懼易之等威權，恐無辜而受戮，亦徒虛死耳！

今賊虜強盛，徵斂煩重，以臣言之，萬姓不勝其弊。況又聞陛下縱逸讒慝，禁錮良善，賞刑失中，則遐邇生變。臣恐四夷因之，則窺覘得失，以爲邊郡之患；百姓因之，卽結聚義兵，以除君側之惡。復恐逐鹿之黨，叩闕而至，亂階之徒，從中相應，爭鋒於朱雀門內，問鼎於大明殿前，陛下將何事以謝之？復何方以禦之？臣今爲陛下計，安百姓之心者，莫若收雷電之威，解元忠之網，復其爵位，君臣如初，則天下幸甚。陛下好生惡殺，縱不能斬佞臣頭以塞人望，臣請奪其榮寵，翦其羽翼，無使權柄在手，驕橫日滋。專國倍於穰侯，迴天過於左悺，則社稷危矣，惟陛下圖之。

臣本微賤，不識元忠、易之，豈此可親而彼可疏，但恐讒邪長而忠臣絕。伏願陛下暫垂天鑒，察臣此心，卽微臣朝志得行，夕死無恨。

疏奏，易之等大怒，欲遣刺客殺之，賴正諫大夫朱敬則、鳳閣舍人桓彥範、著作郎魏知古等保護以免。

安恆，神龍初爲集藝館內教。節愍太子之殺武三思也，或言安恆預其謀，遂下獄死。睿宗卽位，知其冤，下制曰：「故蘇安恆，文學基身，鯁直成操，往年抗疏，忠讜可嘉。屬回邪擅構，奄從非命，興言軫悼，用惻于懷。宜贈寵章，式旌徽烈，可贈諫議大夫。」時又有俞文俊、王求禮，亦以直言見稱。

俞文俊者，荆州江陵人。則天載初年，新豐因風雷山移，乃改縣名爲慶山，四方畢賀，文俊詣闕上書曰：「臣聞天氣不和而寒暑併，人氣不和而疣贅生，地氣不和而堆阜出。今陛下以女主處陽位，反易剛柔，故地氣隔塞而山變爲災。陛下謂之慶山，臣以爲非慶也。臣愚以爲宜側身修德，以答天譴。不然，恐殃禍至矣！」則天大怒，流於嶺外。後爲六道使所殺。

王求禮者，許州長社人。則天時，爲左拾遺。時武懿宗統兵討契丹，畏愞不敢進，及賊平，懿宗奏滄、瀛等數百家從賊，請誅之。求禮廷折之曰：「此等素無武備，城池不完，遇賊畏懼，苟從之以求生，豈素有背叛之心也！懿宗擁強兵數十萬，聞賊輒退，使其滋蔓，又欲移罪於草澤詿誤之人，豈爲臣之道！臣請先斬懿宗，以謝河北。」懿宗不能答，則天遂寬脅從者之罪。後都城三月雨雪，鳳閣侍郎蘇味道以爲瑞雪，率羣官表賀，求禮曰：「公爲宰相，不能燮理陰陽，非時降雪，又將災而爲瑞，誣罔視聽。若以三月雪爲瑞雪，卽臘月雷亦爲瑞雷耶？」味道不從。求禮累遷左臺殿中侍御史。神龍初，爲衞王掾，病卒。

燕欽融，洛州偃師人也。景龍末，爲許州司戶參軍。時韋庶人干預國政，盛封拜羣從子弟，又與悖逆庶人及駙馬都尉武延秀、中書令宗楚客等將圖危宗社。欽融連上奏其事，庶人大怒，勸中宗召欽融廷見，撲殺之。宗楚客又私令執法者加刃〔七〕，欽融因而致死。睿宗卽位，下制曰：「故許州司戶參軍燕欽融，先陳忠讜，頻列章奏，雖干非其位，而進不顧身。永言奄亡，誠所傷悼，方開諫路，宜慰窀穸。可贈諫議大夫，仍令備禮改葬，特授一子官。」

先是，定州人郎岌，亦備陳韋庶人及宗楚客將爲逆亂之狀，中宗不納，而韋庶人勸杖殺之。睿宗卽位，追贈諫議大夫。

安金藏，京兆長安人，初爲太常工人。載初年，則天稱制，睿宗號爲皇嗣。少府監裴匪躬、內侍范雲仙並以私謁皇嗣腰斬。自此公卿已下，並不得見之，唯金藏等工人得在左右。或有誣告皇嗣潛有異謀者，則天令來俊臣窮鞫其狀，左右不勝楚毒，皆欲自誣，唯金藏確然無辭，大呼謂俊臣曰：「公不信金藏之言，請剖心以明皇嗣不反。」卽引佩刀自剖其胸，五藏並出，流血被地，因氣絕而仆。則天聞之，令輿入宮中，遣醫人却納五藏，以桑白皮爲線縫合，傅之藥，經宿，金藏始甦。則天親臨視之，歎曰：「吾子不能自明，不如爾之忠也。」卽令俊臣停推，睿宗由是免難。

金藏，神龍初喪母，寓葬於都南闕口之北，廬於墓側，躬造石墳石塔，晝夜不息。原上舊無水，忽有湧泉自出。又有李樹盛冬開花，犬鹿相狎。本道使盧懷慎上聞，敕旌表其門。景雲中，累遷右武衛中郎將。玄宗卽位，追思金藏忠節，下制褒美，擢拜右驍衛將軍，乃令史官編次其事。開元二十年，又特封代國公，仍於東岳等諸碑鐫勒其名。竟以壽終，贈兵部尙書。

校勘記

〔一〕各宜自勉　「自」字各本原無，據御覽卷四一七補。

〔二〕且與成王　「與」字各本原作「舉」，據册府卷五四四、全唐文卷二三七改。

〔三〕納諫之主　「納諫」二字各本原無，據册府卷八七五、全唐文卷二三七補。

〔四〕暮年已來　册府卷八七五、全唐文卷二三七「暮年」均作「朞年」。

〔五〕當今邪正莫辯　「當今」二字各本原無，據册府卷八七五、全唐文卷二三七補。

〔六〕私令執法者加刃　新書卷一九一王同皎傳作「私令衞士極力」。

舊唐書卷一百八十七下

列傳第一百三十七下

忠義下

李憕，太原文水人。父希倩，中宗神龍初右臺監察御史。憕早聰敏，以明經舉，開元初爲咸陽尉。時張說自紫微令、燕國公出爲相州刺史、河北按察使，有洛州劉行善相人，說問「寮寀後誰貴達？」行乃稱憕及臨河尉鄭巖，說乃以女妻巖，妹婿陰行眞女妻於憕。及說爲并州長史、天兵軍大使〔一〕，引憕常在幕下。九年，入爲相，憕又爲長安尉。屬宇文融爲御史，括田戶，奏知名之士崔希逸、咸廙業、宇文順、于儒卿、李宙及憕爲判官，攝監察御史，分路檢察，以課並遷監察御史。憕驟歷兵、吏部郎中，給事中。憕有吏幹，明於几案，甚有當官之稱。

二十八年，爲河南少尹。時蕭炅爲尹，依倚權貴，涖事多不法，憕以公直正之，人用繫賴。又道士孫甑生以左道求進，託以修功德，往來嵩山，求請無度，憕必挫之。炅及甑生患之而構於朝廷，天寶初，出爲清河太守。十一載，累轉河東太守〔二〕、本道採訪。謁於行在所，改尚書右丞、京兆尹。

十四載，轉光祿卿、東京留守，判尚書省事。其載十一月，安祿山反於范陽，人心震懼。玄宗遣安西節度封常清兼御史大夫爲將，召募於東京以禦之。憕與留臺御史中丞盧奕、河南尹達奚珣，綏輯將士，完繕城郭，遏其侵逼。遷憕禮部尚書，依前留守。自逆徒發范陽，至渡河，令嚴，覘候計絕。及渡河，陷陳留、滎陽二郡，殺張介然、崔無詖，數日間已至都城下。祿山所統，皆蕃漢精兵，訓練已久；常清之衆，多市井之人，初不知戰。及兵交之後，被鐵騎唐突，飛矢如雨，皆魂懾色沮，望賊奔散。憕謂奕曰：「吾曹荷國重寄，誓無避死，雖力不敵，其若官守何！」奕亦便許願守本司。於是憕居留守宅，奕獨居臺中。及常清西奔，祿山領其衆，椎鼓大呼，以入都城，殺掠數千人，箭及宮闕。然後住居於閑廄中，令擒憕及奕、判官蔣清等三人害之，以威於衆。祿山傳憕、奕、淸三人之首，以徇河北。信宿，至平原，太守顏眞卿斬其使，浴其首，殮以木函，祭而瘞之，以聞。玄宗贈憕司徒，仍與一子五品官；奕武部尙書，崔無詖工部尙書，各與一子官；蔣淸文部郎中。

憕豐於產業，伊川膏腴，水陸上田，脩竹茂樹，自城及闕口，別業相望，與吏部侍郞李彭年皆有地癖。鄭巖，天寶中仕至絳郡太守，入爲少府監，田產亞於憕。憕有子十餘人，二子爲僧，與憕同遇害；二子彭、源，存焉。

源時年八歲，爲賊所俘，轉徙流離，凡七八年。及史朝義走河北，洛陽故吏有義源者，贖之於民家。代宗聞之，授河南府參軍，轉司農寺主簿。以父死禍難，無心祿仕，誓不婚妻，不食酒肉。洛陽之北惠林寺，憕之舊墅也，源乃依寺僧，寓居一室，依僧齋戒，人未嘗見其所習。先穴地爲墓，預爲終制，時時偃仰於穴中。

長慶三年，御史中丞李德裕表薦之曰：「處士李源，卽故禮部尙書、東都留守、贈司徒、忠烈公李憕之少子。天與忠孝，嗣玆貞烈。以父死國難，哀纏終身，自司農寺主簿，絕心祿仕，垂五十年。暨于衰暮，多依惠林佛寺，本憕之墅也。寺之正殿，卽憕之寢室，源過殿必趨，未嘗登踐。隨僧一食，已五十年。其端心執孝，無有不至。抱此貞節，棄於淸朝，臣竊爲陛下惜之。」詔曰：

禮著死綏，傳稱握節，捐生守位，取重人倫。爲義甚明，其風或替，言念於此，慨然興懷。而朝之公卿，有上言者，云天寶之季，盜起幽陵，振蕩生靈，噬吞河洛。贈司徒、忠烈公憕，處難居首，正色受屠，兩河聞風，再固危壁，首立殊節，到今稱之。其子源，有曾、閔之行，可貫于神明；有巢、由之風，可希于太古。山林以寄其迹，爵祿不入于心，泊然無營，五十餘載。夫褒忠可以勸臣節，旌孝可以激人倫，尚義可以警澆浮，敬老可以厚風俗。舉茲四者，大儆于時。是用擢自衡門，立於文陛，處以諫職，冀聞讜言，仍加印紱，式示光寵。可守左諫議大夫，賜緋魚袋。仍敕河南尹差官就所居敦諭遣發。

穆宗尋令中使齎手詔、緋袍、牙笏、絹二百匹，往洛陽惠林寺宣賜。源受詔，對中使苦陳疾甚年高，不能趨拜，附表謝恩，其官告服色絹，皆辭不受。竟卒於寺。

彭以一子官累歷州縣令長。子宏，仕官愈卑，生三子：景讓、景莊、景溫，自元和後，相繼以進士登第。

景讓，大和中爲尙書郎，出爲商州刺史。開成二年，入朝爲中書舍人。二年十月，出爲華州刺史、潼關防禦、鎭國軍使。四年，入爲禮部侍郎。五年，選貢士李蔚，後至宰相；楊知退爲尙書。大中朝，爲襄州刺史、山南道節度使〔三〕，入爲吏部尙書。十一年，轉御史大夫。景讓有大志，事親以孝聞，正色立朝，言無避忌。爲大夫時，宣宗舅鄭光卒，詔贈司徒，罷朝三日，景讓曰：「國舅雖親，朝典有素，無容過越。」乃上言曰：

鄭光是陛下親舅，外族之愛，誠軫聖心，況皇太后哀切之時，理合加等，而賜之粟帛，隆其第宅，自家刑國，允謂合宜。今以輟朝之數，比於親王公主，則前例所無，縱有，亦不可施用。何者？先王制禮，所以防微。大凡人情，於外族則深，於宗屬則薄〔四〕。所以先王制禮，割愛厚親，士庶猶然，況當萬乘。親王公主，宗屬也；舅氏，外族也。今朝廷公卿以至庶人，據開元禮，外祖父母及親舅喪服，小功五月，若親伯叔親兄弟即服齊縗周年。所以疏其外而密於內也。有天下者，尤不可使外戚強盛。故西漢有呂氏之侈，幾滅劉氏；國朝有則天之簒，殆革唐命。皆非一朝一夕，其所由來漸也。今鄭光輟朝日數，與親王公主同，設使陛下速改詔命，輟朝一日或兩日，示其升降有差，恩禮無僭，使四方見陛下欽明之德，青史傳陛下制度之文，垂之百王，播之芳烈。臣愚不肖，謬竊恩私，實願陛下處於堯、舜之上，羲、軒之列，所以甘心鼎鑊，伏進危言。

優詔報之，乃罷兩日。景讓復爲吏部尚書卒，謚曰孝。

景温，登第後踐歷臺閣。咸通中，自工部侍郎出爲華州刺史、潼關防禦、鎮國軍使。景莊，亦至達官。

張介然者，蒲州猗氏人也。本名六朗。謹慎善籌算，爲郡守在河、隴。及天寶中，王忠嗣、皇甫惟明、哥舒翰相次爲節將，並委以營田支度等使。進位衞尉卿，仍兼行軍司馬，使如故。及加銀青光祿大夫，帶上柱國，因入奏稱旨，特加賜賚，介然乘間奏曰：「臣今三品，合列棨戟。若列於帝城，鄉里不知臣貴。臣，河東人也，請列戟於故鄉。」玄宗曰：「所給可列故鄉，京城佇當別賜。」介然拜謝而出，仍賜絹五百匹，令宴集閭里，以寵異之。本鄉列戟，自介然始也。哥舒翰追在西京，薦爲少府監。

安祿山將犯河洛，以介然爲河南防禦使，令守陳留。陳留水陸所湊，邑居萬家，而素不習戰。介然至任數日，賊已渡河。雖率兵登城，兼守要害，虜騎十萬，所過殺戮，煙塵亙天，彌漫數十里。介然之衆，聞吹角鼓譟之聲，授甲不得，氣已奪矣，故至覆敗。初，玄宗以祿山起逆，於河南要路懸榜以購其首，又諭已殺其子慶宗等。祿山入陳留北郭，安慶緒見榜，白於祿山。祿山於輿中兩手撫胸，大哭數聲，曰：「我有何罪，已殺我兄！」便縱兇毒，前有陳留兵將降者向萬人，行列於路，祿山命其牙將殺戮皆盡，流血如川，乃斬介然於軍門，祿山氣乃稍解。頓軍於陳留郭下，以其將李庭望爲節度鎮之。十五載，玄宗贈介然工部尚書，與一子五品官。

崔無詖者，京兆長安人也。本博陵舊族。父從禮，中宗韋庶人之舅，景龍中衞尉卿。時中書令、鄭國公蕭至忠才位素高，甚承恩顧，敕亡先女冥婚韋庶人亡弟。無詖婚至忠女，后爲女家，中宗爲兒家，供擬甚厚，時人爲之語曰：「皇后嫁女，天子娶婦。」及韋庶人敗，至忠女亦死，無詖坐累久貶在外。開元中，爲益州司馬。會楊國忠爲新都尉，與之歡甚，國忠因事引用之，累轉陝郡太守、少府監、滎陽郡太守。安祿山率衆南向，無詖召募拒之。及賊陷陳留郡後，兇威轉盛，戈矛鼓角，驚駭城邑，兩宿及滎陽。乘城自墜如雨，故無詖及官吏，盡爲賊所虜。賊以其將武令珣鎮之。

盧奕，黃門監懷愼之少子也。與其兄奐齊名。大腹豐下，眉目疏朗。謹愿寡慾，不尙輿馬，克己自勵。開元中，任京兆司錄參軍。天寶初，爲鄠縣令、兵部郎中。所歷有聲，皆如奐之所治也。天寶八載，轉給事中。十一載，爲御史中丞。始懷愼及奐並爲中丞，父子三繼，淸節不易，時人美之。奕留臺東都，又分知東都武部選事。十四載，安祿山犯東都，人吏奔散，奕在臺獨居，爲賊所執，與李憕同見害。玄宗聞而愍之，贈兵部尙書。太常議謚，博士獨孤及議曰：

盧奕剛毅朴忠，直方而淸，勵精吏事，所居可紀。天寶十四載，洛陽陷沒，于時東京人士，狼狽鹿駭，猛虎磨牙而爭其肉，居位者皆欲保命而全妻子。或先策高足，爭脫羿彀；或不恥苟活，甘飲盜泉。奕獨正身守位義不去，以死全節誓不辱。勢窘力屈，以朝服就執，猶慷慨感憤，數賊梟獍之罪。觀者股栗，奕不變其色，而北面辭君，然後受害。雖古烈士，方之者鮮矣！

或曰：「洛陽之存亡，操兵者實任其咎，非執法吏所能抗。師敗將奔，去之可也。委身寇讎，以死誰懟？」及以爲不然。勇者禦而忠者守，必社稷是衞，則死生以之。危而去之，是智免也，於忠何有？昔荀息殺身於晉，不食其言也；仲由結纓於衞，食焉不避其難也；玄冥勤其官而水死，守位而忘軀也；伯姬待保姆而火死，先禮而後身也。彼四人者，死之日，皆於事無補，夫豈愛死而賈禍也，以爲死輕於義，故蹈義而捐生。

古史書之，使事君者勸。然則祿山之亂，大於里克、孔悝；奕廉察之任，切於玄冥之官。分命所繫，不啻於保姆；逆黨兵威，甚于水火。于斯時也，能與執干戈者同其戮力，挽之不來，推之不去，豈不以師可虧，死不可苟，身可殺，節不可奪。故全其特操於白刃之下，孰與夫懷安偷生者同其風哉！

謹按謚法，圖國忘身曰「貞」，秉德遵業曰「烈」。奕執憲戎馬之間，志藩王室，可謂圖國；國危不能拯，而繼之以死，可謂忘身；歷官一十任，言必正，事必果，而清節不撓，去之若始至，可謂秉德；先黃門以直道佐時，奕嗣之以忠純，可謂遵業。請謚曰「貞烈」。

從之。

蔣清者，故吏部侍郎欽緒之子。舉明經，調補太子校書郎、鞏縣丞，盧奕留之憲府。清與諸兄溢、演、洗，知名于時。奕之被害，清亦死焉。

顏杲卿，琅邪臨沂人。世仕江左。五代祖之推，北齊黃門侍郎、修文館學士，齊亡入周，始家關內，遂爲長安人焉。曾伯祖師古，貞觀中祕書監，自有傳。曾祖勤禮，崇文館學士。祖甫，曹王侍讀。父元孫，垂拱初登進士第，考功員外郎劉奇榜其詞策，文瑰俊拔〔五〕，多士聳觀。歷官長安尉、太子舍人、亳州刺史卒。

杲卿以蔭受官，性剛直，有吏幹。開元中，爲魏州錄事參軍，振舉綱目，政稱第一。天寶十四載，攝常山太守。時安祿山爲河北、河東採訪使，常山在其部內。其年十一月，祿山舉范陽之兵詣闕。十二月十二日，陷東都。杲卿忠誠感發，懼賊遂寇潼關，卽危宗社。時從弟眞卿爲平原太守，初聞祿山逆謀，陰養死士，招懷豪右，爲拒賊之計。至是遣使告杲卿，相與起義兵，掎角斷賊歸路，以紓西寇之勢。杲卿乃與長史袁履謙、前眞定令賈深、前內丘丞張通幽等，謀開土門以背之。時祿山遣蔣欽湊、高邈率衆五千守土門。杲卿欲誅欽湊，開土門之路。時欽湊軍隸常山郡，屬欽湊遣高邈往幽州未還，杲卿遣吏召欽湊至郡計事。是月二十二日夜，欽湊至，舍之於傳舍。會飲既醉，令袁履謙與參軍馮虔、縣尉李栖默、手力翟萬德等殺欽湊。中夜，履謙以欽湊首見杲卿，相與垂泣，喜事交濟也。是夜，稾城尉崔安石報高邈還至蒲城，卽令馮虔、翟萬德與安石往圖之。詰朝，高邈之騎從數人至稾城驛，安石皆殺之。俄而邈至，安石紿之曰：「太守備酒樂於傳舍。」邈方據廳下馬，馮虔等擒而縶之。是日，賊將何千年自東都來趙郡，馮虔、萬德伏兵於醴泉驛，千年至，又擒之。卽日縛二賊將還郡。杲卿遣子安平尉泉明及賈深、張通幽、翟萬德，函欽湊之首，械二賊，送於京師。至太原，節度使王承業留泉明、賈深等，寢杲卿之表，承業自上表獻之，以爲己功。玄宗不之知，擢拜承業大將軍，牙官獲賞者百數。玄宗尋知杲卿之功，乃加衞尉卿、兼御史大夫，以袁履謙爲常山太守，賈深爲司馬〔六〕。

杲卿既斬賊將，收兵練卒，乃檄告河北郡縣，言朝廷以榮王爲河北兵馬大元帥，哥舒翰爲副，統衆三十萬，卽出土門。郡縣聞之，皆殺賊守將，遠近響應，時十五郡皆爲國家所守。時安祿山遣使傳李憕、盧奕之首徇河北，至平原，眞卿殺賊使，收藏憕等首。清池尉賈載亦斬僞署景城守劉玄道，傳首於平原。饒陽郡守盧全誠亦據郡舉兵，會于眞卿。時常山、平原二郡兵威大振。祿山方自率衆而西，已至陝虢，聞河北有變而還，乃命史思明、蔡希德率衆渡河。

十五年正月，思明攻常山郡，城中兵少，衆寡不敵，禦備皆竭。其月八日，城陷，杲卿、履謙爲賊所執，送於東都。思明既陷常山，遂攻諸郡，鄴、廣平、鉅鹿、趙郡、上谷、博陵、文安、魏郡、信都，復爲賊守。祿山見杲卿，面責之曰：「汝昨自范陽戶曹，我奏爲判官，遂得光祿、太常二丞，便用汝攝常山太守，負汝何事而背我耶？」杲卿瞋目而報曰：「我世爲唐臣，常守忠義，縱受汝奏署，復合從汝反乎！且汝本營州一牧羊羯奴耳，叨竊恩寵，致身及此，天子負汝何事而汝反耶？」祿山怒甚，令縛於中橋南頭從西第二柱，節解之，比至氣絕，大罵不息。是日杲卿幼子誕、姪詡及袁履謙，皆被先截手足，何千年弟在傍，含血噴其面，因加割臠，路人見之流涕。其年二月，李光弼、郭子儀之師自土門東下，復收常山郡。杲卿、履謙等妻女數百人，繫之獄中，光弼破械出之，令行喪服，給遺周厚。

至德二年冬，廣平王收復兩京，史思明以河朔歸國。時眞卿爲蒲州刺史，乃令泉明於河北求訪血屬。杲卿妹先適故楡次令張景儋，妹女流落賊中，泉明一女亦落賊中，俱索贖錢三萬。泉明悉索所費，贖姑女而還，比復納贖，己女遂失。而袁履謙已下，父之將吏妻子奴隸三百餘人，轉徙賊中，窮窘無告。泉明悉以歸蒲州，眞卿贍給久之，隨其所詣而資送之。泉明求其父屍於東都，得其行刑者，言杲卿被害時，先斷一足，與履謙同坎瘞之。及發瘞得屍，果無一足，卽日與履謙之屍，各爲一柩，扶護還長安。初，履謙妻疑夫柩殮衣儉薄，發棺視之，一與杲卿等，履謙妻號踊感歎，待之如父。泉明之志行仁義如此。

乾元元年五月，詔曰：「故衞尉卿、兼御史中丞、恆州刺史顏杲卿，任彼專城，志梟狂虜，艱難之際，忠義在心。憤羣凶而慷慨，臨大節而奮發，遂擒元惡，成此茂勳。屬胡虜憑陵，流毒方熾，孤城力屈，見陷寇讎，身歿名存，實彰忠烈。夫仁者有勇，驗之於臨難；臣之報國，義存於捐軀。嘉其死節之誠，未備飾終之禮，可贈太子太保。」

薛愿，河東汾陰人。父縚，禮部郎中。兄崇一，尙惠宣太子女宜君縣主。女弟爲廢太子瑛妃。愿坐宮廢貶官。祿山之亂，南陽節度使魯炅奏用愿爲潁川太守、本郡防禦使。時賊已陷陳留、滎陽、汝南等郡，方圍南陽。潁川當其來往之路，愿與防禦副使龐堅同力固守，城中儲蓄無素，兵卒單寡。自至德元年正月至十一月，賊晝夜攻之不息，距城百里，廬舍墳墓林樹開發斬徹殆盡，而外救無至。賊將阿史那承慶悉以銳卒倂攻，爲木驢木鵝，雲梯衝棚，四面雲合，鼓譟如雷，矢石如雨，力攻十餘日，城中守備皆竭，賊夜半乘梯而入。愿、堅俱被執，送於東都，將支解之，或說祿山曰：「薛愿、龐堅，義士也。人各爲其主，屠之不祥。」乃繫於洛水之濱，屬苦寒，一夕凍死。

堅，武德功臣玉之玄孫。初娶邠王守禮女建寧縣主。魯炅奏爲潁川郡長史兼防禦副使。

張巡，蒲州河東人。兄曉，開元中監察御史。兄弟皆以文行知名。巡聰悟有才幹，舉進士，三以書判拔萃入等。天寶中，調授清河令。有能名，重義尙氣節，人以危窘告者，必傾財以恤之。

祿山之亂，巡爲眞源令，說譙郡太守，令完城，募市人，爲拒賊之勢。時吳王祇爲靈昌太守，奉詔糾率河南諸郡，練兵以拒逆黨，濟南太守李隨副之。巡與單父尉賈賁各召募豪傑，同爲義舉。

時雍丘令令狐潮欲以其城降賊，民吏百餘人不從命，潮皆反接，仆之于地，將斬之。會賊來攻城，潮遽出鬭，而反接者自解其縛，閉城門拒潮召賁。賁與巡引衆入雍丘，殺潮妻子，嬰城守備。吳王祇承制授賁監察御史。數日，賊來攻城，賁出鬭而死，巡乃合賁之衆城守。令狐潮引賊將李廷望攻圍累月，賊傷夷大半。祿山乃於雍丘北置杞州，築城壘以絕餉路，自是內外隔絕。又相持累月，賊鋒轉熾，城中益困。

時許遠爲睢陽守，與城父令姚誾同守睢陽城，賊攻之不下。初祿山陷河洛，許叔冀守靈昌，薛愿守潁川，許遠守睢陽，皆城孤無援。愿守一年而城陷，叔冀一年而自拔，獨睢陽堅守。賊將尹子奇攻圍經年，巡以雍丘小邑，儲備不足，大寇臨之，必難保守，乃列卒結陣詐降〔七〕，至德二年正月也。玄宗聞而壯之，授巡主客郎中、兼御史中丞。尹子奇攻圍既久，城中糧盡，易子而食，析骸而爨，人心危恐，慮將有變。巡乃出其妾，對三軍殺之，以饗軍士，曰：「諸公爲國家戮力守城，一心無二，經年乏食，忠義不衰。巡不能自割肌膚，以啖將士，豈可惜此婦人，坐視危迫。」將士皆泣下，不忍食，巡強令食之。乃括城中婦人，既盡，以男夫老小繼之，所食人口二三萬，人心終不離變。

時賀蘭進明以重兵守臨淮，巡遣帳下之士南霽雲夜縋出城，求援於進明。進明日與諸將張樂高會，無出師意。霽雲泣告之曰：「本州強寇凌逼，重圍半年，食盡兵窮，計無從出。初圍城之日，城中數萬口，今婦人老幼，相食殆盡，張中丞殺愛妾以啖軍人，今見存之數，不過數千，城中之人，分當餌賊。但睢陽既拔，卽及臨淮，皮毛相依，理須援助。霽雲所以冒賊鋒刃，匍匐乞師，謂大夫深念危亡，言發響應，何得宴安自處，殊無救恤之心？夫忠臣義士之所爲，豈宜如此！霽雲既不能達主將之意，請嚙一指，留於大夫，示之以信，歸報本州。」霽雲自臨淮還睢陽，縋城而入。城中將吏知救不至，慟哭累日。

十月，城陷，巡與姚誾、南霽雲、許遠，皆爲賊所執。巡神氣慷慨，每與賊戰，大呼誓師，皆裂血流，齒牙皆碎。城將陷，西向再拜，曰：「臣智勇俱竭，不能式遏強寇，保守孤城。臣雖爲鬼，誓與賊爲厲，以答明恩。」及城陷，尹子奇謂巡曰：「聞君每戰皆裂，嚼齒皆碎，何至此耶？」巡曰：「吾欲氣吞逆賊，但力不遂耳！」子奇以大刀剔巡口，視其齒，存者不過三數。巡大罵曰：「我爲君父義死。爾附逆賊，犬彘也，安能久哉！」子奇義其言，將禮之，左右曰：「此人守義，必不爲我用。素得士心，不可久留。」是日，與姚誾、霽雲同被害，唯許遠執送洛陽。

姚誾者，陝州平陸人，故相梁國公崇之姪孫。父弇，開元初歷處州刺史。誾性豪蕩，好飲謔，善絲竹。歷壽安尉、城父令，與張巡素相親善。以守睢陽之功，至德二年春，加檢校尚書侍郎。

賈賁者，故閬州刺史璿之子也。

許遠者，杭州鹽官人也。世仕江右。曾祖高陽公敬宗，龍朔中宰相，自有傳。遠清幹，初從軍河西，爲磧西支度判官。章仇兼瓊鎮劍南，又辟爲從事，慕其門，欲以子妻之，遠辭，兼瓊怒，積他事中傷，貶爲高要尉。後遇赦得還。祿山之亂，不次拔將帥，或薦遠素練戎事，玄宗召見，拜睢陽太守，累加侍御史、本州防禦使。及賊將尹子奇攻圍，遠與張巡、姚誾嬰城拒守經年，外救不至，兵糧俱盡而城陷。尹子奇執送洛陽，與哥舒翰、程千里，俱囚之客省。及安慶緒敗，渡河北走，使嚴莊皆害之。

初，賀蘭進明與房琯素不相叶。及琯爲宰相，進明時爲御史大夫。琯奏用進明爲彭城太守、河南節度使、兼御史大夫，代嗣虢王巨；復用靈昌太守許叔冀爲進明都知兵馬、兼御史大夫，重其官以挫進明。虢王巨受代之時，盡將部曲而行，所留者揀退羸兵數千人、劣馬數百匹，不堪扞賊。叔冀恃部下精鋭，又名位等於進明，自謂匹敵，不受進明節制。故南霽雲之乞師，進明不敢分兵，懼叔冀見襲。兩相觀望，坐視危亡，致河南郡邑爲墟，由執政之乖經制也。

程千里，京兆人。身長七尺，骨相魁岸，有勇力。本磧西募人，累以戎勳，官至安西副都護。天寶十一載，授御史中丞。十二載，兼北庭都護，充安西、北庭節度使。突厥首領阿布思先率衆內附，隸朔方軍，玄宗賜姓名曰李獻忠。李林甫遙領朔方節度，用獻忠爲副將。後有詔移獻忠部落隸幽州，獻忠素與祿山有隙，懼不奉詔，乃叛歸磧北，數爲邊患。玄宗憤之，命千里將兵討之。十二載十一月，千里兵至磧西，以書喻葛祿，令其相應。獻忠勢窮，歸葛祿部，葛祿縛獻忠并其妻子及帳下數千人，送之千里，飛表獻捷，天子壯之。十三載三月，千里獻俘於勤政樓，斬之於朱雀街，以功授右金吾衛大將軍同正，仍留佐羽林軍。

祿山之亂，詔千里於河東召募，充河東節度副使、雲中太守。十五載正月，遷上黨郡長史、特進，攝御史中丞，以兵守上黨。賊來攻城，屢爲千里所敗，以功累加開府儀同三司、禮部尚書、兼御史大夫。

至德二年九月，賊將蔡希德圍城，數以輕騎挑戰。千里恃其驍果，開懸門，率百騎，欲生擒希德，勁騎搏之，垂將擒而希德救兵至，千里斂騎而退，橋壞墜坑，反爲希德所執，仰首告諸騎曰：「非吾戰之過，此天也！爲我報諸將士，乍可失帥，不可失城。」軍人聞之泣下，晝夜嚴兵城守，賊竟不能拔。千里至東都，安慶緒捨之，僞署特進，囚之客省。及慶緒敗走，爲嚴莊所害。

其年十二月，上御丹鳳樓大赦，節文曰：「忠臣事君，有死無貳；烈士徇義，雖歿如存。其李憕、盧奕、袁履謙、張巡、許遠、張介然、蔣清、龐堅等，即與追贈，訪其子孫，厚其官爵，家口深加優恤。」自是赦恩，無不該於節義，而程千里終以生執賊庭，不沾褒贈。

袁光庭者，河西戍將，天寶末爲伊州刺史。祿山之亂，西北邊戍兵入赴難〔九〕，河、隴郡邑，皆爲吐蕃所拔。唯光庭守伊州累年，外救不至，虜百端誘說，終不之屈，部下如一。及矢石既盡，糧儲並竭，城將陷沒，光庭手殺其妻子，自焚而死。朝廷聞之，贈工部尚書。

邵眞者，恆州節度使李寶臣之判官也。累加檢校司封郎中、兼御史中丞，專掌文翰，寶臣深所信任。寶臣死，其子惟岳擅領父衆，李正己、田悅遣人說惟岳同叛，眞泣諫曰：「先公位兼將相，受國厚恩，大夫縗絰之中，遽欲違命，同鄰道之惡，違先公之志，必不可也。田悅與我密邇，絕之又恐速禍；正己稍遠，絕之易耳。但令悅使還報，請徐思其宜；執正己使送京師，因請致討，朝廷必嘉大夫之忠，而旌節可得。」惟岳然之，令眞草奏。將發，孔目吏胡震謂惟岳曰：「此事非細，請與將吏會議。」長史畢華曰：「先公與二道親好，二十餘年，一朝背之，伏恐生事。今執其來使，送於京師，大善。脫未爲朝廷所信，正己兵強，忽來襲城，孤軍無援，何以敵之？不若仍舊勿絕，徐觀其變。」惟岳又從之。眞又勸惟岳遣其弟惟簡入朝，仍遣軍吏薛廣嗣詣河東節度馬燧軍求保薦。田悅屯兵束鹿，聞其謀，遣人謂惟岳曰：「邵眞惑亂軍政，必速殺之。不然，吾且討其罪矣。」惟岳懼，遂殺眞。朝廷聞而嘉之，贈戶部尚書。

符璘者，田悅之將。初，馬燧、李抱眞、李艽等破田悅於洹水，燧等進屯魏州。時悅與李納會於濮陽，因請助兵，納分麾下數千人隨之。至是納爲河南諸軍所逼，自濮陽奔歸濮州，徵兵於悦，悦遣璘將三百騎護送之。納兵既歸，遂悉其衆降於燧。遷璘試太子詹事、兼御史中丞，封義陽郡王，實封一百戶。

璘父令奇，初爲悦部將，至是因璘之出，遂令三子同降於燧。悦怒，執令奇，令奇大呼慢罵之，悦族其家。贈令奇戶部尚書。

趙曄〔九〕，字雲卿，鄧州穰人，其先自天水徙焉，貞觀中主客員外郎德言曾孫也。父敬先，殿中侍御史。

曄志學，善屬文。開元中，舉進士，連擢科第，補太子正字，累授大理評事，貶北陽尉，移雷澤、河東二丞。河東採訪使韋陟以曄履操清直，頗推敬之，表爲賓僚。陟罷，陳留採訪使郭納復奏曄爲支使。及安祿山陷陳留，因沒于賊。

時有京兆韋氏，夫任畿官，以不供賊軍遇害，韋被逆賊沒入爲婢。江西觀察使韋儇，族兄弟也。曄哀其冤抑，以錢贖之，俾其妻置之別院，厚供衣食，而曄竟不面其人。明年，收復東都，曄以家財資給，而訪其親屬歸之，識者咸重焉。

乾元初，三司議罪，貶晉江尉。數年，改錄事參軍。徵拜左補闕，未至。福建觀察使李承昭奏爲判官，授試大理司直、兼監察御史。試司議郎、兼殿中侍御史。入爲膳部、比部二員外，膳部、倉部二郎中，祕書少監。

曄性孝悌，敦重交友，雖經艱危，不改其操。少時與殷寅、顏眞卿、柳芳、陸據、蕭穎士、李華、邵軫，同志友善，故天寶中語曰：「殷、顏、柳、陸、蕭、李、邵、趙」，以其重行義，敦交道也。而曄早擅高名，在宦途五十年，累經貶謫，蹇躓備至。入仕三十年，方霑省官，身在郎署，子常徒步。官既散曹，俸祿單寡，衣食不充，以至亡歿，服名檢者爲之歎息。建中四年冬，涇原兵叛，曄竄于山谷。尋以疾終，追贈華州刺史。子宗儒，別有傳。

石演芬，本西域胡人也。以武勇爲朔方邠寧節度兵馬使、兼御史大夫。李懷光養爲子，累至右武鋒都將。時懷光軍屯三橋，將與朱泚通謀，演芬乃使門客郜成義密疏，具言懷光無狀，請罷其總統。成義至奉天，乃反以其言告懷光子璀，璀密告其父。懷光乃召演芬責之曰：「以爾爲子，奈何欲破我家！今死可乎？」演芬對曰：「天子以公爲腹心，公上負天子，安可責演芬！且演芬胡人，不解異心，欲守事一人，幸免呼爲賊。死，常分也！」懷光使左右臠食之，皆曰：「此忠烈士也！可令速死。」乃以刀斷其頸。德宗追思義烈，贈兵部尚書，仍賜錢三百千。又捕得郜成義于朔方，戮之。

先是，詔賜懷光鐵券，懷光奉詔倨慢，左都將張名振大呼軍門曰：「太尉見賊不擊，天使到不迎，固將反耶！且安史兩賊、僕固懷恩今皆族滅，公欲何爲？是資忠義之士立功勳耳！」懷光聞之，召謂曰：「我不反，爲賊強盛，須蓄銳俟時耳。」無幾，懷光引軍入咸陽，名振曰：「公乃言不反，今此來何也？何不急攻朱泚，收復京城，以圖富貴。」懷光曰：「名振病狂。」使左右殺之。

張伾，建中初，以澤潞將鎮臨洺。田悅攻之，伾度兵力不能出戰，嚴設守備，嬰城拒守，賊不能拔。累月，攻之益急，士多死傷，糧儲漸乏，救兵未至。伾知事不濟，無以激士心，乃悉召將卒於軍門，命其女出拜之，謂曰：「將士辛苦守戰，伾之家無尺寸物與公等，獨有此女，幸未嫁人，願出賣之，爲將士一日之費。」衆皆大哭，曰：「誓爲將軍死戰，幸無慮也。」會馬燧與太原之師至，與衆合擊悅於城下，大敗之。伾乘勢出戰，士卒無不一當百。圍解，以功遷泗州刺史。在州十餘年，拜右金吾衛大將軍，詔未至，病卒。貞元二十一年，贈尚書右僕射。

有子重政，軍吏欲立爲郡將，重政母徐氏固拒不從。詔曰：「前昭義軍泗州行營衙前兵馬使、大中大夫、試太子賓客、兼監察御史張重政，門有勳力，惟推義勇。夙聞克家之美，常稱撫衆之才。近者其父初亡，羣小扇惑，誘以奇計，俾執軍麾。而重政與其母兄，號泣固拒，遂全懇願，奔告元戎，不爲利回，成其先志。於家爲孝子，在國爲忠臣，軍政乂安，行義昭著。念茲名節，感歎良深，宜洽恩榮，俾弘激勸。禮無避於金革，理當由於權奪，戎章憲府，式示兼崇。可起復雲麾將軍，守金吾衞大將軍員外置同正員，檢校太子詹事、兼御史中丞，仍委淮南節度使與要職事任使。」

又詔曰：「張重政母高平郡夫人徐氏，族茂姻閥，行表柔明，懷正家之美，有擇鄰之識。頃當變故，曾不詭隨，保其門宗，訓成忠孝，雖圖史所載，何以加之。念其令子，已申獎用，特彰母儀之德，俾崇封國之榮。可封魯國太夫人。」

甄濟，字孟成，中山無極人，家於衞州。少孤，天寶中隱居衞州青岩山，人伏其操行，約不畋漁。採訪使安祿山表薦之，授試大理評事，充范陽郡節度掌書記。天寶末，安祿山有異志，謀以智免。衞縣令齊玘誠信可托，乃求使至衞，具以誠告。弟憕密求羊血以爲備，至夜，僞嘔血疾不能支，遂舁歸。及祿山反，使僞節度使蔡希德領行戮者李揆等二人，封刀來召，衆濟詐不起，卽就戮之。濟以左手書云：「去不得！」李揆持刀而前，濟引首以待，希德獻欷嗟歎之，曰：「李揆退。」以實病報祿山。後安慶緒亦使人至縣，強舁至東都安國觀。經月餘，代宗收東京，濟起，詣軍門上謁，乃送上都。肅宗館之於三司，使令受僞命官瞻望，以愧其心。授祕書郎，轉太子舍人。寶應初，拜刑部員外郎。魏少遊奏授著作郎、兼侍御史，終於襄州。

元和中，襄州節度使袁滋奏其節行，詔曰：「符風樹節，謂之立名，歿加褒贈，所以誘善。故朝散大夫、祕書省著作郎、兼侍御史甄濟，早以文雅，見稱於時。嘗因辟召，亦佐戎府。而能保堅貞之正性，不履危機；覩逆亂之潛萌，不從脅汚。義聲可傳於竹帛，顯贈未賁於松楸。藩方所陳，允叶彝典，追加命秩，以獎忠魂。可贈祕書少監。」

劉敦儒，開元朝史官左散騎常侍子玄之孫。敦儒母有心疾，非日鞭人不安，子弟僕使，不勝其苦，皆逃遁他處，唯敦儒侍養不息，體常流血。及母亡，居喪毀瘠骨立，洛中謂之劉孝子。元和中，東都留守權德輿具奏其至行，詔曰：「孝子劉敦儒，生於儒門，稟此至性。王祥篤行，起孝敬而不移；會參養志，積歲年而罔怠。用弘勸獎，而服官常，分曹洛師，俾遂私志。可左龍武軍兵曹參軍，分司東都。」

高沐，渤海人。父憑，從事于宣武軍，知曹州事。李靈曜作亂，憑密遣使奏賊中事狀，詔除曹州刺史。無何，李正己盜有曹、濮，憑遂陷于賊，數年卒。

沐，貞元中進士及第。以家族在鄆，李師古置爲判官。居數年，師道擅襲，每謀不順，沐與同列郭昈、李公度等，必廣引古今成敗諭之，前後說師道爲善者凡千言。其判官李文會、孔目官林英，皆爲師道信用，乘間相與涕泣於師道前曰：「文會等血誠憂尙書家事，反爲高沐輩所嫉，尙書奈何不惜十二州之城，成高沐等百代之名乎！」復日夜讒構，由是漸見疑忌，令沐知萊州事。林英因奏事至京，遍邸吏密報師道云：「高沐潛有誠款至朝廷矣！」師道大怒，李文會從而構成之，沐遂遇害於遷所，而囚郭昈於萊州，其血屬皆徙遠地。

及淮西平，師道漸懼。李公度與其將李英曇乘其懼也，說師道獻三州及入質長子。初甚然之，中悔，將殺公度。賈直言聞之，謂師道用事奴曰：「今大禍將至，豈非高沐冤氣所爲！又殺公度，是益其疾也。」乃止。逐英曇於萊州，未至，縊殺之。又有崔承寵、楊偕、陳佑、崔淸，皆以仗順爲賊所惡，李文會呼爲高沐之黨。沐遇害，承寵等同被囚放。郭昈名亞於沐，雖不死，備嘗困辱矣。及劉悟平賊，遽召李公度，執手歔欷。旣除滑州節度，首辟昈及公度爲從事。

元和十四年四月，詔曰：「圖難忘死，爲臣之峻節；顯忠旌善，有國之令猷。日者妖豎反覆，侮我朝章，而濮州刺史高沐，劫在凶威，潛輸忠款。諷其不庭之咎，將冀革心；數其煮海之饒，聿求利國。伏奏必陳於逆節，漏師常破其陰謀。竟以盜憎，遂死王事，歿而不朽，風聲凜然。式表漏泉之澤，且彰勁草之節。可贈吏部尙書。仍委馬總訪其遺骸，以禮收葬，優恤其家。若有子孫，具名聞奏。」

賈直言者，父道沖，以伎術得罪，貶之，賜酖於路。直言僞令其父拜四方，辭上下神祇，伺使者稍怠，卽取其酖以飲，遂迷仆而死。明日酖洩于足而復蘇。代宗聞之，減父死，直言亦自此病躄。後從事於李師道。師道不恭朝命，直言冒刃說者二，輿櫬說者一，師道訖不從。及劉悟斬師道，節制鄭滑，得直言於禁錮之間，又嘉其所爲，因奏置幕中。後遷於潞，亦與之俱行。悟纖微乖失，直言必盡理箴規，以是美譽日聞於朝。穆宗以諫議大夫徵之，悟拜章乞留，復授檢校右庶子、兼御史大夫，依前充昭義軍行軍司馬。悟用其言，終身不虧臣節。後歷太子賓客。大和九年三月卒〔一〇〕，廢朝一日，贈工部尚書。

庾敬休，字順之，其先南陽新野人。祖光烈，與仲弟光先，祿山迫以僞官，皆潛伏奔竄。光烈爲大理少卿，光先爲吏部侍郎。父河，當賊泚盜據宮闕，與季弟倬逃竄山谷。河終兵部郎中。

敬休舉進士，以宏詞登科，授祕書省校書郎，從事宣州。旋授渭南尉、集賢校理。遷右拾遺、集賢學士。歷右補闕，稱職，轉起居舍人，俄遷禮部員外郎。入爲翰林學士，遷禮部郎中，罷職歸官。又遷兵部郎中、知制誥。丁憂，服闋，改工部侍郎，權知吏部選事，遷吏部侍郎。

上將立魯王爲太子，愼選師傅，改工部侍郎兼魯王傅。奏：「劍南西川、山南西道每年稅茶及除陌錢，舊例委度支巡院勾當榷稅，當司於上都召商人便換。大和元年，戶部侍郎崔元略與西川節度使商量，取其穩便，遂奏請茶稅事使司自勾當，每年出錢四萬貫送省。近年已來，不依元奏，三道諸色錢物，州府逗留，多不送省。請取江西例，於歸州置巡院一所，自勾當收管諸色錢物送省，所冀免有逋懸。欲令巡官李瀆專往與德裕、遵古商量制置，續具奏聞。」從之。又奏：「兩川米價騰踊，百姓流亡。請糴兩川闕官職田祿米，以救貧人。」從之。再爲尚書左丞。大和九年三月，卒于家。敬休姿容溫雅，襟抱夷曠，不飲酒茹葷，不邇聲色。著諭善錄七卷。贈吏部尚書。

辛讜，故太原尹雲京之孫，壽州刺史晦之猶子也。性慷慨，重然諾，專務赈人之急。年五十，不求苟進，有濟時匡難之志。

咸通十年，龐勛亂徐泗。時杜慆守泗州，賊以郡當江淮要害，極力攻之。時兩淮郡縣皆陷，慆守臨淮久之，援軍雖集，賊未解圍。時讜寓居廣陵，乃仗劍拏小艇趨泗口，貫城栅入城見慆。慆素聞有義而不相面，喜讜至，握手謝曰：「判官李延樞方話子爲人，何遽至耶？吾無憂矣！」時賊三面攻城，王師結壘于洪源驛，相顧不前。讜夜以小舟穿賊壘至洪源驛，見監軍郭厚本，論泗州危急，且宜速救，厚本然之。淮南都將王公弁謂厚本曰：「賊衆我寡，無宜輕舉，當俟可行。」讜坐中拔劍瞋目謂公弁曰：「賊百道攻城，陷在旦夕。公等奉詔赴援，而逗留不進，更欲何爲？不唯有負國恩，丈夫氣義，亦宜感發。假如臨淮陷賊，淮南卽是寇場，公何獨存耶！」卽欲揮刃向公弁，厚本持之。讜望泗州大哭經日，帳下爲之流涕。厚本義其心，選勇士三百，隨讜入泗州。夜半斬賊栅，大呼，由水門而入，賊軍大駭。既知援兵入，賊乃退舍，人心遂固。

浙西觀察使杜審權遣大將翟行約率軍三千赴援，屯蓮塘驛。慆欲遣人勞之，將吏皆憚其行，讜曰：「杜相公以大夫宗盟，急難相赴，安得令使者無言而還！」卽賚慆書幣，犒其使。淮南大將李湘率師五千來援，賊詐降，敗于淮口，湘與郭厚本皆爲賊所執，自是無援。賊併兵急攻，以鐵鎖斷淮流，梯衝雲合，凡周七月，晝夜不息。乘城之士，不遑寢寐，面目生瘡，軍儲漸少，分食稀粥。賴讜犯難仗義，求救於淮北諸軍。既而馬舉以大軍至，賊解圍而去。

讜無子，猶子山僧、元老等寄在廣陵。每出城，則書二姓名，謂慆曰：「志之，得嗣爲幸。」慆益感之。賊平，授讜泗州團練判官、侍御史。慆遷鄭滑節度，讜亦從之，爲賓佐。慆卒，乃退歸江東，以隱居爲事。

贊曰：獸解觸邪，草能指佞。烈士徇義，見危致命。國有忠臣，亡而復存。何以喪邦？姦邪受恩。

校勘記

〔一〕天兵軍　各本原作「太平軍」，據本書卷九七張說傳改。

〔二〕河東太守　「河東」，各本原作「河南」，時河南爲府，其官當爲府尹，不當爲太守。新書卷一九一李憕傳作河東太守，是，據改。

〔三〕山南道　新書卷一七七李景讓傳作「山南東道」。

〔四〕宗屬　各本原作「宗廟」，丁子復唐書合鈔補正云：「廟，冊府元龜作屬」，據改。

〔五〕文瑰俊拔　舊唐書補校云：「『瑰』疑『理』之誤。」

〔六〕賈深　各本原作「杲卿」，據冊府卷六八六改。

〔七〕乃列卒結陣詐降　此處有脫文，冊府卷七六三作：「乃開門驅百姓詐降，令將士持弓弩引滿，巡以銳卒數百殿其後，且行且戰，夜投睢陽城，見許遠、姚闇等，共謀捍守。」

〔八〕戍兵　各本原作「戎兵」，據御覽卷二五五、冊府卷六八六改。

〔九〕趙曄　本書卷一六七趙宗儒傳同。冊府卷七七七、新書卷一五一趙宗儒傳作「趙驊」。

〔一〇〕大和　各本原作「元和」，據新書卷一九三賈直言傳改。

舊唐書卷一百八十八

列傳第一百三十八

孝友

李知本　張志寬　劉君良宋興貴　張公藝附　王君操周智壽　智爽
許坦　王少玄附　趙弘智　陳集原　元讓　裴敬彝　裴守眞子子餘
李日知　崔沔　陸南金弟趙璧　張琇兄瑝　梁文貞李處恭　張義貞
呂元簡附　崔衍　丁公著　羅讓

善父母爲孝，善兄弟爲友。夫善於父母，必能隱身錫類，仁惠逮于胤嗣矣；善於兄弟，必能因心廣濟，德信被于宗族矣。推而言之，可以移於君，施於有政，承上而順下，令終而善始，雖蠻貊猶行焉，雖窘迫猶亨焉。自昔立身揚名，未有不偕孝友而成者也。前代史官，所傳孝友傳，多錄當時旌表之士，人或徵細，非衆所聞，事出閭里，又難詳究。今錄衣冠盛德，衆所知者，以爲稱首。至於州縣薦飾者，必覆其殊尤，可以勸世者，亦載之。

李知本，趙州元氏人，後魏洛州刺史靈六世孫也。父孝端，隋獲嘉丞。初，孝端與族弟太沖，俱有世閥，而太沖官宦最高，孝端方之爲劣，鄉族爲之語曰：「太沖無兄，孝端無弟。」知本頗涉經史，事親至孝，與弟知隱甚稱雍睦。子孫百餘口，財物僮僕，纖毫無間。隋末，盜賊過其閭而不入，因相誡曰〔二〕：「無犯義門。」同時避難者五百餘家，皆賴而獲免。知本貞觀初官至夏津令，知隱至伊闕丞。知本孫瑱，開元中爲給事中、揚州刺史。知隱孫順，有文詞，亦歷給事中、太常少卿。從祖兄弟，凡爲給事者四人。

張志寬，蒲州安邑人。隋末喪父，哀毀骨立，爲州里所稱。賊帥王君廓屢爲寇掠，聞其名，獨不犯其閭，鄰里賴之而免者百餘家。後爲里正，詣縣稱母疾，急求歸。縣令問其狀，對曰：「母嘗有所苦，志寬亦有所苦。向患心痛，知母有疾。」令怒曰：「妖妄之辭也！」繫之於獄。馳驗其母，竟如所言。令異之，慰喻遣去。及丁母憂，負土成墳，廬於墓側，手植松柏千餘株。高祖聞之，遣使就弔，授員外散騎常侍，賜物四十段，表其門閭。

劉君良，瀛州饒陽人也。累代義居，兄弟雖至四從，皆如同氣，尺布斗粟，人無私焉。大業末，天下饑饉，君良妻勸其分析，乃竊取庭樹上鳥鶵，交置諸巢中，令羣鳥鬬競，舉家怪之，其妻曰：「方今天下大亂，爭鬬之秋，禽鳥尚不能相容，況於人乎！」君良從之。分別後月餘，方知其計。中夜，遂攬妻髮大呼曰：「此即破家賊耳！」召諸昆弟，哭以告之。是夜棄其妻，更與諸兄弟同居處，情契如初。屬盜起，閭里依之爲堡者數百家，因名爲義成堡。武德七年，深州別駕楊弘業造其第，見有六院，唯一飼，子弟數十人，皆有禮節，咨嗟而去。貞觀六年，詔加旌表。

又有宋興貴者，雍州萬年人。累世同居，躬耕致養，至興貴已四從矣。高祖聞而嘉之，武德二年，詔曰：「人稟五常，仁義爲重；士有百行，孝敬爲先。自古哲王，經邦致治，設教垂範，皆尚於斯。叔世澆訛，人多僞薄，修身克己，事資誘勸。朕恭膺靈命，撫臨四海，愍茲弊俗，方思遷導。宋興貴立操雍和，志情友穆，同居合爨，累代積年，務本力農，崇謙履順。弘長名教，敦勵風俗，宜加褒顯，以勸將來。可表其門閭，蠲免課役。布告天下，使明知之。」興貴尋卒。

鄆州壽張人張公藝，九代同居。北齊時，東安王高永樂詣宅慰撫旌表焉。隋開皇中，大使、邵陽公梁子恭亦親慰撫，重表其門。貞觀中，特敕吏加旌表。麟德中，高宗有事泰山，路過鄆州，親幸其宅，問其義由。其人請紙筆，但書百餘「忍」字。高宗爲之流涕，賜以縑帛。

王君操，萊州卽墨人也。其父隋大業中與鄉人李君則鬬競，因被毆殺。君操時年六歲，其母劉氏告縣收捕，君則棄家亡命，追訪數年弗獲。貞觀初，君則自以世代遷革，不虞國刑，又見君操孤微，謂其無復讎之志，遂詣州府自首。而君操密袖白刃刺殺之，刳腹取其心肝，噉食立盡，詣刺史具自陳告。州司以其擅殺戮，問曰：「殺人償死，律有明文，何方自理，以求生路？」對曰：「亡父被殺，二十餘載。聞諸典禮，父讎不可同天。早願圖之，久而未遂，常懼亡滅，不展冤情。今大恥既雪，甘從刑憲。」州司據法處死，列上其狀，太宗特詔原免。

周智壽者，雍州同官人。其父永徽初被族人安吉所害。智壽及弟智爽乃候安吉於途，擊殺之。兄弟相率歸罪於縣，爭爲謀首，官司經數年不能決。鄉人或證智爽先謀，竟伏誅。臨刑神色自若，顧謂市人曰：「父讎已報，死亦何恨。」智壽頓絕衢路，流血徧體。又收智爽屍，舐取智爽血，食之皆盡，見者莫不傷焉。

豫州人許坦，年十歲餘，父入山採藥，爲猛獸所噬，卽號叫以杖擊之，獸遂奔走，父以得全。太宗聞而謂侍臣曰：「坦雖幼童，遂能致命救親，至孝自中，深可嘉尚。」授文林郎，賜帛五十段。

博州聊城人王少玄者，父隋末於郡西爲亂兵所害。少玄遺腹生，年十餘歲，問父所在，其母告之，因哀泣，便欲求屍以葬。時白骨蔽野，無由可辨，或曰：「以子血霑父骨，卽滲入焉。」少玄乃刺其體以試之，凡經旬日，竟獲父骸以葬。盡體病瘡，歷年方愈。貞觀中，本州聞薦，拜徐王府參軍。

趙弘智，洛州新安人。後魏車騎大將軍肅孫。父玄軌，隋陝州刺史。弘智早喪母，事父以孝聞。學通三禮、史記、漢書。隋大業中，爲司隸從事。武德初，大理卿郎楚之應詔舉之〔二〕，授詹事府主簿。又預修六代史。初與祕書丞令狐德棻、齊王文學袁朗等十數人同修藝文類聚，轉太子舍人。貞觀中，累遷黃門侍郎，兼弘文館學士。以疾出爲萊州刺史。弘智事兄弘安，同於事父，所得俸祿，皆送于兄處。及兄亡，哀毀過禮，事寡嫂甚謹，撫孤姪以慈愛稱。稍遷太子右庶子。及宮廢，坐除名。尋起爲光州刺史。

永徽初，累轉陳王師。高宗令弘智於百福殿講孝經，召中書門下三品及弘文館學士、太學儒者，並預講筵。弘智演暢微言，備陳五孝。學士等難問相繼，弘智酬應如響。高宗怡然曰：「朕頗耽墳籍，至於孝經，偏所習覩。然孝之爲德，弘益實深，故云『德教加於百姓，刑于四海』，是知孝道之爲大也。」顧謂弘智：「宜略陳此經切要者，以輔不逮。」弘智對曰：「昔者天子有諍臣七人，雖無道不失其天下。微臣顓愚，願以此言奏獻。」帝甚悅，賜綵絹二百匹、名馬一匹。尋遷國子祭酒，仍爲崇賢館學士。四年卒，年八十二，謚曰宣。有文集二十卷。

陳集原，瀧州開陽人也〔三〕。代爲嶺表酋長。父龍樹，欽州刺史。集原幼有孝行，父纔有疾，即終日不食。永徽中，喪父，嘔血數升，枕服苫廬，悲感行路。資財田宅及僮僕三十餘人，並以讓兄弟。則天時，官至左豹韜衛將軍。

元讓，雍州武功人也。弱冠明經擢第。以母疾，遂不求仕，躬親藥膳，承侍致養，不出閭里者數十餘年。及母終，廬於墓側，蓬髮不櫛沐，菜食飲水而已。咸亨中，孝敬監國，下令表其門閭。永淳元年，巡察使奏讓孝悌殊異，擢拜太子右內率府長史。後以歲滿還鄉里。鄉人有所爭訟，不詣州縣，皆就讓決焉。聖曆中，中宗居春宮，召拜太子司議郎。及謁見，則天謂曰：「卿既能孝於家，必能忠於國。今授此職，須知朕意。宜以孝道輔弼我兒。」尋卒。

裴敬彝，絳州聞喜人也。曾祖子通，隋開皇中太中大夫。母終，廬於墓側，哭泣無節，目遂喪明。俄有白烏巢於墳樹。子通弟兄八人，復以友悌著名，詔旌表其門，鄉人至今稱爲「義門裴氏」。敬彝少聰敏，七歲解屬文，性又端謹，宗族咸重之，號爲「甘露頂」。年十四，侍御史唐臨爲河北巡察使，敬彝父智周時爲內黃令，爲部人所訟，敬彝詣臨論其冤。臨大奇之，因令作詞賦，智周事得釋，特表薦敬彝，補陳王府典籤。智周在官暴卒，敬彝時在長安，忽泣涕不食，謂所親曰：「大人每有痛處，吾即輒然不安。今日心痛，手足皆廢，事在不測，得無感乎？」遂請急還，倍道言歸，果聞父喪，羸毁逾禮。事母復以孝聞。乾封初，累轉監察御史。時母病，有醫人許仁則，足疾不能乘馬，敬彝每肩輿之以候母焉。及母卒，特詔贈以縑帛，仍官造靈轝。服闋，拜著作郎，兼修國史。儀鳳中，自中書舍人歷吏部侍郎、左庶子。則天臨朝，爲酷吏所陷，配流嶺南，尋卒。

裴守眞，絳州稷山人也。後魏冀州刺史叔業六世孫也。父眘，大業中爲淮南郡司戶。屬郡人楊琳、田瓚據郡作亂，盡殺官吏，以眘素有仁政，相誡不許驚害，仍令人護送眘及妻子還鄉。貞觀中，官至鄭令。

守眞早孤，事母至孝，及母終，哀毁骨立，殆不勝喪。復事寡姊及兄甚謹，閨門禮則，士友所推。初舉進士，及應八科舉，累轉乾封尉〔四〕，屬永淳初關中大饑，守眞盡以祿俸供姊及諸甥，身及妻子粗糲不充，初無倦色。尋授太常博士。

守眞尤善禮儀之學，當時以爲稱職。高宗時封嵩山，詔禮官議射牲之事，守眞奏曰：「據周禮及國語，郊祀天地，天子自射其牲。漢武唯封太山，令侍中儒者射牲行事。至於餘祀，亦無射牲之文。但親舂射牲，雖是古禮，久從廢省。據封禪祀禮，日未明十五刻，宰人以鸞刀割牲，質明而行事。比鸞駕至時，宰牲總畢，天皇唯奠玉酌獻而已。今祀前一日射牲，事卽傷早；祀日方始射牲，事又傷晚。若依漢武故事，卽非親射之儀，事不可行。」

又神功破陣樂、功成慶善樂二舞每奏，上皆立對，守眞又議曰：「竊唯二舞肇興，謳吟攸屬，贊九功之茂烈，叶萬國之歡心。義均韶、夏，用兼賓祭，皆祖宗盛德，而子孫享之。詳覽傳記〔五〕，未有皇王立觀之禮。況升中大事，華夷畢集，九服仰垂拱之安，百蠻懷率舞之慶。甄陶化育，莫匪神功，豈於樂舞，別申嚴敬。臣等詳議，奏二舞時，天皇不合起立。」時並從守眞議。會高宗不豫，事竟不行。及高宗崩，時無大行凶儀，守眞與同時博士韋叔夏、輔抱素等討論舊事創爲之〔六〕，當時稱爲得禮之中。

守眞天授中爲司府丞，則天特令推究詔獄，務存平恕，前後奏免數十家。由是不合旨，出爲汴州司錄，累轉成州刺史。爲政不務威刑，甚爲人吏所愛。俄轉寧州刺史，成州人送出境者數千人。長安中卒。

子子餘，事繼母以孝聞。舉明經，累補鄠縣尉。時同列李朝隱、程行諶皆以文法著稱，子餘獨以詞學知名。或問雍州長史陳崇業，子餘與朝隱、行諶優劣，崇業曰：「譬如春蘭秋菊，俱不可廢也。」景龍中，爲左臺監察御史。時涇、岐二州有隋代蕃戶子孫數千家，司農卿趙履温奏，悉沒爲官戶奴婢，仍充賜口，以給貴幸。子餘以爲官戶承恩，始爲蕃戶，又是子孫，不可抑之爲賤，奏劾其事。時履温依附宗楚客等，與子餘廷對曲直。子餘詞色不撓，履温等詞屈，從子餘奏爲定。開元初，累遷冀州刺史，政存寬惠，人吏稱之。又爲岐王府長史，加銀青光祿大夫。十四年卒，謚曰孝。子餘居官淸儉，友愛諸兄弟。兄弟六人，皆有志行。次弟巨卿，衞尉卿；耀卿，別有傳。

李日知，鄭州滎陽人也。舉進士。天授中，累遷司刑丞。時用法嚴急，日知獨寬平無冤濫。嘗免一死囚，少卿胡元禮請斷殺之，與日知往復至于數四，元禮怒曰：「元禮不離刑曹，此囚終無生理。」答曰：「日知不離刑曹，此囚終無死法。」因以兩狀列上，日知果直。

神龍初，爲給事中。日知事母至孝，時母老，嘗疾病，日知取急調侍，數日而鬢髮變白。尋加朝散大夫。其母未受命婦邑號而卒，將葬發引，吏人賚告身而至，日知於路上卽時殯絕，久之乃蘇。左右皆哀慟，莫能仰視。巡察使、衞州司馬路敬潛將聞其孝悌之跡，使求其狀，日知辭讓不報。服闋，累遷黃門侍郎。

時安樂公主池館新成，中宗親往臨幸，從官皆預宴賦詩，日知獨存規誡，其末章曰：「所願暫思居者逸，莫使時稱作者勞。」論者多之。

景雲元年〔七〕，同中書門下平章事，轉御史大夫，知政事如故。明年，進拜侍中。先天元年，轉刑部尚書，罷知政事。頻乞骸骨，請致仕，許之。初，日知將有陳請，而不與妻謀，歸家而使左右飾裝，將出居別業。妻驚曰：「家產屢空，子弟名宦未立，何爲遽辭職也？」日知曰：「書生至此，已過本分。人情無厭，若恣其心，是無止足之日。」及歸田園，不事產業，但葺構池亭，多引後進，與之談讌。開元三年卒。

初，日知以官在權要，諸子弟年纔總角，皆結婚名族，時議以爲失禮之中。卒後，少子伊衡，以妾爲妻，費散田宅，仍列訟諸兄，家風替矣。

崔沔，京兆長安人，周隴州刺史士約玄孫也。自博陵徙關中，世爲著姓。父皚，庫部員外郎、汝州長史。沔淳謹，口無二言，事親至孝，博學有文詞。初應制舉，對策高第。俄被落第者所援，則天令所司重試，沔所對策，又工於前，爲天下第一，由是大知名。再轉陸渾主簿。秩滿調選，吏部侍郎岑義深賞重之，謂人曰：「此今之郄詵也。」特表薦擢爲左補闕，累遷祠部員外郎。沔爲人舒緩，訥於造次，當官正色，未嘗撓沮。

睿宗時，徵拜中書舍人。時沔母老疾在東都，沔不忍捨之，固請閑官，以申侍養，由是改爲虞部郎中。無何，檢校御史中丞。時監察御史宋宣遠，恃盧懷愼之親，頗犯法，沔舉劾之。又姚崇之子光祿少卿彝，留司東都，頗通賓客，廣納賄賂，沔又將按驗其事。姚、盧時在政事，遽薦沔有史才，轉爲著作郎，其實去權也。

開元七年，爲太子左庶子。母卒，哀毁逾禮，常於廬前受弔，賓客未嘗至於靈座之室，謂人曰：「平生非至親者，未嘗升堂入謁，豈可以存亡而變其禮也。」中書令張說數稱薦之。服闋，拜中書侍郎。或謂沔曰：「今之中書，皆是宰相承宣制命。侍郎雖是副貳，但署位而已，甚無事也。」沔曰：「不然。設官分職，上下相維，各申所見，方爲濟理。豈可俛默偷安，而爲懷祿士也！」自是每有制敕及曹事，沔多所異同，張說頗不悅焉。尋出爲魏州刺史，奏課第一，徵還朝廷，分掌吏部十銓事。以淸直，歷祕書監、太子賓客。

二十四年，制令禮官議加籩豆之數及服制之紀。太常卿韋縚奏請加宗廟之奠，每坐籩豆各十二。外祖服請加至大功九月，舅服加至小功五月，堂姨、堂舅、舅母服請加至袒免。

時又令百官詳議可否。沔建議曰：

竊聞識禮樂之情者能作，達禮樂之文者能述。述作之義，聖賢所重；禮樂之本，古今所崇。變而通之，所以久也。所謂變者，變其文也；所謂通者，通其情也。祭祀之興，肇於太古，人所飲食，必先嚴獻。未有火化，茹毛飲血，則有毛血之薦；未有麴糵，汙罇抔飲，則有玄酒之奠。施及後王，禮物漸備，作爲酒醴，伏其犧牲，以致馨香，以極豐潔，故有三牲八簋之盛，五齊九獻之殷。然以神道至玄，可存而不可測也；祭禮主敬，可備而不敢廢也。是以血腥爓熟，玄罇犧象，靡不畢登於明薦矣。

然而薦貴於新，味不尙褻，雖則備物，猶存節制。故禮云：「天之所生，地之所長，苟可薦者，莫不咸在。」備物之情也。「三牲之俎，八簋之實，美物備矣；昆蟲之異，草木之實，陰陽之物備矣。」此則節制之文也。鉶俎、籩豆、簠簋、罇罍之實，皆周人之時饌也，其用通於讌饗賓客。而周公制禮，咸與毛血玄酒同薦於先。晉中郎盧諶，近古之知禮、著家祭禮者也。觀其所薦，皆晉時常食，不復純用禮經舊文。然則當時飲食，不可闕於祭祀明矣，是變禮文而通其情也。

我國家由禮立訓，因時制範，考圖史於前典，稽周、漢之舊儀。清廟時享，禮饌畢陳，用周制也，而古式存焉；園寢上食，時膳具設，遵漢法也，而珍味極焉。職貢來祭，致遠物也；有新必薦，順時令也。苑囿之內，躬稼所收，蒐狩之時，親發所中，莫不割鮮擇美，薦而後食，盡誠敬也。若此至矣，復何加焉。但當申敕有司，祭如神在，無或簡怠，勗增虔誠。其進貢珍羞，或時物鮮美，考諸祠典，無有漏落。皆詳名目，編諸甲令，因宜而薦，以類相從。則新鮮肥濃，盡在是矣，不必加於籩豆之數也。至於祭器，隨物所宜。故太羹，古食也，盛於甄，甄，古器也；和羹，時饌也，盛於鉶，鉶，時器也。亦有古饌而盛於時器，故毛血盛於盤，玄酒盛於罇。未有薦時饌而追用古器者，由古質而今文，便於事也。雖加籩豆十二，未足以盡天下美物，而措諸清廟，有兼倍之名，近於侈矣。魯人丹桓宮之楹，又刻其桷，春秋書以「非禮」。御孫諫曰：「儉，德之恭也，侈，惡之大也。先君有恭德，而君納諸惡，無乃不可乎！」是不可以越禮而崇侈於宗廟也。又據漢書藝文志，「墨家之流，出於清廟，是以貴儉」。由此觀之，清廟之不尚於奢，舊矣。太常所請，恐未可行。

又按太常奏狀「今酌獻酒爵，制度全小，僅未一合，執持甚難，不可全依古制，猶望稍須廣大」者。竊據禮文，有以小爲貴者，獻以爵，貴其小也。小不及制，敬而非禮，是有司之失其傳也。固可隨失釐正，無待議而後革。然禮失於敬，猶奢而寧儉，非大過也。未知今制，何所依準。請兼詳令式，據文而行。

又按太常奏狀「外祖服請加至大功九月，舅服請加至小功五月，堂姨、堂舅、舅母請加至袒免」者。竊聞大道既隱，天下爲家，聖人因之，然後制禮。禮教之設，本於正家，家道正而天下定矣。正家之道，不可以貳，總一之義，理歸本宗。所以父以尊崇，母以厭降，豈亡愛敬，宜存倫序。是以內有齊斬，外服皆緦，尊名所加，不過一等，此先王不易之道。前聖所志，後賢所傳，其來久矣。昔辛有適伊川，見被髮而祭於野者，曰：「不及百年，此其戎乎！其禮先亡矣。」往修新禮，時改舊章，漸廣渭陽之恩，不遵洙、泗之典。及弘道之後，唐元之間，國命再移於外族矣。禮亡徵兆，倘或斯見，天人之際，可不戒哉！開元初，補闕盧履冰嘗進狀論喪服輕重，敕令僉議。于時羣議紛拏，各安積習，太常禮部奏依舊定。陛下運稽古之明，特降別敕，一依古禮，事符典故，人知向方，式固宗盟，社稷之福。更圖異議，竊所未詳。

時職方郎中韋述、戶部郎中楊伯成、禮部員外郎楊冲昌、監門兵曹劉秩等，亦建議與沔相符。俄又令中書門下參詳爲定。於是宗廟之典，籩豆每座各加至六，親姨舅爲小功，舅母加緦麻，堂姨至袒免，餘依舊定，乃下制施行焉。沔旣善禮經，朝廷每有疑議，皆取決焉。

二十七年卒，時年六十七，贈禮部尚書。

陸南金，蘇州吳郡人也。祖士季，從同郡顧野王學左氏傳，兼通史記、漢書。隋末，爲越王侗記室兼侍讀。侗稱制，授著作郎。時王世充將行篡奪，侗不平之，謂士季曰：「隋有天下三十餘載，朝廷文武，遂無烈者乎？」士季對曰：「見危授命，臣之宿心。請因其啓事，便加手刃。」事頗洩，遂停士季侍讀。貞觀初，爲太學博士，兼弘文館學士，尋卒。

南金初爲奉禮郎。開元初，太常少卿盧崇道犯罪流嶺表，逃歸東都。時南金以母喪在家，崇道事急，假稱弔賓，造南金言其情，南金哀而納焉。崇道俄爲讎人所發，詔使侍御史王旭按其事，遂捕獲崇道，連引南金，旭遂繩以重法。

南金弟趙壁詣旭，自言藏崇道，請代兄死。南金固稱：「弟實自誣，身請當罪。」兄弟讓死，旭怪而問其故，趙壁曰：「兄是長嫡，又能幹家事。亡母未葬，小妹未嫁，自惟幼劣，生無所益，身自請死。」旭遂列上狀，上嘉其友義，並特宥之。南金由是大知名。南金頗涉經史，言行修謹，左丞相張說及宗人太子少保象先皆欽重之。累轉庫部員外郎，以疾，固辭不堪繁劇，轉爲太子洗馬。卒年五十餘。

張琇者，蒲州解人也。父審素，爲嶲州都督，在邊累載。俄有糾其軍中贓罪，敕監察御史楊汪馳傳就軍按之。汪在路，爲審素黨與所劫，對汪殺告事者，脅汪令奏雪審素之罪。俄而州人翻殺審素之黨，汪始得還。至益州，奏稱審素謀反，因深按審素，構成其罪，斬之，籍沒其家。琇與兄瑝，以年幼坐徙嶺外。尋各逃歸，累年隱匿。汪後累轉殿中侍御史，改名萬頃。

開元二十三年，瑝、琇候萬頃於都城，挺刃殺之。瑝雖年長，其發謀及手刃，皆琇爲之。既殺萬頃，繫表於斧刃，自言報讎之狀。便逃奔，將就江外，殺與萬頃同謀構父罪者。行至汜水，爲捕者所獲。時都城士女，皆矜琇等幼稚孝烈，能復父讎，多言其合矜恕者。中書令張九齡又欲活之。裴耀卿、李林甫固言：「國法不可縱報讎。」上以爲然，因謂九齡等曰：「復讎雖禮法所許，殺人亦格律具存。孝子之情，義不顧命，國家設法，焉得容此。殺之成復讎之志，赦之虧律格之條。然道路諠議，故須告示。」乃下敕曰：「張瑝等兄弟同殺，推問款承。律有正條，俱各至死。近聞士庶，頗有諠詞，矜其爲父復讎，或言本罪冤濫。但國家設法，事在經久，蓋以濟人，期於止殺。各申爲子之志，誰非徇孝之夫，展轉相繼，相殺何限。咎繇作士，法在必行；曾參殺人，亦不可恕。不能加以刑戮，肆諸市朝，宜付河南府告示決殺。」

瑝、琇既死，士庶咸傷愍之，爲作哀誄，榜於衢路。市人斂錢，於死所造義井，并葬瑝、琇於北邙，又恐萬頃家人發之，并作疑塚數所。其爲時人所傷如此。

梁文貞，虢州閿鄉人。少從征役，比回而父母皆卒。文貞恨不獲終養，乃穿壙爲門，磴道出入，晨夕灑掃其中。結廬墓側，未嘗暫離。自是不言三十年，家人有所問，但畫字以對。其後山水衝斷驛路，更於原上開道，經文貞墓前。由是行旅見之，遠近莫不欽歎。有甘露降塋前樹，白兔馴擾，鄉人以爲孝感所致。開元初，縣令崔季友刊石以紀之。十四年，刺史許景先奏：「文貞孝行絕倫，泣血廬墓三十餘年，請宣付史官。」是歲，御史大夫崔隱甫廷奏：「恆州鹿泉人李處恭、張義貞兩家祖父，自國初已來，異姓同居，至今三代，百有餘年。又青州北海人呂元簡，四代同居，至所畜牛馬羊狗，皆異母共乳。請加旌表，仍編入史館。」制皆許之。

崔衍，左丞倫之子。繼母李氏，不慈於衍。衍時爲富平尉，倫使于吐蕃，久方歸，李氏衣弊衣以見倫。倫問其故，李氏稱：「自倫使于蕃中，衍不給衣食。」倫大怒，召衍責詬，命僕隸拉于地，袒其背，將鞭之。衍涕泣，終不自陳。倫弟殷，聞之趨往，以身蔽衍，杖不得下。因大言曰：「衍每月俸錢，皆送嫂處，殷所具知，何忍乃言衍不給衣食！」倫怒乃解。由是倫遂不聽李氏之譖。及倫卒，衍事李氏益謹。李氏所生子部，每多取子母錢，使其主以契書徵負于衍。衍歲爲償之，故衍官至江州刺史，而妻子衣食無所餘。

後歷蘇、虢二州刺史。虢居陝、華二州之間，而稅重數倍。其青苗錢，華、陝之郊，畝出十有八；而虢之郊，每徵十之七。衍乃上其事，時裴延齡領度支，方務聚斂，乃給衍以前後刺史無言者。衍又上陳人困曰：「臣所治多是山田，且當郵傳衝要，屬歲不登，頗甚流離。舊額賦租，特望蠲減。臣伏見比來諸郡論百姓間事，患在長吏因循不爲申請，不詣實，不患朝廷不矜放。有以不言受譴者，未有言而獲罪者。陛下拔臣牧大郡，委臣撫疲民，臣所以不敢顧望，苟求自安，敢罄狂瞽，上干聖覽。」帝以衍詞理切直，乃特敕度支，令減虢州青苗錢。

遷宣歙池觀察使，政務簡便，人頗懷之。其所擇從事，多得名流。時有位者待賓僚率輕傲，衍獨加禮敬，幕中之士，後多顯達。貞元中，天下好進奉以結主恩，徵求聚斂，州郡耗竭，韋臯、劉贊、裴肅爲之首。贊死而衍代其位，衍雖不能驟革其弊，居宣州十年，頗勤儉，府庫盈溢。及穆贊代衍，宣州歲饉，遂以錢四十二萬貫代百姓稅，故宣州人不至流散。貞元二十一年，詔加工部尚書。

丁公著，字平子，蘇州吳郡人。祖貞，父緒，皆不仕。公著生三歲，喪所親。七歲，見鄰母抱其子，哀感不食，因請於父，絕粒奉道，冀其幽贊，父憫而從之。年十七，父勉令就學。年二十一，五經及第。明年，又通開元禮，授集賢校書郎。秩未終，歸侍鄉里，不應請辟。居父喪，躬負土成墳，哀毀之容，人爲憂之，里閭聞風，皆敦孝悌。觀察使薛苹表其行〔八〕，詔賜粟帛，旌其門閭。淮南節度使李吉甫慕其才行，薦授太子文學，兼集賢殿校理。吉甫自淮南入相，廷薦其行，卽日授右補闕。遷集賢直學士，尋授水部員外郎，充皇太子及諸王侍讀。著皇太子及諸王訓十卷。轉駕部員外，仍兼舊職。

穆宗卽位，未及聽政，召居禁中，詢訪朝典，以宰相許之。公著陳情，詞意極切，超授給事中，賜紫金魚袋。未幾，遷工部侍郎，仍兼集賢殿學士，寵青宮之舊也。知吏部選事。公著知將欲大用，以疾辭退，因求外官，遂授浙江西道都團練觀察使。二年，授河南尹。皆以清靜爲理。改尚書右丞，轉兵部、吏部侍郎，遷禮部尚書、翰林侍講學士。上以浙西災寇，詢求良帥，命檢校戶部尙書領之。詔賜米七萬石以賑給，浙民賴之。改授太常卿，以疾請歸鄉里，未至而終，年六十四。贈右僕射，廢朝一日。著禮志十卷。

公著淸儉守道，每得一官，未嘗不憂色滿容。年四十四喪室，以至終身，無妓妾聲樂之好。凶問至日，中外痛惜之。

羅讓字景宣。祖懷操。父珦，官至京兆尹。讓少以文學知名，舉進士，應詔對策高等，爲咸陽尉。丁父憂，服除，尙衣麻茹菜，不從四方之辟者十餘年。李鄘爲淮南節度使〔九〕，就其所居，請爲從事。除監察御史，轉殿中，歷尙書郎、給事中，累遷至福建觀察使、兼御史中丞，甚著仁惠。有以女奴遺讓者，讓問其所因，曰：「本某等家人。兄姉九人，皆爲官所賣，其留者唯老母耳。」讓慘然，焚其券書，以女奴歸其母。入爲散騎常侍。未幾，除江西都團練觀察使、兼御史大夫。年七十一卒。贈禮部尙書。

子劭京，字子峻，進士擢第，又登科。讓再從弟詠。詠子劭權，字昭衡，進士擢第。劭京、劭權知名於時，並歷淸貫。

贊曰：麒麟鳳凰，飛走之類。唯孝與悌，亦爲人瑞。表門賜爵，勸乃錫類。彼禽者梟，傷仁害義。

校勘記

〔一〕因相誡曰　「誡」字各本原作「讓」，據册府卷八五二改。

〔二〕大理卿　各本原作「太禮卿」，據册府卷六二三、新書卷一〇六趙弘智傳改。

〔三〕瀧州開陽人　「瀧州」，原作「隴州」，據本書卷四一地理志、新書卷一九五陳集原傳改。

〔四〕乾封尉　「尉」字各本原作「郡」，據册府卷八五二、新書卷一二九裴守眞傳改。

〔五〕傳記　各本原作「博記」，據唐會要卷七改。

〔六〕輔抱素　「抱」字原作「鮑」，據唐會要卷七、新書卷一二九裴守眞傳改。

〔七〕景雲元年　「元」，原作「九」，按景雲無九年，新書卷一一六李日知傳作「景龍初」，合鈔卷二四五李日知傳作「景雲元年」。

〔八〕薛苹　各本原作「薛華」，據本書卷一八五下薛苹傳、新書卷一六四丁公著傳改。

〔九〕李鄘　各本原作「李獻」，據本書卷一五七李鄘傳、新書卷一九七羅珦傳改。

舊唐書卷一百八十九上

列傳第一百三十九上

儒學上

徐文遠　陸德明　曹憲許淹　李善　公孫羅附　歐陽詢子通
朱子奢　張士衡　賈公彥李玄植附　張後胤　蓋文達宗人文懿
谷那律　蕭德言　許叔牙子子儒　敬播　劉伯莊子之宏
秦景通　羅道琮

古稱儒學家者流，本出於司徒之官，可以正君臣，明貴賤，美教化，移風俗，莫若於焉。故前古哲王，咸用儒術之士，漢家宰相，無不精通一經，朝廷若有疑事，皆引經決定；由是人識禮教，理致昇平。近代重文輕儒，或參以法律，儒道既喪，淳風大衰，故近理國多劣於前古。自隋氏道消，海內版蕩，彝倫攸斁，戎馬生郊，先代之舊章，往聖之遺訓，掃地盡矣。

及高祖建義太原，初定京邑，雖得之馬上，而頗好儒臣。以義寧三年五月，初令國子學置生七十二員，取三品已上子孫；太學置生一百四十員，取五品已上子孫；四門學生一百三十員，取七品已上子孫。上郡學置生六十員，中郡五十員，下郡四十員。上縣學並四十員，中縣三十員，下縣二十員。武德元年，詔皇族子孫及功臣子弟，於祕書外省別立小學。

二年，詔曰：

盛德必祀，義存方策，達人命世，流慶後昆。建國君人，弘風闡教，崇賢彰善，莫尚於茲。自八卦初陳，九疇攸敍，徽章互垂〔一〕，節文不備。爰始姬旦，匡翊周邦，創設禮經，尤明典憲。啓生人之耳目，窮法度之本源，化起二南，業隆八百，豐功茂德，冠于終古。暨乎王道既衰，頌聲不作，諸侯力爭，禮樂陵遲。粵若宣父，天資睿哲，經綸齊、魯之內，揖讓洙、泗之間，綜理遺文，弘宣舊制。四科之教，歷代不刊；三千之文，風流無歇。惟茲二聖，道著羣生，守祀不修，明褒尙闕。朕君臨區宇，興化崇儒，永言先達，情深紹嗣。宜令有司於國子學立周公、孔子廟各一所，四時致祭。仍博求其後，具以名聞，詳考所宜，當加爵土。是以學者慕嚮，儒教聿興。

至三年，太宗討平東夏，海內無事，乃鋭意經籍，於秦府開文學館，廣引文學之士，下詔以府屬杜如晦等十八人爲學士，給五品珍膳，分爲三番，更直宿于閤下。及卽位，又於正殿之左，置弘文學館，精選天下文儒之士虞世南、褚亮、姚思廉等，各以本官兼署學士，令更日宿直。聽朝之暇，引入內殿，講論經義，商略政事，或至夜分乃罷。又召勳賢三品已上子孫，爲弘文館學生。貞觀二年，停以周公爲先聖，始立孔子廟堂於國學，以宣父爲先聖，顏子爲先師。大徵天下儒士，以爲學官。數幸國學，令祭酒、博士講論，畢，賜以束帛。學生能通一大經已上，咸得署吏。又於國學增築學舍一千二百間，太學、四門博士亦增置生員，其書算各置博士、學生，以備藝文，凡三千二百六十員。其玄武門屯營飛騎，亦給博士，授以經業，有能通經者，聽之貢舉。是時四方儒士，多抱負典籍，雲會京師。俄而高麗及百濟、新羅、高昌、吐蕃等諸國酋長，亦遣子弟請入於國學之內。鼓篋而升講筵者，八千餘人，濟濟洋洋焉，儒學之盛，古昔未之有也。

太宗又以經籍去聖久遠，文字多訛謬，詔前中書侍郎顏師古考定五經，頒於天下，命學者習焉。又以儒學多門，章句繁雜，詔國子祭酒孔穎達與諸儒撰定五經義疏，凡一百七十卷，名曰五經正義，令天下傳習。十四年，詔曰：「梁皇侃、褚仲都，周熊安生、沈重，陳沈文阿、周弘正、張譏，隋何妥、劉炫等，並前代名儒，經術可紀。加以所在學徒，多行其疏，宜加優異，以勸後生。可訪其子孫見在者，錄名奏聞，當加引擢。」二十一年，又詔曰：「左丘明、卜子夏、公羊高、穀梁赤、伏勝、高堂生、戴聖、毛萇、孔安國、劉向、鄭衆、杜子春、馬融、盧植、鄭玄、服虔、何休、王肅、王弼、杜元凱、范甯等二十一人，並用其書，垂於國胄。既行其道，理合褒崇。自今有事太學，可與顏子俱配享孔子廟堂。」其尊重儒道如此。

高宗嗣位，政教漸衰，薄於儒術，尤重文吏。於是醇醲日去，華競日彰，猶火銷膏而莫之覺也。及則天稱制，以權道臨下，不吝官爵，取悅當時。其國子祭酒，多授諸王及駙馬都尉。準貞觀舊事，祭酒孔穎達等赴上日，皆講五經題。至是，諸王與駙馬赴上，唯判祥瑞按三道而已。至於博士、助教，唯有學官之名，多非儒雅之實。是時復將親祠明堂及南郊，又拜洛，封嵩嶽，將取弘文國子生充齋郎行事，皆令出身放選，前後不可勝數。因是生徒不復以經學爲意，唯苟希僥倖。二十年間，學校頓時隳廢矣。

玄宗在東宮，親幸太學，大開講論，學官生徒，各賜束帛。及即位，數詔州縣及百官薦擧經通之士。又置集賢院，招集學者校選，募儒士及博涉著實之流。以爲儒學篇。

徐文遠，洛州偃師人。陳司空孝嗣玄孫，其先自東海徙家焉。父徹，梁祕書郎，尚元帝女安昌公主而生文遠。屬江陵陷，被虜於長安，家貧無以自給。其兄休，鬻書爲事，文遠日閱書于肆，博覽五經，尤精春秋左氏傳。時有大儒沈重講于太學，聽者常千餘人。文遠就質問，數日便去。或問曰：「何辭去之速？」答曰：「觀其所說，悉是紙上語耳，僕皆先已誦得之。至於奥賾之境，翻似未見。」有以其言告重者，重呼與議論，十餘反，重甚歎服之。

文遠方正純厚，有儒者風。竇威、楊玄感、李密皆從其受學。開皇中，累遷太學博士。詔令往幷州，爲漢王諒講孝經、禮記。及諒反，除名。大業初，禮部侍郎許善心舉文遠與包愷、褚徽、陸德明、魯達爲學官，遂擢授文遠國子博士，愷等並爲太學博士。時人稱文遠之左氏、褚徽之禮、魯達之詩、陸德明之易，皆爲一時之最。文遠所講釋，多立新義，先儒異論，皆定其是非，然後詰駁諸家，又出己意，博而且辨，聽者忘倦。

後越王侗署爲國子祭酒。時洛陽饑饉，文遠出城樵採，爲李密軍所執。密令文遠南面坐，備弟子禮北面拜之。文遠曰：「老夫疇昔之日，幸以先王之道，仰授將軍。時經興替，倏焉已久。今將軍屬風雲之際，爲義衆所歸，權鎭萬物，威加四海，猶能屈體弘尊師之義，此將軍之德也，老夫之幸也。既荷玆厚禮，安不盡言乎，但未審將軍意耳！欲爲伊、霍繼絕扶傾，雖遲暮，猶願盡力；若爲莽、卓乘危迫險，則老夫耄矣，無能爲也。」密頓首曰：「昨奉朝命，垂拜上公，冀竭庸虛，匡奉國難。所以未朝見者，不測城內人情。且欲先征化及，報復冤恥，立功贖罪，然後凱旋，入拜天闕。此密之本意，惟先生敎之。」文遠曰：「將軍名臣之子，累顯忠節，前受誤於玄感，遂乃暫墜家聲。行迷未遠，而迴車復路，終於忠孝，用康家國，天下之人，是所望於將軍也。」密又頓首曰：「敬聞命矣，請奉以周旋。」及征化及還，而王世充已殺元文都等，權兵專制。密又問計於文遠，答曰：「王世充亦門人也，頗得識之。是人殘忍，意又褊促，既乘此勢，必有異圖。將軍前計爲不諧矣，非破王世充，不可朝覲。」密曰：「嘗謂先生儒者，不學軍旅之事，今籌大計，殊有明略。」

及密敗，復入東都，王世充給其廩食，而文遠盡敬，見之先拜。或問曰：「聞君踞見李密，而敬王公，何也？」答曰：「李密，君子也，能受酈生之揖；王公，小人也，有殺故人之義。相時而動，豈不然歟！」後王世充僭號，復以爲國子博士。因出樵採，爲羅士信獲之，送於京師，復授國子博士。武德六年，高祖幸國學，觀釋奠，遣文遠發春秋題，諸儒設難蜂起，隨方占對，皆莫能屈。封東莞縣男。年七十四，卒官。撰左傳音三卷、義疏六十卷。孫有功，自有傳。

陸德明，蘇州吳人也。初受學於周弘正，善言玄理。陳太建中，太子徵四方名儒，講于承光殿，德明年始弱冠，往參焉。國子祭酒徐克開講，恃貴縱辨，衆莫敢當，德明獨與抗對，合朝賞歎。解褐始興王國左常侍，遷國子助教。陳亡，歸鄉里。隋煬帝嗣位，以爲祕書學士。大業中，廣召經明之士，四方至者甚衆。遣德明與魯達〔三〕、孔褒俱會門下省，共相交難，無出其右者。授國子助教。王世充僭號，封其子爲漢王，署德明爲師，就其家，將行束脩之禮。德明恥之，因服巴豆散，卧東壁下。王世充子入，跪牀前，對之遺痢，竟不與語。遂移病於成皐，杜絕人事。

王世充平，太宗徵爲秦府文學館學士，命中山王承乾從其受業。尋補太學博士。後高祖親臨釋奠，時徐文遠講孝經，沙門惠乘講波若經，道士劉進喜講老子，德明難此三人，各因宗指，隨端立義，衆皆爲之屈。高祖善之，賜帛五十匹。貞觀初，拜國子博士，封吳縣男。尋卒。撰經典釋文三十卷、老子疏十五卷、易疏二十卷，並行於世。太宗後嘗閱德明經典釋文，甚嘉之，賜其家束帛二百段〔三〕。子敦信，龍朔中官至左侍極，同東西臺三品。

曹憲，揚州江都人也。仕隋爲祕書學士。每聚徒教授，諸生數百人。當時公卿已下，亦多從之受業。憲又精諸家文字之書，自漢代杜林、衞宏之後，古文泯絕，由憲此學復興。大業中，煬帝令與諸學者撰桂苑珠叢一百卷，時人稱其該博。憲又訓注張揖所撰博雅，分爲十卷，煬帝令藏于祕閣。貞觀中，揚州長史李襲譽表薦之，太宗徵爲弘文館學士，以年老不仕，乃遣使就家拜朝散大夫，學者榮之。太宗又嘗讀書有難字，字書所闕者，錄以問憲，憲皆爲之音訓及引證明白，太宗甚奇之。年一百五歲卒。所撰文選音義，甚爲當時所重。初，江、淮間爲文選學者，本之於憲，又有許淹、李善、公孫羅復相繼以文選教授，由是其學大興於代。

許淹者，潤州句容人也。少出家爲僧，後又還俗。博物洽聞，尤精詁訓。撰文選音十卷。

李善者，揚州江都人。方雅淸勁，有士君子之風。明慶中，累補太子內率府錄事參軍、崇賢館直學士，兼沛王侍讀。嘗注解文選，分爲六十卷，表上之，賜絹一百二十匹，詔藏于祕閣。除潞王府記室參軍，轉祕書郎。乾封中，出爲經城令。坐與賀蘭敏之周密，配流姚州。後遇赦得還，以教授爲業，諸生多自遠方而至。又撰漢書辯惑三十卷。載初元年卒。子邕，亦知名。

公孫羅，江都人也。歷沛王府參軍，無錫縣丞。撰文選音義十卷，行於代。

歐陽詢，潭州臨湘人，陳大司空頠之孫也。父紇，陳廣州刺史，以謀反誅。詢當從坐，僅而獲免。陳尚書令江總與紇有舊，收養之，教以書計。雖貌甚寢陋，而聰悟絕倫，讀書卽數行俱下，博覽經史，尤精三史。仕隋爲太常博士。高祖微時，引爲賓客。及卽位，累遷給事中。詢初學王羲之書，後更漸變其體，筆力險勁，爲一時之絕，人得其尺牘文字，咸以爲楷範焉。高麗甚重其書，嘗遣使求之。高祖嘆曰：「不意詢之書名，遠播夷狄，彼觀其跡，固謂其形魁梧耶！」武德七年，詔與裴矩、陳叔達撰藝文類聚一百卷，奏之，賜帛二百段。貞觀初，官至太子率更令、弘文館學士，封渤海縣男。年八十餘卒。

子通，少孤，母徐氏教其父書。每遺通錢，紿云：「質汝父書迹之直。」通慕名甚銳，晝夜精力無倦，遂亞於詢。儀鳳中，累遷中書舍人。丁母憂，居喪過禮。起復本官，每入朝，必徒跣至皇城門外。直宿在省，則席地藉藁。非公事不言，亦未嘗啓齒。歸家必衣縗絰，號慟無恆。自武德已來，起復後而能哀感合禮者，無與通比。年凶未葬，四年居廬不釋服，家人冬月密以氈絮置所眠席下，通覺，大怒，遽令徹之。五遷，垂拱中至殿中監，賜爵渤海子。天授元年，封夏官尚書。二年，轉司禮卿，判納言事。爲相月餘，會鳳閣舍人張嘉福等請立武承嗣爲皇太子，通與岑長倩固執以爲不可，遂忤諸武意，爲酷吏所陷，被誅。神龍初，追復官爵。

朱子奢，蘇州吳人也。少從鄉人顧彪習春秋左氏傳，後博觀子史，善屬文。隋大業中，直祕書學士。及天下大亂，辭職歸鄉里，尋附于杜伏威。武德四年，隨伏威入朝，授國子助教。貞觀初，高麗、百濟同伐新羅，連兵數年不解，新羅遣使告急。乃假子奢員外散騎侍郎充使，喻可以釋三國之憾，雅有儀觀，東夷大欽敬之，三國王皆上表謝罪，賜遺甚厚。初，子奢之出使也，太宗謂曰：「海夷頗重學問，卿爲大國使，必勿藉其束脩，爲之講說。使還稱旨，當以中書舍人待卿。」子奢至其國，欲悅夷虜之情，遂爲發春秋左傳題，又納其美女之贈。使還，太宗責其違旨，猶惜其才，不至深譴，令散官直國子學。轉諫議大夫、弘文館學士，遷國子司業，仍爲學士。子奢風流藴藉，頗滑稽，又輔之以文義，由是數蒙宴遇，或使論難於前。十五年卒。

張士衡，瀛州樂壽人也。父之慶，齊國子助教。士衡九歲喪母，哀慕過禮，父友齊國子博士劉軌思見之〔四〕，每爲掩泣，謂其父曰：「昔伯饒號『張曾子』，亦豈能遠過！吾聞君子不親教，當爲成就之。」及長，軌思授以毛詩、周禮，又從熊安生及劉焯受禮記，皆精究大義。此後徧講五經，尤攻三禮。仕隋爲餘杭令，後以年老歸鄉里。

貞觀中，幽州都督燕王靈夔備玄纁束帛之禮，就家迎聘，北面師之。庶人承乾在東宮，又加旌命。及至洛陽宮謁見，太宗延之升殿，賜食，擢授朝散大夫、崇賢館學士。承乾見之，問以齊氏滅亡之由緒，對曰：「齊後主悖虐無度，昵近小人，至如高阿那瓌、駱提婆、韓長鸞等，皆奴僕下才，凶險無賴，是信是使，以爲心腹。誅害忠良，疏忌骨肉。窮極奢靡，剝喪黎元。所以周師臨郊，人莫爲用，以至覆滅，實此之由。」承乾又問曰：「布施營功德，有果報不？」對曰：「事佛在於清淨無欲，仁恕爲心。如其貪婪無厭，驕虐是務，雖復傾財事佛，無救目前之禍。且善惡之報，若影隨形，此是儒書之言，豈徒佛經所說。是爲人君父，當須仁慈；爲人臣子，宜盡忠孝。仁慈忠孝，則福祚攸永；如或反此，則殃禍斯及。此理昭然，願殿下勿爲憂慮。」及承乾廢黜，敕給乘傳，令歸本鄉。十九年卒。

士衡既禮學爲優，當時受其業擅名於時者，唯賈公彥爲最焉。

賈公彥，洛州永年人。永徽中，官至太學博士。撰周禮義疏五十卷、儀禮義疏四十卷。子大隱，官至禮部侍郎。

時有趙州李玄植，又受三禮於公彥，撰三禮音義行於代。玄植兼習春秋左氏傳於王德韶，受毛詩於齊威，博涉漢史及老、莊諸子之說。貞觀中，累遷太子文學、弘文館直學士。高宗時，屢被召見，與道士、沙門在御前講說經義，玄植辨論甚美，申規諷，帝深禮之。後坐事左遷汜水令，卒官。

張後胤，蘇州崑山人也。父中，有儒學，隋漢王諒出牧并州，引爲博士。後胤從父在并州，以學行見稱。時高祖鎭太原，引居賓館。太宗就受春秋左氏傳。武德中，累除燕王諮議參軍。貞觀中，後胤上言：「陛下昔在太原，問臣：『隋氏運終，何族當得天下？』臣奉對：『李姓必得。公家德業，天下繫心，若於此首謀，長驅關右，以圖帝業，孰不幸賴！』此實微臣早識天命。」太宗曰：「此事並記之耳。」因詔入賜宴，言及平昔，從容謂曰：「今弟子何如？」後胤對曰：「昔孔子領徒三千，達者無子男之位。臣翼贊一人，爲萬乘主，計臣功逾於先聖。」太宗甚悅，賜良馬五匹，拜燕王府司馬，遷國子祭酒，轉散騎常侍。永徽初，請致仕，加金紫光祿大夫，給賜並同職事。卒贈禮部侍郎，陪葬昭陵。

蓋文達，冀州信都人也。博涉經史，尤明三傳。性方雅，美鬚貌，有士君子之風。刺史竇抗嘗廣集儒生，令相問難，其大儒劉焯、劉軌思、孔穎達咸在坐，文達亦參焉。旣論難，皆出諸儒意表，抗大奇之，問曰：「蓋生就誰受學？」劉焯對曰：「此生岐嶷，出自天然。以多問寡，焯爲師首。」抗曰：「可謂冰生於水而寒於水也。」武德中，累授國子助教。太宗在藩，召爲文學館直學士。貞觀十年，遷諫議大夫，兼弘文館學士。十三年，除國子司業。俄拜蜀王師，以王有罪，坐免。十八年，授崇賢館學士。尋卒。其宗人文懿，亦以儒業知名，當時稱爲「二蓋」焉。

文懿者，貝州宗城人也〔五〕。武德初，歷國子助教。時高祖別於祕書省置學〔六〕，教授王公之子，時以文懿爲博士。文懿嘗開講毛詩，發題，公卿咸萃，更相問難，文懿發揚風雅，甚得詩人之致。貞觀中，卒於國子博士。

谷那律，魏州昌樂人也。貞觀中，累補國子博士。黃門侍郎褚遂良稱爲「九經庫」。尋遷諫議大夫，兼弘文館學士。嘗從太宗出獵，在途遇雨，因問：「油衣若爲得不漏？」那律曰：「能以瓦爲之，必不漏矣。」意欲太宗不爲畋獵。太宗悅，賜帛二百段。永徽初卒官。

蕭德言，雍州長安人，齊尚書左僕射思話玄孫也。本蘭陵人，陳亡，徙關中。祖介，梁侍中、都官尚書；父引，陳吏部侍郎，並有名於時。德言博涉經史，尤精春秋左氏傳，好屬文。貞觀中，除著作郎，兼弘文館學士。德言晚年尤篤志於學，自晝達夜，略無休倦。每欲開五經，必束帶盥濯，危坐對之。妻子候間請曰：「終日如是，無乃勞乎？」德言曰：「敬先聖之言，豈憚如此。」時高宗爲晉王，詔德言授經講業。及升春宮，仍兼侍讀。尋以年老，請致仕，太宗不許，又遺之書曰：「朕歷觀前代，詳覽儒林，至於顏、閔之才，不終其壽；游、夏之德，不逮其學。惟卿幼挺珪璋，早標美譽。下帷閉戶，包括六經；映雪聚螢，牢籠百氏。自隋季版蕩，庠序無聞，儒道墜泥塗，詩書塡坑穽。眷言墳典，每用傷懷。頃年已來，天下無事，方欲建禮作樂，偃武修文。卿年齒已衰，教將何恃！所冀才德猶茂，卧振高風，使濟南伏生，重在於茲日；關西孔子，故顯於當今。令問令望，何其美也！念卿疲朽，何以可言。」尋賜爵封陽縣侯〔七〕。十七年，拜祕書少監。兩宮禮賜甚厚。二十三年，累表請致仕，許之。高宗嗣位，以師傅恩，加銀青光祿大夫。永徽五年，卒于家，年九十七，高宗爲之輟朝，贈太常卿。文集三十卷。曾孫至忠，自有傳。

許叔牙，潤州句容人。少精於毛詩、禮記，尤善諷詠。貞觀初，累授晉王文學兼侍讀，尋遷太常博士。升春宮，加朝散大夫，遷太子洗馬，兼崇賢館學士，仍兼侍讀。嘗撰毛詩纂義十卷，以進皇太子，太子賜帛百段，兼令寫本付司經局。御史大夫高智周嘗謂人曰：「凡欲言詩者，必須先讀此書。」貞觀二十三年卒。子子儒。

子儒，亦以學藝稱。長壽中，官至天官侍郎、弘文館學士。子儒居選部，不以藻鑑爲意，委令史句直，以爲腹心，注官之次，子儒但高枕而卧，時云「句直平配」。由是補授失序，無復綱紀，道路以爲口實。其所註史記，竟未就而終。

敬播，蒲州河東人也。貞觀初，舉進士。俄有詔詣祕書內省佐顏師古、孔穎達修隋史，尋授太子校書。史成，遷著作郎，兼修國史。與給事中許敬宗撰高祖、太宗實錄，自創業至于貞觀十四年，凡四十卷，奏之，賜物五百段。太宗之破高麗，名所戰六山爲駐蹕，播謂人曰：「聖人者，與天地合德，山名駐蹕，此蓋以鑾輿不復更東矣。」卒如所言。時梁國公房玄齡深稱播有良史之才，曰：「陳壽之流也。」玄齡以顏師古所注漢書，文繁難省，令播撮其機要，撰成四十卷，傳於代。尋以撰實錄功，遷太子司議郎。時初置此官，極爲清望。中書令馬周歎曰：「所恨資品妄高，不獲歷居此職。」參撰晉書，播與令狐德棻、陽仁卿、李嚴等四人總其類。

會刑部奏言：「準律：謀反大逆，父子皆坐死，兄弟處流。此則輕而不懲，望請改從重法。」制遣百僚詳議。播議曰：「昆季孔懷，天倫雖重，比於父子，性理已殊。生有異室之文，死有別宗之義。今有高官重爵，本蔭唯逮子孫；祚土錫珪，餘光不及昆季。豈有不沾其蔭，輒受其辜，背禮違情，殊爲太甚。必期反茲春令，踵彼秋荼，創次骨於道德之辰，建深文於措刑之日，『臣將以爲不可。』詔從之。

永徽初，拜著作郎。與許敬宗等撰西域圖。後歷諫議大夫、給事中，並依舊兼修國史。又撰太宗實錄，從貞觀十五年至二十三年，爲二十卷，奏之，賜帛三百段。後坐事出爲越州都督府長史。龍朔三年，卒官。播又著隋略二十卷。

劉伯莊，徐州彭城人也。貞觀中，累除國子助教。與其舅太學博士侯孝遵齊爲弘文館學士，當代榮之。尋遷國子博士，其後又與許敬宗等參修文思博要及文館詞林。龍朔中，兼授崇賢館學士。撰史記音義、史記地名、漢書音義各二十卷，行於代。

子之宏，亦傳父業。則天時，累遷著作郎，兼修國史。卒於相王府司馬。睿宗即位，以故吏贈祕書少監。

秦景通，常州晉陵人也。與弟暐尤精漢書，當時習漢書者皆宗師之，常稱景通爲大秦君，暐爲小秦君。若不經其兄弟指授，則謂之「不經師匠，無足採也」。景通，貞觀中累遷太子洗馬，兼崇賢館學士。爲漢書學者，又有劉納言〔九〕，亦爲當時宗匠。納言，乾封中歷都水監主簿，以漢書授沛王賢。及賢爲皇太子，累遷太子洗馬，兼充侍讀。常撰俳諧集十五卷以進太子。及東宮廢，高宗見而怒之，詔曰：「劉納言收其餘藝，參侍經史，自府入宮，久淹歲月，朝遊夕處，竟無匡贊。闕忠孝之良規，進詼諧之鄙說，儲宮敗德，抑有所由。情在好生，不忍加戮，宜從屛棄，以勵將來。可除名。」後又坐事配流振州而死。

羅道琮，蒲州虞鄉人也。祖順，武德初爲興州刺史。勤於學業，而慷慨有節義。貞觀末，上書忤旨，配流嶺表。時有同被流者，至荊、襄間病死，臨終，泣謂道琮曰：「人生有死，所恨委骨異壤。」道琮曰：「我若生還，終不獨歸棄卿於此。」瘞之路左而去。歲餘，遇赦得還，至殯所，屬霖潦瀰漫，屍柩不復可得。道琮設祭慟哭，告以欲與俱歸之意，若有靈者，幸相警示。言訖，路側水中，忽然湧沸。道琮又呪云：「若所沸處是，願更令一沸。」呪訖，又沸。道琮便取得其屍，銘誌可驗，遂負之還鄉。當時識者稱道琮誠感所致。道琮尋以明經登第。高宗末，官至太學博士。每與太學助教康國安、道士李榮等講論，爲時所稱。尋卒。

校勘記

〔一〕徽章互垂　合鈔卷二四六儒學傳「垂」字作「乖」。

〔二〕魯達　「達」字各本原無，據冊府卷五九七補。

〔三〕賜其家束帛　「家」字各本原無，據御覽卷六〇一、冊府卷六〇一補。

〔四〕國子博士　「子」字各本原無，據冊府卷八一一補。

〔五〕宗城　各本原作「宋城」，據本書卷三九地理志、冊府卷五九七改。

〔六〕高祖　各本原作「高宗」，上文明言武德初，當作「高祖」，冊府卷五九七、新書卷一九八蓋文達傳正作「高祖」，據改。

〔七〕封陽縣侯　新書卷一九八蕭德言傳作「封武陽縣侯」。

〔八〕劉納言　御覽卷六〇一、新書卷一九八敬播傳作「劉訥言」。

舊唐書卷一百八十九下

列傳第一百三十九下

儒學下

邢文偉　高子貢　郎餘令　路敬淳　王元感　王紹宗　韋叔夏
祝欽明　郭山惲　柳沖　盧粲　尹知章孫季良附　徐岱
蘇弁兄衮　冕　陸質　馮伉　韋表微　許康佐

邢文偉，滁州全椒人也。少與和州高子貢、壽州裴懷貴俱以博學知名於江、淮間。咸亨中，累遷太子典膳丞。時孝敬在東宮，罕與宮臣接見，文偉輒減膳，上書曰：「臣竊見禮戴記曰：『太子既冠成人，免於保傅之嚴，則有司過之史，徹膳之宰。史之義，不得不司過；宰之義，不得不徹膳，不徹膳則死〔一〕。』今皇帝式稽前典，妙簡英俊，自庶子已下，至司議〔二〕、舍人及學士、侍讀等，使翼佐殿下，以成聖德。近日已來，未甚延納，談議不狎，謁見尚稀，三朝之後，但與內人獨居，何由發揮聖智，使睿哲文明者乎？今史雖闕官，宰當奉職，忝備所司，未敢逃死，謹守禮經，輒申減膳。」太子答書曰：「顧以庸虛，早尚墳典，每欲研精政術，極意書林。但往在幼年，未閑將衞，竭誠耽誦，因即損心。比日以來，風虛更積，中奉恩旨，不許重勞。加以趨侍含元，温凊朝夕，承親以無專之道，遵禮以色養爲先。所以屢闕坐朝，時乖學緒。公潛申勗戒，聿薦忠規，敬尋來請，良符宿志。自非情思審諭，義均弼諧，豈能進此藥言，形於簡墨！撫躬三省，感愧兼深。」文偉自是益知名。

其後右史缺官，高宗謂侍臣曰：「邢文偉事我兒，能減膳切諫，此正直人也。」遂擢拜右史。則天臨朝，累遷鳳閣侍郎，兼弘文館學士。載初元年，遷內史。天授初，內史宗秦客以姦贓獲罪，文偉坐附會秦客，貶授珍州刺史。後有制使至其州境，文偉以爲殺己，遽自縊而死。

高子貢者，和州歷陽人也。弱冠遊太學，徧涉六經，尤精史記。與文偉及亳州朱敬則爲莫逆之交。明經舉，歷祕書正字、弘文館直學士。鬱鬱不得志，棄官而歸。屬徐敬業作亂於揚州，遣弟敬猷統兵五千人，緣江西上，將逼和州。子貢率鄉曲數百人拒之，自是賊不敢犯。以功擢授朝散大夫，拜成均助教。虢王鳳之子東莞公融，曾爲和州刺史，從子貢受業，情義特深。及融爲申州，陰懷異志，令黄公譔結交於子貢，推爲謀主，潛謀密議，書信往復，諸王內外相應，皆出自其策。尋而事發，被誅。

郎餘令，定州新樂人也。祖楚之，少與兄蔚之，俱有重名。隋大業中，蔚之爲左丞，楚之爲尚書民曹郎，煬帝重其兄弟，稱爲二郎。楚之，武德初爲大理卿，與太子少保李綱、侍中陳叔達撰定律令。後受詔招諭山東，爲竇建德所獲，脅以兵刃，又誘以厚利，楚之竟不爲屈。及還，以年老致仕。貞觀初卒，時年八十。餘令父知運，貝州刺史；兄餘慶，高宗時萬年令，理有威名，京城路不拾遺，後卒於交州都督。

餘令少以博學知名，舉進士。初授霍王元軌府參軍，數上詞賦，元軌深禮之。先是，餘令從父知年爲霍王友，亦見推仰。元軌謂人曰：「郎氏兩賢，人之望也。」相次入府，不意培塿而松柏成林。」轉幽州錄事參軍。時有客僧聚衆欲自焚，長史裴照率官屬欲往觀之。餘令曰：「好生惡死，人之性也。違越教義，不近人情。明公佐守重藩，須察其奸詐，豈得輕舉，覩此妖妄。」照從其言，因收僧按問，果得詐狀。孝敬在東宮，餘令續梁元帝孝德傳，撰孝子後傳三十卷以獻，甚見嗟重。累轉著作佐郎。撰隋書未成，會病卒，時人甚痛惜之。

路敬淳，貝州臨淸人也。父文逸。隋大業末，闔門遇盜，文逸潛匿草澤，晝伏於死人中，夜行避難。自傷窮梗，閉口不食。同侶閔其謹愿，勸以不當滅性，捃拾以食之，遞負之而行，遂免於難。貞觀末，官至申州司馬。

敬淳與季弟敬潛俱早知名。敬淳尤勤學，不窺門庭，徧覽墳籍，而孝友篤敬。遭喪，三年不出廬寢。服免，方號慟入見其妻，形容羸毁，妻不之識也。後舉進士。天授中，歷司禮博士、太子司議郎，兼修國史，仍授崇賢館學士。數受詔修緝吉凶雜儀，則天深重之。萬歲通天二年，坐與綦連耀結交，下獄死。敬淳尤明譜學，盡能究其根源枝派，近代已來，無及之者。撰著姓略記十卷，行於時。又撰衣冠本系，未成而死。神龍初，追贈祕書少監。敬潛仕至中書舍人。

王元感，濮州鄄城人也。少舉明經，累補博城縣丞。兗州都督、紀王慎深禮之，命其子東平王續從元感受學。天授中，稍遷左衞率府錄事，兼直弘文館。是後則天親祠南郊及享明堂，封嵩嶽，元感皆受詔共諸儒撰定儀注，凡所立議，衆咸推服之。轉四門博士，仍直弘文館。元感時雖年老，猶能燭下看書，通宵不寐。長安三年，表上其所撰尚書糾謬十卷、春秋振滯二十卷、禮記繩愆三十卷，幷所注孝經、史記稿草，請官給紙筆，寫上祕書閣。詔令弘文、崇賢兩館學士及成均博士詳其可否。學士祝欽明、郭山惲、李憲等皆專守先儒章句，深譏元感掎摭舊義，元感隨方應答，竟不之屈。鳳閣舍人魏知古、司封郎中徐堅、左史劉知幾、右史張思敬，雅好異聞，每爲元感申理其義，連表薦之。尋下詔曰：「王元感質性溫敏，博聞強記，手不釋卷，老而彌篤。掎前達之失，究先聖之旨，是謂儒宗，不可多得。可太子司議郎，兼崇賢館學士。」魏知古嘗稱其所撰書曰：「信可謂五經之指南也。」中宗卽位，以春宮舊僚，進加朝散大夫，拜崇賢館學士。尋卒。

王紹宗，揚州江都人也，梁左民尚書銓曾孫也，其先自琅邪徙焉。紹宗少勤學，徧覽經史，尤工草隸。家貧，常傭力寫佛經以自給，每月自支錢足卽止，雖高價盈倍，亦卽拒之。

寓居寺中，以清淨自守，垂三十年。文明中，徐敬業於揚州作亂，聞其高行，遣使徵之，紹宗稱疾固辭。又令唐之奇親詣所居逼之，竟不起。敬業大怒，將殺之，之奇曰：「紹宗人望，殺之恐傷士衆之心。」由是獲免。及賊平，行軍大總管李孝逸以其狀聞，則天驛召赴東都，引入禁中，親加慰撫，擢拜太子文學，累轉祕書少監，仍侍皇太子讀書。紹宗性澹雅，以儒素見稱，當時朝廷之士，咸敬慕之。張易之兄弟，亦加厚禮。易之伏誅，紹宗坐以交往見廢，卒于鄉里。

韋叔夏，尚書左僕射安石兄也。少而精通三禮，其叔父太子詹事琨嘗謂曰：「汝能如是，可以繼丞相業矣。」舉明經。調露年，累除太常博士。後屬高宗崩，山陵舊儀多廢缺，叔夏與中書舍人賈太隱、太常博士裴守貞等，草創撰定，由是授春官員外郞。則天將拜洛及享明堂，皆別受制，共當時大儒祝欽明、郭山惲撰定儀注。凡所立議，衆咸推服之。累遷成均司業。久視元年，特下制曰：「吉凶禮儀，國家所重，司禮博士，未甚詳明。成均司業韋叔夏、太子率更令祝欽明等，博涉禮經，多所該練，委以參掌，冀弘典式。自今司禮所修儀注，並委叔夏等刊定訖，然後進奏。」長安四年，擢春官侍郞。神龍初，轉太常少卿，充建立廟社使。以功進銀青光祿大夫。三年，拜國子祭酒。累封沛國郡公。卒時年七十餘。撰五禮要記三十卷，行於代。贈兗州都督、修文館學士，謚曰文。子紹，太常卿。

祝欽明，雍州始平人也。少通五經，兼涉衆史百家之說。舉明經。長安元年，累遷太子率更令，兼崇文館學士。中宗在春宮，欽明兼充侍讀。二年，遷太子少保。中宗卽位，以侍讀之故，擢拜國子祭酒、同中書門下三品，加位銀青光祿大夫，歷刑部、禮部二尚書，兼修國史，仍舊知政事，累封魯國公，食實封三百戶。尋以匿忌日，爲御史中丞蕭至忠所劾，貶授申州刺史。久之，入爲國子祭酒。

景龍三年，中宗將親祀南郊，欽明與國子司業郭山惲二人奏言皇后亦合助祭，遂建議曰：

謹按周禮，天神曰祀，地祇曰祭，宗廟曰享。大宗伯職曰：「祀大神，祭大祇，享大鬼，理其大禮。若王有故不預，則攝位。凡大祭祀，王后不預，則攝而薦豆籩，徹。」又追師職：「掌王后之首服，以待祭祀。」又內司服職：「掌王后之六服。凡祭祀，供后之衣服。」又九嬪職：「大祭祀，后祼獻則贊，瑤爵亦如之。」據此諸文，卽皇后合助皇帝祀天神、祭地祇，明矣。故鄭玄注內司服云：「闕狄，皇后助王祭羣小祀之服。」然則小祀尚助王祭，中、大推理可知。闕狄之上，猶有兩服：第一褘衣，第二揄狄，第三闕狄。此三狄，皆助祭之服。闕狄卽助祭小祀，卽知揄狄助祭中祀，褘衣助祭大祀。鄭舉一隅，故不委說。唯祭宗廟，周禮王有兩服，先王袞冕，先公鷩冕。鄭玄因此以后助祭宗廟，亦分兩服，云：「褘衣助祭先王，揄狄助祭先公。」不言助祭天地社稷，自宜三隅而反。

且周禮正文「凡祭，王后不預」，既不專言宗廟，卽知兼祀天地，故云「凡」也。又春秋外傳云：「禘郊之事，天子親射其牲，王后親舂其粢。」故代婦職但云：「詔王后之禮事」，不主言宗廟也。若專主宗廟者，則內宗、外宗職皆言「掌宗廟之祭祀」。此皆禮文分明，不合疑惑。

舊說以天子父天、母地、兄日、姊月，所以祀天於南郊，祭地於北郊，朝日於東門之外，以昭事神，訓人事，君必躬親以禮之〔三〕，有故然後使攝，此其義也。禮記祭統曰：「夫祭也者，必夫婦親之，所以備內外之官也。官備則具備。」又，「哀公問於孔子曰：『冕而親迎，不已重乎？』孔子愀然作色而對曰：『合二姓之好，以繼先聖之後，以爲天地宗廟社稷之主，君何謂已重焉！』」又漢書郊祀志云：「天地合祭，先祖配天，先妣配地。天地合精，夫婦判合。祭天南郊，則以地配，一體之義也。」據此諸文，卽知皇后合助祭，望請別修助祭儀注同進。

帝頗以爲疑，召禮官親問之。太常博士唐紹、蔣欽緒對曰：「皇后南郊助祭，於禮不合。但欽明所執，是祭宗廟禮，非祭天地禮。謹按魏、晉、宋及齊、梁、周、隋等歷代史籍，至於郊天祀地，並無皇后助祭之事。」帝令宰相取兩家狀對定。欽緒與唐紹及太常博士彭景直又奏議曰：

周禮凡言祭、祀、享三者，皆祭之互名，本無定義。何以明之？按周禮典瑞職云：「兩珪有邸，以祀地。」則祭地亦稱祀也。又司筵云：「設祀先王之胙席。」則祭宗廟亦稱祀也。又內宗職云：「掌宗廟之祭祀。」此又非獨天稱祀，地稱祭也。又按禮記云：「惟聖爲能享帝。」此卽祀天帝亦言享也。又按孝經云：「春秋祭祀，以時思之。」此卽宗廟亦言祭祀也。經典此文，不可備數。據此則欽明所執天曰祀，地曰祭，廟曰享，未得爲定明矣。又周禮凡言大祭祀者，祭天地宗廟之總名，不獨天地爲大祭也。何以明之？按鬱人職云〔四〕：「大祭祀，與量人授舉斝之卒爵。」尸與斝，皆宗廟之事，則宗廟亦稱大祭祀。又欽明狀引九嬪職：「大祭祀，后祼獻則贊瑤爵。」據祭天無祼，亦無瑤爵，此乃宗廟稱大祭祀之明文。欽明所執大祭祀卽爲祭天地，未得爲定明矣。

又周禮大宗伯職云：「凡大祭祀，王后有故不預，則攝而薦豆籩，徹。」欽明唯執此文，以爲王后有祭天地之禮。欽緒等據此，乃是王后薦宗廟之禮，非祭天地之事。何以明之？按此文：「凡祀大神，祭大祇，享大鬼，帥執事而卜日宿，視滌濯，涖玉鬯，省牲鑊，奉玉齍，制大號，理其大禮，制相王之大禮。若王不與祭祀，則攝位。」此已上一「凡」，直是王兼祭天地宗廟之事，故通言大神、大祇、大鬼之祭也。已下文云：「凡大祭祀，王后不與，則攝而薦豆籩，徹。」此一「凡」，直是王后祭廟之事，故唯言大祭祀也。若云王后助祭天地，不應重起「凡大祭祀」之文也。爲嫌王后有祭天地之疑，故重起後「凡」以別之耳。王后祭廟，自是大祭祀，何故取上「凡」相王之禮，以混下「凡」王后祭宗廟之文？此是本經科段明白。

又按周禮「外宗掌宗廟之祭祀，佐王后薦玉豆。凡后之獻，亦如之。王后有故不預，則宗伯攝而薦豆籩。」外宗無佐祭天地之禮。但天地尚質，宗廟尚文。玉豆，宗廟之器，初非祭天所設。請問欽明，若王后助祭天地，在周禮使何人贊佐？若宗伯攝后薦豆祭天，又合何人贊佐？並請明徵禮文，卽知攝薦是宗廟之禮明矣。

按周禮司服云：「王祀昊天上帝，則服大裘而冕。享先王，則衮冕。」內司服「掌王后祭服」，無王后祭天之服。按三禮義宗明王后六服，謂褘衣、揄翟、闕翟、鞠衣、展衣、褖衣。「褘衣從王祭先王則服之，揄翟祭先公及饗諸侯則服之，鞠衣以采桑則服之，展衣以禮見王及見賓客則服之，椽衣燕居服之。」王后無助祭於天地之服，但自先王已下。又三禮義宗明后夫人之服云〔五〕：「后不助祭天地五嶽，故無助天地四望之服。」按此，則王后無祭天之服明矣。三禮義宗明王后五輅，謂重翟、厭翟、安車、翟車、輦車也。「重翟者，后從王祭先王先公所乘也；厭翟者，后從王饗諸侯所乘也；安車者，后宮中朝夕見於王所乘也；翟車者，后求桑所乘也；輦車者，后遊宴所乘也。」按此，則王后無祭天之車明矣。

又禮記郊特牲義贊云：「祭天無祼。鄭玄注云：『唯人道宗廟有祼。天地大神，至尊不祼。』圓丘之祭，與宗廟祫同。朝踐，王酌泛齊以獻，是一獻。后無祭天之事，大宗伯次酌醴齊以獻，是爲二獻。」按此，則祭圓丘，大宗伯次王爲獻，非攝王后之事。欽明等所執王后有故不預，則宗伯攝薦豆籩，更明攝王后宗廟之薦，非攝天地之祀明矣。

欽明建議引禮記祭統曰「夫祭也者，必夫婦親之」。按此，是王與后祭宗廟之禮，非關祀天地之義。按漢、魏、晉、宋、後魏、齊、梁、周、陳、隋等歷代史籍，興王令主，郊天祀地，代有其禮，史不闕書，並不見往代皇后助祭之事。又高祖神堯皇帝、太宗文武聖皇帝南郊祀天，無皇后助祭處。高宗天皇大帝永徽二年十一月辛酉親有事于南郊，又總章元年十二月丁卯親拜南郊，亦並無皇后助祭處。又按大唐禮，亦無皇后南郊助祭之禮。

欽緒等幸忝禮官，親承聖問，竭盡聞見，不敢依隨。伏以主上稽古，志遵舊典，所議助祭，實無明文。

時尚書左僕射韋巨源又希旨，協同欽明之議。上納其言，竟以后爲亞獻，仍補大臣李嶠等女爲齋娘，以執籩豆。及禮畢，特詔齋娘有夫壻者，咸爲改官。

景雲初，侍御史倪若水劾奏欽明及郭山惲曰：「欽明等本自腐儒，素無操行，崇班列爵，實爲叨忝，而涓塵莫効，諂佞爲能。遂使曲臺之禮，圜丘之制，百王故事，一朝墜失。所謂亂常改作，希旨病君，人之不才，遂至於此。今聖明馭曆，賢良入用，惟茲小人，猶在朝列。臣請並從黜放，以肅周行。」於是左授欽明饒州刺史。後入爲崇文館學士。尋卒。

郭山惲，蒲州河東人。少通三禮。景龍中，累遷國子司業。時中宗數引近臣及修文學士，與之宴集，嘗令各効伎藝，以爲笑樂。工部尚書張錫爲談容娘舞，將作大匠宗晉卿舞渾脫，左衞將軍張洽舞黃麞，左金吾衞將軍杜元琰誦婆羅門呪，給事中李行言唱駕車西河，中書舍人盧藏用効道士上章。山惲獨奏曰：「臣無所解，請誦古詩兩篇。」帝從之，於是誦鹿鳴、蟋蟀之詩。奏未畢，中書令李嶠以其詞有「好樂無荒」之語，頗涉規諷，怒爲忤旨，遽止之。翌日，帝嘉山惲之意，詔曰：「郭山惲業優經史，識貯古今，八索、九丘，由來徧覽；前言往行，實所該詳。昨者因其豫遊，式宴朝彥，既乘歡洽，咸使詠歌。遂能志在匡時，潛申規諷，謇謇之誠彌切，諤諤之操逾明。宜示褒揚，美茲鯁直。」賜時服一副。尋與祝欽明同獻皇后助祭郊祀之議。景雲中，左授括州長史。開元初，復入爲國子司業。卒于官。

柳沖，蒲州虞鄉人也，隋饒州刺史莊曾孫也。其先仕江左，世居襄陽。陳亡，還鄉里。父楚賢，大業末爲河北縣長。時堯君素固守郡城，以拒義師。楚賢進說曰：「隋之將亡，天下皆知。唐公名應圖籙，動以信義，豪傑響應，天所贊也。君子見機而作，不俟終日，轉禍爲福，今其時也。」君素不從，楚賢潛行歸國，高祖甚悅，拜侍御史。貞觀中，累轉光祿少卿，使突厥存撫李思摩，突厥贈馬百匹及方物，悉拒而不受。累轉交、桂二州都督，皆有能名。卒於杭州刺史。

沖博學，尤明世族，名亞路敬淳。天授初，爲司府主簿，受詔往淮南安撫。使還，賜爵河東縣男。景龍中，累遷爲左散騎常侍，修國史。初，貞觀中太宗命學者撰氏族志百卷，以甄別士庶；至是向百年，而諸姓至有興替，沖乃上表請改修氏族。中宗命沖與左僕射魏元忠及史官張錫、徐堅、劉憲等八人，依據氏族志，重加修撰。元忠等施功未半，相繼而卒，乃遷爲外職。至先天初，沖始與侍中魏知古、中書侍郎陸象先及徐堅、劉子玄、吳兢等撰成姓族系錄二百卷奏上。沖後歷太子詹事、太子賓客、宋王傅、昭文館學士，以老疾致仕。開元二年，又敕沖及著作郎薛南金刊定系錄，奏上，賜絹百匹。五年卒。

盧粲，幽州范陽人，後魏侍中陽烏五代孫。祖彥卿，撰後魏紀二十卷，行於時，官至合肥令。叔父行嘉，亦有學涉，高宗時爲雍王記室。粲博覽經史，弱冠舉進士。景龍二年，累遷給事中。時節愍太子初立，韋庶人以非己所生，深加忌嫉；勸中宗下敕令太子却取衞府封物，每年以供服用。粲駁奏曰：「皇太子處繼明之重，當主鬯之尊，歲時服用，自可百司供擬。又據周官，諸應用財器，歲終則會，唯王及太子應用物，並不會。此則儲君之費，咸與王同。今與列國諸侯齊衡入封，豈所謂憲章在昔，垂法將來者也！必謂青宮初啓，服用所資，自當廣支庫物，不可長存藩封。」詔從之。

後安樂公主婿武崇訓爲節愍太子所殺，特追封爲魯王，令司農少卿趙履溫監護葬事。

履温諷公主奏請依永泰公主故事，爲崇訓造陵。詔從其請。粲駁奏曰：

伏尋陵之稱謂，本屬皇王及儲君等。自皇家已來，諸王及公主墓，無稱陵者。唯永泰公主承恩特葬，事越常塗，不合引以爲名。春秋左氏傳云：「衞孫桓子與齊戰。衞新築大夫仲叔于奚救孫桓子，桓子以免。衞人賞之以邑，于奚辭，請曲懸、繁纓以朝，許之。仲尼聞之，曰：『惜也，不如多與之邑。唯名與器，不可以假人。若以假人，與之政也，政亡則國家從之。』」聖人知微知章，不可不愼。魯王哀榮之典，誠別承恩，然國之名器，豈可妄假！又塋兆之稱，不應假永泰公主爲名，請比貞觀已來諸王舊例，足得豐厚。

手敕答曰：「安樂公主與永泰公主無異。同穴之義，古今不殊。魯王緣自特爲陵制，不煩固執。」粲又奏曰：

臣聞陵之稱謂，施於尊極，不屬王公已下。且魯王若欲論親等第，則不親於雍王。雍王之墓，尚不稱陵，魯王自不可因尚公主而加號。且君之舉事，則載於方册，或稽之往典，或考自前朝。臣歷檢貞觀已來，駙馬墓無得稱陵者。且君人之禮，服絕於傍期，蓋爲不獨親其親，不獨子其子。陛下以膝下之恩愛，施及其夫，贈賵之儀，哀榮足備，豈得使上下無辨，君臣一貫者哉！又安樂公主承兩儀之澤，履福祿之基，指南山以錫年，仰北辰而永庇。魯王之葬，車服有章，加等之儀，備有常數，塋兆之稱，不應假永泰公主爲名，非所謂垂法將來，作則羣辟者也。」帝竟依粲所奏。公主大怒，粲以忤旨出爲陳州刺史。累轉祕書少監。開元初卒。

尹知章，絳州翼城人。少勤學，嘗夢神人以大鑿開其心，以藥內之，自是日益開朗，盡通諸經精義，未幾而諸師友北面受業焉。長安中，駙馬都尉武攸暨重其經學，奏授其府定王文學。神龍初，轉太常博士。中宗初卽位，建立宗廟，議者欲以涼武昭王爲始祖，以備七代之數。知章以爲武昭遠世〔六〕，非王業所因，特奏議以爲不可。當時竟從知章之議。俄拜陸渾令，以公坫棄官。時散騎常侍解琬亦罷職歸田園，與知章共居汝、洛間，以修學爲事。

睿宗初卽位，中書令張說薦知章有古人之風，足以坐鎭雅俗，拜禮部員外郞。俄轉國子博士。後祕書監馬懷素奏引知章就祕書省與學者刊定經史。知章雖居吏職，歸家則講授不輟，尤明易及莊、老玄言之學，遠近咸來受業。其有貧匱者，知章盡其家財以衣食之。性和厚，喜愠不形於色，未嘗言及家人產業。其子嘗請併市樵米，以備歲時之費，知章曰：

「如汝所言，則下人何以取資？吾幸食祿，不宜奪其利也。」竟不從。開元六年卒，時年五十有餘。所注孝經、老子、莊子、韓子、管子、鬼谷子，頗行於時。門人孫季良等立碑於東都國子監之門外，以頌其德。

孫季良者，河南偃師人也，一名翌。開元中，爲左拾遺、集賢院直學士。撰正聲詩集三卷，行於代。

徐岱字處仁，蘇州嘉興人也。家世以農爲業。岱好學，六籍諸子，悉所探究，問無不通，雖莫能屈。大曆中，轉運使劉晏表薦之，授校書郎。浙西觀察使李栖筠厚遇之，敕故所居爲復禮鄉。尋爲朝廷推援，改河南府偃師縣尉。建中年，禮儀使蔣鎭特薦爲太常博士，掌禮儀。從幸奉天、興元。改膳部員外郎兼博士。貞元初，遷水部郎中，充皇太子及舒王已下侍讀。尋改司封郎中，擢拜給事中，加兼史館修撰，並依舊侍讀。承兩宮恩顧，時無與比，而謹愼過甚，未嘗洩禁中語，亦不談人之短，婚嫁甥姪之孤遺者，時人以此稱之。然吝嗇頗甚，倉庫管鑰，皆自執掌，獲譏於時。卒時年五十，上歎惜之，賻以帛絹，皇太子又遺絹一百疋，贈禮部尚書。

蘇弁字元容，京兆武功人。曾叔祖良嗣，天后朝宰相，國史有傳。弁少有文學，舉進士，授祕書省正字，轉奉天主簿。朱泚之亂，德宗倉卒出幸，縣令杜正元上府計事，聞大駕至，官吏惶恐，皆欲奔竄山谷。弁諭之曰：「君上避狄，臣下當伏難死節。昔肅宗幸靈武，至新平、安定，二太守皆潛遁，帝命斬之以徇，諸君知其事乎！」衆心乃安。及車駕至，迎扈儲備無闕，德宗嘉之，就加試大理司直。賊平，拜監察御史，歷三院，累轉倉部郎中，仍判度支案。

裴延齡卒，德宗聞其才，特開延英，面賜金紫，授度支郎中，副知度支事，仍命立於正郎之首。副知之號，自弁始也。承延齡之後，以寬簡代煩虐，人甚稱之。遷戶部侍郎，依前判度支，改太子詹事。弁初入朝，班位失序，殿中侍御史鄒儒立對仗彈之。弁於金吾待罪數刻，特釋放。舊制：太子詹事班次太常、宗正卿已下。貞元三年，御史中丞竇參敍定班，移詹事在河南、太原尹之下。弁乃引舊班制立，臺官詰之，仍紿云：「自已白宰相，請依舊。」故爲儒立彈之。旋坐給長武城軍糧朽敗，貶汀州司戶參軍〔七〕。當德宗時，朝臣受譴，少蒙再錄，至晚年尤甚。唯弁與韓皐得起爲刺史，授滁州，轉杭州。弁與兄冕、衮，皆以友弟儒學稱。

冕纘國朝政事，撰會要四十卷，行於時。弁聚書至二萬卷，皆手自刊校，至今言蘇氏書，次於集賢祕閣焉。貞元二十一年，卒于家。衮自贊善大夫貶永州司戶參軍，敕：「蘇衮貶官，本緣弟連坐。矜其年暮，加以疾患，宜令所在勒迴，任歸私第。」衮年且七十，兩目無見已逾年，以弁之故，竟未停官。及貶，上聞之哀憫，故許還家。尋卒。初，冕既坐弁貶官，或有人言冕才學，上悔不早知，業已貶出，又復還衮，難於再追冕，乃止。

陸質，吳郡人，本名淳，避憲宗名改之。質有經學，尤深於春秋，少師事趙匡，匡師啖助，助、匡皆爲異儒，頗傳其學，由是知名。陳少遊鎭揚州，愛其才，辟爲從事。後薦於朝，拜左拾遺。轉太常博士，累遷左司郎中，坐細故，改國子博士，歷信、台二州刺史。順宗卽位，質素與韋執誼善，由是徵爲給事中、皇太子侍讀，仍改賜名質。時執誼得幸，順帝寢疾，與王叔文等竊弄權柄。上在春宮，執誼懼，質已用事，故令質入侍，而潛伺上意，因用解。

及質發言，上果怒曰：「陛下令先生與寡人講義，何得言他。」質惶懼而出。未幾病卒。質著集注春秋二十卷、類禮二十卷、君臣圖翼二十五卷，並行於代。貞元二十一年卒。

馮伉，本魏州元城人。父玠，後家于京兆。少有經學。大曆初，登五經秀才科，授祕書郎。建中四年，又登博學三史科。三遷尚書膳部員外郎，充睦王已下侍讀。澤潞節度使李抱眞卒，爲弔贈使，抱眞男遺伉帛數百匹，不納。又專送至京，伉因表奏，固請不受。屬醴泉缺縣令，宰臣進人名，帝意不可，謂宰臣曰：「前使澤潞不受財帛者，此人必有淸政，可以授之。」遂改醴泉令。縣中百姓多猾，爲著諭蒙十四篇，大略指明忠孝仁義，勸學務農，每鄉給一卷，俾其傳習。在縣七年，韋渠牟薦爲給事中，充皇太子及諸王侍讀。召見於別殿，賜金紫。著三傳異同三卷。順宗卽位，拜尚書兵部侍郎。改國子祭酒，爲同州刺史。入拜左散騎常侍，復領太學。元和四年卒，年六十六，贈禮部尚書。子藥，進士擢第，又登制科，仕至尚書郎。

韋表微，始舉進士登第，累佐藩府。元和十五年，拜監察御史。逾年，以本官充翰林學士。遷左補闕、庫部員外郎、知制誥。滿歲，擢遷中書舍人。俄拜戶部侍郎，職並如故。時自長慶、寶曆，國家比有變故，凡在翰林，遷擢例無滿歲，由是表微自監察六七年間，秩正貳卿，命服金紫，承遇恩渥，盛於一時。卒年六十。表微少時，尅苦自立。著九經師授譜一卷、春秋三傳總例二十卷。

子蟾，進士登第，咸通末，爲尙書左丞。

許康佐，父審。康佐登進士第，又登宏詞科。以家貧母老，求爲知院官，人或怪之，笑而不答。及母亡，服除，不就侯府之辟，君子始知其不擇祿養親之志也，故名益重。遷侍御史，轉職方員外郎，累遷至駕部郎中，充翰林侍講學士，仍賜金紫。歷諫議大夫、中書舍人，皆在內庭。爲戶部侍郎，以疾解職。除兵部侍郎，轉禮部尙書，卒年七十二，贈吏部尙書。撰九鼎記四卷。

弟堯佐、元佐，堯佐子道敏，並登進士第，歷官淸顯。

贊曰：積學成功，開談辨治。儒道玄機，聖人雅旨。出必由戶，行跡其軌。邈有其人，光乎信史。

校勘記

〔一〕不徹膳則死　「不」字各本原無，據御覽卷八四八補。

〔二〕至司議　「司」字各本原作「諮」，據本書卷四四職官志、冊府卷七一四改。

〔三〕君必躬親以禮之　「之」字各本原作「文」，據冊府卷五九六、全唐文卷二三七改。

〔四〕鬱人　「鬱」字各本原作「爵」，據周禮卷一九鬱人、冊府卷五九六改。

〔五〕明后夫人之服　「后」字各本原作「二」，據唐會要卷九上改。

〔六〕武昭遠世　「遠」字各本原作「逮」，張森楷云：「新傳『逮』作『遠』，是，各本並誤。」據改。

〔七〕汀州司戶參軍　「汀」字各本原作「河」，據卷一三德宗紀、新書卷一〇三蘇世長傳改。

舊唐書卷一百九十上

列傳第一百四十上

文苑上

臣觀前代秉筆論文者多矣。莫不憲章謨、誥，祖述詩、騷，遠宗毛、鄭之訓論，近鄙班、揚之述作。謂「采采芣苢」，獨高比興之源；「湛湛江楓」，長擅詠歌之體。殊不知世代有文質，風俗有淳醨，學識有淺深，才性有工拙。昔仲尼演三代之易，刪諸國之詩，非求勝於昔賢，要取名於今代。實以淳朴之時傷質，民俗之語不經，故飾以文言，考之絃誦。然後致遠不泥，永代作程，即知是古非今，未爲通論。夫執鑒寫形，持衡品物，非伯樂不能分駑驥之狀，非延陵不能別雅、鄭之音。若空混吹竽之人，即異聞韶之歎。近代唯沈隱侯斟酌二南，剖陳三變，攄雲、淵之抑鬱，振潘、陸之風徽。俾律呂和諧，宮商輯洽，不獨子建總建安之霸，客兒擅江左之雄。爰及我朝，挺生賢俊，文皇帝解戎衣而開學校，飾賁帛而禮儒生，門羅吐鳳之才，人擅握蛇之價。靡不發言爲論，下筆成文，足以緯俗經邦，豈止雕章縟句。韻諧金奏，詞炳丹青，故貞觀之風，同乎三代。高宗、天后，尤重詳延，天子賦橫汾之詩，臣下繼柏梁之奏，巍巍濟濟，煇爍古今。如燕、許之潤色王言，吳、陸之鋪揚鴻業，元稹、劉賁之對策，王維、杜甫之雕蟲，並非肄業使然，自是天機秀絕。若隋珠色澤，無假淬磨，孔璣翠羽，自成華彩，置之文苑，實煥緗圖。其間爵位崇高，別爲之傳。今採孔紹安已下，爲文苑三篇，覬懷才憔悴之徒，千古見知於作者。

孔紹安，越州山陰人，陳吏部尚書奐之子。少與兄紹新俱以文詞知名。十三，陳亡入隋，徙居京兆鄠縣。閉門讀書，誦古文集數十萬言，外兄虞世南歎異之。紹新嘗謂世南曰：「本朝淪陷，分從湮滅，但見此弟，竊謂家族不亡矣。」時有詞人孫萬壽，與紹安篤忘年之好，時人稱爲孫、孔。紹安大業末爲監察御史，時高祖爲隋討賊於河東，詔紹安監高祖之軍，深見接遇。及高祖受禪，紹安自洛陽間行來奔。高祖見之甚悅，拜內史舍人，賜宅一區、良馬兩匹、錢米絹布等。時夏侯端亦嘗爲御史，監高祖軍，先紹安歸朝，授秘書監。紹安因侍宴，應詔詠石榴詩曰：「祇爲時來晚，開花不及春。」時人稱之。尋詔撰梁史，未成而卒。有文集五卷。

子禎，高宗時爲蘇州長史。曹王明爲刺史，不循法度，禎每進諫，明曰：「寡人天子之弟，豈失於爲王哉！」禎曰：「恩寵不可恃，大王不奉行國命，恐今之榮位，非大王所保，獨不見淮南之事乎？」明不悅。明左右有侵暴下人者，禎捕而杖殺之。明後果坐法，遷於黔中，謂人曰：「吾愧不用孔長史言，以及於此！」禎果遷絳州刺史，封武昌縣子。卒，謚曰温。

子季詡，早知名，官至左補闕。

紹安孫若思。若思孤，母褚氏親自教訓，遂以學行知名。年少時，有人賫褚遂良書跡數卷以遺，若思唯受其一卷。其人曰：「此書當今所重，價比黃金，何不總取？」若思曰：「若價比金寶，此爲多矣！」更截去半以還之。明經舉，累遷庫部郎中。若思常謂人曰：「仕至郎中足矣。」至是持一石止水，置於座右，以示有止足之意。尋遷給事中。中宗卽位，敬暉、桓彥範等知國政，以若思多識故事，所有改革大事及疑議，多訪於若思。再轉禮部侍郎，出衞州刺史。先是，諸州別駕皆以宗室爲之，不爲刺史致敬，由是多行不法。若思至州，舉奏別駕李道欽犯狀，請加鞫訊。乃詔別駕於刺史致禮，自若思始也。俄以淸白稱，加銀青光祿大夫，賜絹百匹。歷汝州刺史、太子右諭德，封梁郡公。開元十七年卒，謚曰惠。

袁朗，雍州長安人，陳尙書左僕射樞之子。其先自陳郡仕江左，世爲冠族，陳亡徙關中。朗勤學，好屬文。在陳，釋褐秘書郎，甚爲尙書令江總所重。嘗製千字詩，當時以爲盛作。陳後主聞而召入禁中，使爲月賦，朗染翰立成。後主曰：「觀此賦，謝希逸不能獨美於前矣。」又使爲芝草、嘉蓮二頌，深見優賞。歷太子洗馬、德教殿學士，遷秘書丞。陳亡，仕隋爲尙書儀曹郎。武德初，授齊王文學、祠部郎中，封汝南縣男，再轉給事中。貞觀初卒官。太宗爲之廢朝一日，謂高士廉曰：「袁朗在任雖近，然其性謹厚，特使人傷惜。」因敕給其喪事，並存問妻子。有文集十四卷。

從父弟承序，陳尚書僕射憲之子。武德中，齊王元吉聞其名，召爲學士。府廢，累轉建昌令。在任淸靜，士吏懷之。高宗在藩，太宗選學行之士爲其僚屬，謂中書侍郎岑文本曰：「梁、陳名臣，有誰可稱？復有子弟堪招引否？」文本因言：「隋師入陳，百司奔散，莫有留者，唯袁憲獨在其主之傍。王世充將受隋禪，羣僚表請勸進，憲子給事中承家，托疾獨不署名。此父子足稱忠烈。承家弟承序，淸貞雅操，實繼先風。」由是召守晉王友，仍令侍讀，加授弘文館學士。未幾卒。

朗從祖弟利貞，陳中書令敬之孫也。高宗時爲太常博士、周王侍讀。永隆二年，王立爲皇太子，百官上禮，高宗將會百官及命婦於宣政殿，并設九部伎及散樂，利貞上疏諫曰：「臣以前殿正寢，非命婦宴會之地；象闕路門，非倡優進御之所。望詔命婦會於別殿，九部伎從東西門入，散樂一色伏望停省。若於三殿別所，自可備極恩私〔一〕。微臣庸蔽，不閑典則，忝預禮司，輕陳狂瞽。」帝納其言，即令移於麟德殿。至會日，酒酣，帝使中書侍郎薛元超謂利貞曰：「卿門承忠鯁，能抗疏直言，不加厚賜，何以獎勸！」賜物百段。俄遷祠部員外郎，卒。中宗即位，以侍讀恩，追贈秘書少監。

朗十三代祖漢司徒滂，滂生魏國郎中、御史大夫渙，渙生晉尙書準，準生東晉右將軍、豫章太守冲，冲生司徒從事中郎耽，耽生琅邪內史質，質生丹陽尹、宋公長史豹，豹生宋吳郡太守洵，累代有高名重位，前史有傳。五代叔祖宋太尉淑，高祖父左僕射、雍州刺史顗，高祖司空察，皆死國難。曾祖梁中書監、司空、穆公昂，仕齊爲吳興太守，及梁高祖禪齊，久辭朝命。父樞，叔父憲，仕陳，皆爲陳僕射。叔祖敬，中書令。及陳亡，憲冒難扶護後主。朗自以中外人物爲海內冠族，雖琅邪王氏繼有台鼎，而歷朝首爲佐命，鄙之不以爲伍。

朗孫諠，又虞世南外孫。神功中，爲蘇州刺史。嘗因視事，司馬清河張沛通謁，沛即侍中文瓘之子，諠揖之曰：「司馬何事？」沛曰：「此州得一長史，是隴西李亶，天下甲門。」諠曰：「司馬何言之失！門戶須歷代人賢，名節風教，爲衣冠顧矚，始可稱舉，老夫是也。夫山東人尙於婚媾，求於祿利；作時柱石，見危授命，則曠代無人。何可說之以爲門戶！」沛懷慚而退。時人以爲口實。

賀德仁，越州山陰人也。父朗，陳散騎常侍。德仁少與從兄德基俱事國子祭酒周弘正，咸以詞學見稱，時人語曰：「學行可師賀德基，文質彬彬賀德仁。」德仁兄弟八人，時人方之荀氏。陳鄱陽王伯山爲會稽太守，改其所居甘滂里爲高陽里。德仁事陳，至吳興王友。入隋，僕射楊素薦之，授豫章王府記室參軍。王以師資禮之，恩遇甚厚。及煬帝卽位，豫章王改封齊王，又授齊王府屬。及齊王獲譴，府僚皆被誅責，唯德仁以忠謹免罪，出補河東郡司法。素與隱太子善，及高祖平京師，隱太子封隴西公，用德仁爲隴西公友。尋遷太子中舍人，以衰老不習吏事，轉太子洗馬。時蕭德言亦爲洗馬，陳子良爲右衞率府長史，皆爲東宮學士。貞觀初，德仁轉趙王友。無幾卒，年七十餘。有文集二十卷。

德仁弟子紀、敳，亦以博學知名。高宗時，紀官至太子洗馬，修五禮，敳至率更令，兼太子侍讀。兄弟並爲崇賢館學士，學者榮之。

庾抱，潤州江寧人也，其先自穎川徙家焉。祖衆，陳御史中丞。父超，南平王記室。抱開皇中爲延州參軍事。後累歲，調吏部，尙書牛弘知其有學術，給筆札令自序，援翰便就，弘甚奇之。後補元德太子學士，禮賜甚優。會皇孫載誕，太子宴賓客，抱於坐中獻嫡皇孫頌，深被嗟賞。後爲越巂主簿，稱病不行。義寧中，隱太子弘引爲隴西公府記室〔二〕。時軍國多務，公府文檄皆出於抱。尋轉太子舍人，未幾卒。有集十卷。

蔡允恭，荆州江陵人也。祖點，梁尚書儀曹郎。父大業，後梁左民尚書。允恭有風彩，善綴文。仕隋歷著作佐郎、起居舍人。雅善吟詠，煬帝屬詞賦，多令諷誦之。嘗遣教宮女，允恭深以爲恥，因稱氣疾，不時應召。煬帝又許授以內史舍人，更令入內教宮人，允恭固辭不就，以是稍被疏絶。江都之難，允恭從宇文化及西上，沒於竇建德。及平東夏，太宗引爲秦府參軍兼文學館學士。貞觀初，除太子洗馬。尋致仕，卒于家。有集十卷，又撰後梁春秋十卷。

鄭世翼，鄭州榮陽人也，世爲著姓。祖敬德，周儀同大將軍。父機，司武中士。世翼弱冠有盛名，武德中，歷萬年丞、揚州錄事參軍。數以言辭忤物，稱爲輕薄。時崔信明自謂文章獨步，多所凌轢，世翼遇諸江中，謂之曰：「嘗聞『楓落吳江冷』。」信明欣然示百餘篇。世翼覽之未終，曰：「所見不如所聞。」投之於江，信明不能對，擁楫而去。世翼貞觀中坐怨謗，配流嶲州卒。文集多遺失，撰交遊傳，頗行於時。

謝偃，衞縣人也，本姓直勒氏。祖孝政，北齊散騎常侍，改姓謝氏。偃仕隋爲散從正員郎。貞觀初，應詔對策及第，歷高陵主簿。十一年，駕幸東都，穀、洛泛溢洛陽宮，詔求直諫之士。偃上封事，極言得失，太宗稱善，引爲弘文館直學士，拜魏王府功曹。偃嘗爲塵、影二賦，甚工。太宗聞而召見，自制賦序，言「區宇乂安，功德茂盛」。令其爲賦，偃奉詔撰成，名曰述聖賦，賜綵數十匹。偃又獻惟皇誡德賦以申諷，曰：

臣聞理忘亂，安忘危，逸忘勞，得忘失，此四者，人君莫不皆然。是以夏桀以瑤臺璇室爲麗，而不悟鳴條南巢之禍；殷辛以象箸玉杯爲華，而不知牧野白旗之敗。故當其盛也，謂四海爲己力；及其衰焉，乃匹夫之不制。當其信也，謂天下爲無危；及其疑也，則顧盼皆讎敵。是知必有其德，則誠結戎夷，化行荒裔；苟失其度，則變生骨肉，釁起腹心矣。是以爲人主者，不可忘初。處殿堂，則思前主之所以亡；朝萬國，則思今己之所以貴；巡府庫，則思今己之所以得；視功臣，則思其爲己之始；見名將，則思其用力之初。苟非忘舊，則人無易心，何患乎天下之不化。故且行之則爲堯、舜，暮失之則爲桀、紂，豈異人哉！其詞曰：

周墳籍以遐觀，總宇宙而一窺，結繩往而莫紀，書契崇而可知。惟皇王之迭代，信步驟之恆規，莫不慮失者常得，懷安者必危。是以戰戰慄慄，日愼一日，守約守儉，去奢去逸。外無荒禽，內無荒色，唯賢是授，唯人斯恤。則三皇不足六，五帝不足十。若夫恃聖驕力，狠戾倔強，忠良是棄，諂佞斯獎。構崇臺以造天，穿深池以絕壤。厚賦重斂，積寶藏鏹，無罪加刑，有功不賞。則夏桀可二，殷辛易兩。在危所恃，居安勿忘。功臣無逐，故人無放，放故者亡，逐功者喪。四海岌岌，九土漫漫，覆之甚易，存之實難。是以一人有悅，萬國同歡；一人失所，兆庶俱殘。喜則隆冬可熱，怒則盛夏成寒，一動而八表亂，一言而天下安。舉君過者曰忠，述主美者爲佞，苟承顏以順旨，必蔽視而稱聖。故使曲者亂直，邪者疑正，改華服以就胡，變雅音而入鄭，雖往古之軌躅，亦當今之龜鏡。崔嵬龍殿，赫奕鳳門，苞四海以稱主，冠天下而獨尊。既兄日而姊月，亦父乾而母坤。視則金翠溢目，聽則絲竹盈耳。信賞罰之在躬，實榮辱之由己，語羲皇而易匹，言堯、舜之可擬。驕志自此而生，侈心因茲而起。常懼覆而懼亡，必思足而思止；勿忘潛龍之初，當懷布衣之始。在位稱寶，居器曰神，鐘鼓庭設，玉帛階陳。得必有兆，失必有因，一替一立，或周或秦。既承前代，當思後人，唯德可以久，天道無常親。

時李百藥工爲五言詩，而偃善作賦，時人稱爲李詩謝賦焉。十七年，府廢，出爲湘潭令，卒。文集十卷。

崔信明，青州益都人也，後魏七兵尙書光伯曾孫也。祖縚，北海郡守。信明以五月五日日正中時生，有異雀數頭，身形甚小，五色畢備，集于庭樹，鼓翼齊鳴，聲清宛亮。隋太史令史良使至青州，遇而占之曰：「五月爲火，火爲離，離爲文彩。日正中，文之盛也。又有雀五色，奮翼而鳴。此兒必文藻煥爛，聲名播於天下。雀形旣小，祿位殆不高。」及長，博聞強記，下筆成章。鄉人高孝基有知人之鑒，每謂人曰：「崔信明才學富贍，雖名冠一時，但恨其位不達耳！」

大業中爲堯城令，竇建德僭號，欲引用之。信明族弟敬素爲建德鴻臚卿，說信明曰：「隋主無道，天下鼎沸，衣冠禮樂，掃地無餘。兄遁跡下僚，不被收用，豫讓所以不報范中行，祇以衆人遇我者也。夏王英武，有併吞天下之心，士女襁負而至者不可稱數。此時不立功立事，豈是見幾而作者乎？」信明曰：「昔申胥海畔漁者，尙能固其節，吾終不能屈身僞主，求斗筲之職。」遂踰城而遁，隱於太行山。貞觀六年，應詔舉，授興世丞。遷秦川令，卒。

信明頗蹇傲自伐，常賦詩吟嘯，自謂過於李百藥，時人多不許之。又矜其門族，輕侮四海士望，由是爲世所譏。子冬日，則天時爲黄門侍郎，被酷吏所殺。

張蘊古，相州洹水人也。性聰敏，博涉書傳，善綴文，能背碑覆局，尤曉時務，爲州閭所稱。自幽州總管府記室直中書省。太宗初卽位，上大寶箴以諷，其詞曰：

今來古往，俯察仰觀，惟辟作福，爲君實難。主普天之下，處王公之上，任土貢其所求，具僚和其所唱。是故兢懼之心日弛，邪僻之情轉放，豈知事起乎所忽，禍生乎無妄。固以聖人受命，拯溺亨屯，歸過於己，推恩於民。大明無偏照，至公無私親，故以一人治天下，不以天下奉一人。禮以禁其奢，樂以防其佚。左言而右事，出警而入蹕。四時同其慘舒，三光同其得失。故身爲之度，而聲爲之律。勿謂無知，居高聽卑；勿謂何害，積小成大。樂不可極，極樂生哀；欲不可縱，縱欲成災。壯九重於內，所居不過容膝，彼昏不知，瑤其臺而瓊其室。羅八品於前，所食不過適口，唯狂罔念，丘其糟而池其酒。勿內荒於色，勿外荒於禽，勿貴難得之貨，勿聽亡國之音。內荒伐人性，外荒蕩人心，難得之貨侈，亡國之聲淫。勿謂我尊而傲賢侮士，勿謂我智而拒諫矜己。聞之夏王，據饋頻起；亦有魏帝，牽裾不止。安彼反側，如春陽秋露，巍巍蕩蕩，恢漢高大度；撫茲庶事，如履薄臨深，戰戰慄慄，用周文小心。

詩云「不識不知」，書曰「無偏無黨」。一彼此於胸臆，捐好惡於心想。衆棄而後加刑，衆悅而後命賞。弱其強而治其亂，申其屈而直其枉。故曰：如衡如石，不定物以數，物之懸者，輕重自具；如水如鏡，不示物以情，物之鑒者，妍媸自生。勿渾渾而濁，勿皎皎而清，勿汶汶而闇，勿察察而明。雖冕旒蔽目而視於未形，雖黈纊塞耳而聽於無聲。縱心乎湛然之域，遊神於至道之精。扣之者應洪纖而効響，酌之者隨深淺而皆盈。故曰：天之清，地之寧，王之貞。四時不言而代序，萬物無爲而受成，豈知帝有其力，而天下和平。吾王撥亂，戡以智力，民懼其威，未懷其德。我皇撫運，扇以淳風，民懷其始，未保其終。爰述金鏡，窮神盡聖，使人以心，應言以行。包括治體，抑揚詞令，天下爲公，一人有慶。開羅起祝，援琴命詩，一日二日，念茲在茲。唯人所召，自天祐之。爭臣司直，敢告前疑。

太宗嘉之，賜以束帛，除大理丞。

初，河內人李好德，素有風疾，而語涉妄妖。蘊古究其獄，稱好德癲病有徵，法不當坐。

治書侍御史權萬紀劾蘊古家住相州，好德之兄厚德爲其刺史，情在阿縱，奏事不實。太宗大怒，曰：「小子乃敢亂吾法耶！」令斬於東市。太宗尋悔，因發制，凡決死者，命所司五覆奏，自蘊古始也。

劉胤之，徐州彭城人也。祖禕之，後魏臨淮鎭將。胤之少有學業，與隋信都丞孫萬壽、宗正卿李百藥爲忘年之友。武德中，御史大夫杜淹表薦之，再遷信都令，甚存惠政。永徽初，累轉著作郎、弘文館學士，與國子祭酒令狐德棻、著作郎楊仁卿等，撰成國史及實錄，奏上之，封陽城縣男。尋以老，不堪著述，出爲楚州刺史，卒。

弟子延祐，弱冠本州舉進士，累補渭南尉，刀筆吏能，爲畿邑當時之冠。司空李勣嘗謂曰：「足下春秋甫爾，便擅大名，宜稍自貶抑，無爲獨出人右也。」後歷右司郎中，檢校司賓少卿，封薛縣男。徐敬業之亂，揚州初平，所有刑名，莫能決定，延祐奉使至軍所決之。時議者斷受賊五品官者斬，六品者流。延祐以爲諸非元謀，迫脅從盜，則置極刑，事涉枉濫，乃斷受賊五品者流，六品已下俱除名而已。其得全濟者甚衆。

出爲箕州刺史，轉安南都護。嶺南俚戶，舊輸半課，及延祐到，遂勒全輸。由是其下皆怨，謀欲將叛，延祐乃誅其首惡李嗣仙。垂拱三年，嗣仙黨與丁建、李思愼等遂率衆圍安南府。時城中勝兵不過數百，乃禁門堅守，以候鄰境之援。廣州大族馮子猷幸災樂禍，欲因危立功，遂按兵縱敵，使其爲害滋甚，延祐遂爲思愼所害。其後桂州司馬曹玄靜率兵討思愼等，擒之，盡斬於安南城下。

胤之從父兄子藏器，亦有詞學，官至宋州司馬。藏器子知柔，開元初爲工部尙書。知柔弟知幾，避玄宗名改子玄，自有傳。

張昌齡，冀州南宮人。弱冠以文詞知名，本州欲以秀才舉之，昌齡以時廢此科已久，固辭，乃充進士貢舉及第。貞觀二十一年，翠微宮成，詣闕獻頌。太宗召見，試作息兵詔草，俄頃而就。太宗甚悅，因謂之曰：「昔禰衡、潘岳，皆恃才傲物，以至非命。汝才不減二賢，宜追鑒前軌，以副吾所取也。」乃敕於通事舍人裏供奉。尋爲崑山道行軍記室，破盧明月，平龜茲〔三〕，軍書露布，皆昌齡之文也。再轉長安尉，出爲襄州司戶，丁憂去官。後賀蘭敏之奏引於北門修撰，尋又罷去。乾封元年卒。文集二十卷。兄昌宗，亦有學業，官至太子舍人、修文館學士。撰古文紀年新傳三十卷。

崔行功，恆州井陘人，北齊鉅鹿太守伯讓曾孫也，自博陵徙家焉。行功少好學，中書侍郎唐儉愛其才，以女妻之。儉前後征討，所有文表，皆行功之文。高宗時，累轉吏部郎中。以善敷奏，嘗兼通事舍人、內供奉。坐事貶爲游安令，尋徵爲司文郎中。當時朝廷大手筆，多是行功及蘭臺侍郎李懷儼之詞。

先是，太宗命秘書監魏徵寫四部羣書，將進內貯庫，別置讎校二十人、書手一百人，徵改職之後，令虞世南、顏師古等續其事，至高宗初，其功未畢。顯慶中，罷讎校及御書手，令工書人繕寫，計直酬傭，擇散官隨番讎校。其後又詔東臺侍郎趙仁本、東臺舍人張文瓘及行功、懷儼等相次充使檢校，又置詳正學士以校理之，行功仍專知御集。遷蘭臺侍郎。咸亨中，官名復舊，改爲秘書少監。上元元年，卒官。有集六十卷。兄子玄暐，別有傳。

行功前後預撰晉書及文思博要等。同時又有孟利貞、董思恭、元思敬等，並以文藻知名。

孟利貞者，華州華陰人也。父神慶，高宗初爲沁州刺史，以清介著名。利貞初爲太子司議郎，中宗在東宮，深懼之。受詔與少師許敬宗、崇賢館學士郭瑜、顧胤、董思恭等撰瑤山玉彩五百卷，龍朔二年奏上之，高宗稱善，加級賜物有差。利貞累轉著作郎，加弘文館學士。垂拱初卒。又撰續文選十三卷。

兄允忠，垂拱中爲天官侍郎。

董思恭者，蘇州吳人。所著篇詠，甚爲時人所重。初爲右史，知考功舉事，坐預泄問目，配流嶺表而死。

元思敬者，總章中爲協律郎，預修芳林要覽，又撰詩人秀句兩卷，傳於世。

徐齊聃，湖州長城人也。父孝德，以女爲才人，官至果州刺史。齊聃少善屬文，高宗時累遷蘭臺舍人〔四〕。時敕令有突厥酋長子弟事東宮，齊聃上疏曰：「昔姬誦與伯禽同業，晉儲以師曠爲友，匪唯專賴師資，固亦詳觀近習。皇太子自可招集園、綺，痞寀應、劉。階闥小臣，必採於端士；驅馳所任，並歸於正人。方流好善之風，永播崇賢之美。今乃使氈裘之子，解辮而侍春闈；冒頓之苗，削衽而陪望苑。在於道義，臣竊有疑。詩云：『敬愼威儀，以近有德。』書曰：『任官惟賢才，左右惟其人。』蓋殷勤於此，防微之至也。」齊聃又嘗上奏曰：「齊獻公即陛下外氏，雖子孫有犯，不合上延于祖。今周忠孝公廟甚修崇，而齊獻公廟遂毀壞，不審陛下將何以重示海內，以彰孝理之風？」帝皆納其言。

齊聃善於文誥，甚爲當時所稱。高宗愛其文，令侍周王等屬文，以職在樞劇，仍敕間日來往焉。以漏泄機密，左授蘄州司馬。俄又坐事配流欽州。咸亨中卒，年四十餘。睿宗即位，追錄舊恩，累贈禮部尚書。子堅，別有傳。

杜易簡，襄州襄陽人，周硤州刺史叔毘曾孫也。九歲能屬文，及長，博學有高名，姨兄中書令岑文本甚推重之。登進士第，累轉殿中侍御史。咸亨中，爲考功員外郎。時吏部侍郎裴行儉、李敬玄相與不叶，易簡與吏部員外郎賈言忠希行儉之旨，上封陳敬玄罪狀。高宗惡其朋黨，左轉易簡爲開州司馬，尋卒。易簡頗善著述，撰御史臺雜注五卷、文集二十卷，行於代。易簡從祖弟審言。

審言，進士舉，初爲隰城尉。雅善五言詩，工書翰，有能名。然恃才謇傲，甚爲時輩所嫉。乾封中，蘇味道爲天官侍郎，審言預選，試判訖，謂人曰：「蘇味道必死。」人問其故，審言曰：「見吾判，卽自當羞死矣！」又嘗謂人曰：「吾之文章，合得屈、宋作衙官；吾之書跡，合得王羲之北面。」其矜誕如此。

累轉洛陽丞。坐事貶授吉州司戶參軍，又與州僚不叶，司馬周季重與員外司戶郭若訥共搆審言罪狀，繫獄，將因事殺之。旣而季重等府中酣讌，審言子幷年十三，懷刃以擊之，季重中傷死，而幷亦爲左右所殺。季重臨死曰：「吾不知審言有孝子，郭若訥誤我至此。」審言因此免官，還東都，自爲文祭幷，士友咸哀幷孝烈，蘇頲爲墓誌，劉允濟爲祭文。後則天召見審言，將加擢用，問曰：「卿歡喜否？」審言蹈舞謝恩，因令作歡喜詩，甚見嘉賞，拜著作佐郎。俄遷膳部員外郎。神龍初，坐與張易之兄弟交往，配流嶺外。尋召授國子監主簿，加修文館直學士。年六十餘卒。有文集十卷。次子閑。閑子甫，別有傳。

盧照鄰字昇之，幽州范陽人也。年十餘歲，就曹憲、王義方授蒼、雅及經史，博學善屬文。初授鄧王府典籤，王甚愛重之，曾謂羣官曰：「此即寡人相如也。」後拜新都尉，因染風疾去官，處太白山中，以服餌爲事。後疾轉篤，徙居陽翟之具茨山，著釋疾文、五悲等誦，頗有騷人之風，甚爲文士所重。照鄰既沉痼攣廢，不堪其苦，嘗與親屬執別，遂自投潁水而死，時年四十。文集二十卷。

兄光乘，亦知名，長壽中爲隴州刺史。

楊烱，華陰人。伯祖虔威，武德中官至右衞將軍。烱幼聰敏博學，善屬文。神童舉，拜校書郎，爲崇文館學士。儀鳳中，太常博士蘇知幾上表，以公卿已下冕服，請別立節文。敕下有司詳議，烱獻議曰：

古者太昊庖羲氏，仰以觀象，俯以察法，造書契而文籍生。次有黃帝軒轅氏，長而敦敏，成而聰明，垂衣裳而天下理。其後數遷五德，君非一姓，體國經野，建邦設都，文質所以再而復，正朔所以三而改。夫改正朔者，謂夏后氏之建寅，殷人建丑，周人建子。至於以日繫月，以月繫時，以時繫年，此三王相襲之道也。夫易服色者，謂夏后氏尙黑，殷人尙白，周人尙赤。至於山、龍、華蟲、宗彝、藻、火、粉米、黼、黻，此又百代可知之道。

謹按虞書曰：「予欲觀古人之象，日、月、星辰、山、龍、華蟲作會，宗彝、藻、火、粉米、黼、黻、絺繡。」由此言之，則其所從來者尙矣。日月星辰者，明光照下土也。山者，布散雲雨，象聖王大澤霑下也。龍者，變化無方，象聖王應時布教也。華蟲者，雉也，身被五彩，象聖王體兼文明也。宗彝者，武蜼也，以剛猛制物，象聖王神武定亂也。藻者，逐水上下，象聖王隨代而應也。火者，陶冶烹飪，象聖王至德日新也。粉米者，人恃以生，象聖王爲物之所賴也。黼能斷割，象聖王臨事能決也。黻者，兩己相背，象君臣可否相濟也。

迨有周氏，乃以日月星辰爲旌旗之飾〔三〕，又登龍於山，登火於宗彝，於是乎制袞冕以祀先王也。九章者，法陽數也，以龍爲首章。袞者，卷也，龍德神異，應變潛見，表聖王深識遠智，卷舒神化也。又制鷩冕以祭先公也。鷩者，雉也，有耿介之志，表公有賢才，能守耿介之節也。又制毳冕以祭四望也。四望者，岳瀆之神也。武蜼者，山林所生，明其象也。制絺冕以祭社稷也。社稷者，土穀之神也。粉米由之而成，象其功也。又制玄冕以祭羣小祀也。百神異形，難可遍擬，但取黻之相背，昭異名也。夫以周公之多才也，故治定制禮，功成作樂。夫以孔宣之將聖也，故行夏之時，服周之冕。先王之法服，乃此之自出矣；天下之能事，又於是乎畢矣。

今知幾表狀請制大明冕十二章，乘輿服之者。謹按，日月星辰者，已施於旌旗矣。龍武山火者，又不踰於古矣。而云麟鳳有四靈之名，玄龜有負圖之應，雲有紀官之號，水有盛德之祥，此蓋別表休徵，終是無踰比象。然則皇王受命，天地興符，仰觀則璧合珠連，俯察則銀黃玉紫。殫南宮之粉壁，不足寫其形狀；罄東觀之鉛黃，未可紀其名實。固不可畢陳於法服也。雲者，龍之氣也。水者，藻之自生也。又不假別爲章目，此蓋不經之甚也。

又鸞冕八章，三公服之者。鸞者，太平之瑞也，非三公之德也。鷹鸇者，鷙鳥也，適可以辨祥刑之職也。熊羆者，猛獸也，適可以旌武臣之力也。又稱藻爲水草，無所法象，引張衡賦「蔕倒茄於藻井，披紅葩之狎獵」，請爲蓮華，取其文彩者。夫茄者，蓮也。若以蓮代藻，變古從今，既不知草木之名，亦未達文章之意，此又不經之甚也。

又毳冕六章，三品服之者。按此王者祀四望服之名也。今三品乃得同王之毳冕，而三公不得同王之衮名，豈唯顚倒衣裳，抑亦自相矛盾，此又不經之甚也。又黻冕四章，五品服之者。考之於古，則無其名，驗之於今，則非章首，此又不經之甚也。

若夫禮唯從俗，則命爲制，令爲詔，乃秦皇之故事，猶可以適於今矣。若夫義取隨時，則出稱警，入稱蹕，乃漢國之舊儀，猶可以行於代矣。亦何取變周公之軌物，改宣尼之法度者哉！

由是竟寢知幾所請。

炯俄遷詹事司直。則天初，坐從祖弟神讓犯逆，左轉梓州司法參軍。秩滿，選授盈川令。如意元年七月望日，宮中出盂蘭盆，分送佛寺，則天御洛南門，與百僚觀之。炯獻盂蘭盆賦，詞甚雅麗。炯至官，爲政殘酷，人吏動不如意，輒搒殺之。又所居府舍，多進士亭臺，皆書榜額，爲之美名，大爲遠近所笑。無何卒官。中宗卽位，以舊僚追贈著作郎。文集三十卷。

炯與王勃、盧照鄰、駱賓王以文詞齊名，海內稱爲王楊盧駱，亦號爲「四傑」。炯聞之，謂人曰：「吾愧在盧前，恥居王後。」當時議者，亦以爲然。其後崔融、李嶠、張說俱重四傑之文。崔融曰：「王勃文章宏逸，有絕塵之跡，固非常流所及。炯與照鄰可以企之，盈川之言信矣。」說曰：「楊盈川文思如懸河注水，酌之不竭，旣優於盧，亦不減王。『恥居王後』，信然；『愧在盧前』，謙也。」

開元中，說爲集賢大學士十餘年，常與學士徐堅論近代文士，悲其凋喪。堅曰：「李趙公、崔文公之筆術，擅價一時，其間孰優？」說曰：「李嶠、崔融、薛稷、宋之問之文，如良金美玉，無施不可。富嘉謨之文，如孤峯絕岸，壁立萬仞，濃雲鬱興，震雷俱發，誠可畏也，若施於廊廟，則駭矣。閻朝隱之文，如麗服靚粧，燕歌趙舞，觀者忘疲，若類之風、雅，則罪人矣。」問後進詞人之優劣，說曰：「韓休之文，如太羹旨酒，雅有典則，而薄於滋味。許景先之文，如豐肌膩理，雖穠華可愛，而微少風骨。張九齡之文，如輕縑素練，實濟時用，而微窘邊幅。王翰之文，如瓊杯玉斝，雖爛然可珍，而多有玷缺。」堅以爲然。

虔威子德幹，高宗末，歷澤、齊、汴、相四州刺史，治有威名，郡人爲之語曰：「寧食三斗蒜，不逢楊德幹。」子神讓，天授初與徐敬業於揚州謀叛，父子伏誅。

王勃字子安，絳州龍門人。祖通，隋蜀郡司戶書佐。大業末，棄官歸，以著書講學爲業。依春秋體例，自獲麟後，歷秦、漢至於後魏，著紀年之書，謂之元經。又依孔子家語、揚雄法言例，爲客主對答之說，號曰中說。皆爲儒士所稱。義寧元年卒，門人薛收等相與議諡曰文中子。二子：福時、福郊。

勃六歲解屬文，構思無滯，詞情英邁，與兄勔、勮，才藻相類。父友杜易簡常稱之曰：「此王氏三珠樹也。」勃年未及冠，應幽素舉及第。乾封初，詣闕上宸遊東嶽頌。時東都造乾元殿，又上乾元殿頌。沛王賢聞其名，召爲沛府修撰，甚愛重之。諸王鬭雞，互有勝負，勃戲爲檄英王雞文。高宗覽之，怒曰：「據此是交搆之漸。」卽日斥勃，不令入府。久之，補虢州參軍。勃恃才傲物，爲同僚所嫉。有官奴曹達犯罪，勃匿之，又懼事洩，乃殺達以塞口。事發，當誅，會赦除名。時勃父福時爲雍州司戶參軍，坐勃左遷交趾令。上元二年，勃往交趾省父，道出江中，爲採蓮賦以見意，其辭甚美。渡南海，墮水而卒，時年二十八。

勮，弱冠進士登第，累除太子典膳丞。長壽中，擢爲鳳閣舍人。時壽春王成器、衡陽王成義等五王初出閤，同日授册。有司撰儀注，忘載册文。及百僚在列，方知闕禮，宰相相顧失色。勮立召書吏五人，各令執筆，口占分寫，一時俱畢，詞理典贍，人皆歎服。尋加弘文館學士，兼知天官侍郎。勮頗任權勢，交結非類。萬歲通天二年，綦連耀謀逆事泄，勮坐與耀善，幷弟勔並伏誅〔六〕。

勔累官至涇州刺史。神龍初，有詔追復勮、勔官位。

福時，天后朝以子貴，累轉澤州長史，卒。

初，吏部侍郎裴行儉典選，有知人之鑒，見勮與蘇味道，謂人曰：「二子亦當掌銓衡之任。」李敬玄尤重楊炯、盧照鄰、駱賓王與勃等四人，必當顯貴。行儉曰：「士之致遠，先器識而後文藝。勃等雖有文才，而浮躁淺露，豈享爵祿之器耶！楊子沉靜，應至令長，餘得令終爲幸。」果如其言。

勃文章邁捷，下筆則成，尤好著書，撰周易發揮五卷及次論等書數部，勃亡後，並多遺失。有文集三十卷。勃聰警絕衆，於推步曆算尤精，嘗作大唐千歲曆，言唐德靈長千年，不合承周、隋短祚。其論大旨云：「以土王者，五十代而一千年；金王者，四十九代而九百年；水王者，二十代而六百年；木王者，三十代而八百年；火王者，二十代而七百年。此天地之常期，符曆之數也。自黃帝至漢，並是五運眞主。五行已遍，土運復歸，唐德承之，宜矣。魏、晉至于周、隋，咸非正統，五行之沴氣也，故不可承之。」大率如此。

駱賓王，婺州義烏人。少善屬文，尤妙於五言詩，嘗作帝京篇，當時以爲絕唱。然落魄無行，好與博徒遊。高宗末，爲長安主簿。坐贓，左遷臨海丞，怏怏失志，棄官而去。文明中，與徐敬業於揚州作亂。敬業軍中書檄，皆賓王之詞也。敬業敗，伏誅，文多散失。則天素重其文，遣使求之。有兗州人郄雲卿集成十卷，盛傳於世。

鄧玄挺，雍州藍田人。少善屬文，累遷左史。坐與上官儀善，出爲頓丘令，有善政，璽書勞問。累授中書舍人。性俊辨，機捷過人，每有嘲謔，朝廷稱爲口實。則天臨朝，遷吏部侍郎，既不稱職，甚爲時談所鄙。又患消渴之疾，選人目爲「鄧渴」，爲榜於衢路。自有唐已來，掌選之失，未有如玄挺者。坐此左遷澧州刺史。在州復以善政聞，遷晉州刺史，召拜麟臺少監，重爲天官侍郎，其失又甚於前。玄挺女爲道王子諲妻，又與蔣王子煒相善。諲謀迎中宗於房陵，以問玄挺。煒又嘗謂玄挺曰：「欲作急計如何？」玄挺雖皆不答，而不以告。永昌元年得罪，下獄死。

校勘記

〔一〕自可備極恩私　「恩私」，各本原作「思和」，據册府卷五四三改。

〔二〕隱太子弘引爲隴西公府記室　合鈔卷二四九庚抱傳無「弘」字。

〔三〕破盧明月平龜茲　趙紹祖新舊唐書互證卷一八云：「案當云破處月，平龜茲。考太宗本紀：貞觀二十二年九月，崑丘道行軍總管阿史那社爾及薛延陀餘部處月、處密戰，破之。十月，及龜茲戰，敗之。舊書盧明月乃處月之譌。新傳不知易，但以其誤而刪之。盧明月，隋末賊，爲張須陀所破，見秦叔寶傳。『處』『盧』字形相近，傳鈔者強不知以爲知也。」

〔四〕蘭臺舍人　冊府卷五四三、新書卷一九九徐齊聃傳作「西臺舍人」。案本書卷四二職官志，高宗龍朔二年，改祕書省爲蘭臺，其官屬無舍人。又改中書舍人爲西臺舍人，與本傳下文「職在樞劇」「漏泄機密」相合。似當以「西臺舍人」爲是。

〔五〕旌旗之飾　「飾」字各本原作「飭」，據本書卷四五輿服志、全唐文卷一九〇改。

〔六〕弟勔　「弟」字新書卷二〇一王勃傳作「兄」。

舊唐書卷一百九十中

列傳第一百四十中

文苑中

郭正一 元萬頃 范履冰 苗神客 周思茂 胡楚賓附 喬知之 弟侃 備
劉希夷附 劉允濟 富嘉謨 吳少微 谷倚附 員半千 丘悅附 劉憲
王適 司馬鍠 梁載言附 沈佺期 陳子昂 閭丘均附 宋之問
閻朝隱 王無競 李適 尹元凱附 賈曾 子至 許景先 賀知章
賀朝 萬齊融 張若虛 邢巨 包融 李登之附 席豫 徐安貞附 齊澣
王澣 李邕 孫逖 子成

郭正一，定州鼓城人〔一〕。貞觀中舉進士。累轉中書舍人、弘文館學士。永隆二年，遷祕書少監，檢校中書侍郎，與魏玄同、郭待舉並同中書門下平章事。宰相以平章事爲名，自正一等始也。永淳二年，正除中書侍郎。正一在中書累年，明習舊事，兼有詞學，制敕多出其手，當時號爲稱職。則天臨朝，轉國子祭酒，罷知政事。尋出爲晉州刺史，入爲麟臺監，又檢校陝州刺史。永昌元年，爲酷吏所陷，流配嶺南而死，家口籍沒，文集多遺失。

先是儀鳳中，吐蕃入寇，工部尚書劉審禮率兵十八萬與蕃將倫欽陵戰于青海，王師大敗，審禮沒于陣。高宗赧然，乃召侍臣問以禦戎之策，正一對曰：「吐蕃作梗，年歲已深，命將興師，相繼不絕，空勞士馬，虛費糧儲，近討則徒損兵威，深入則未窮巢穴。臣望少發兵募，且遣備邊，明立烽候，勿令侵擾。伺國用豐足，人心叶同，寬之數年，可一舉而滅。」給事中劉齊賢、皇甫文亮等亦以爲嚴守爲便。正一才略，率多此類。

元萬頃，洛陽人，後魏景穆皇帝之胤。祖白澤，武德中總管。萬頃善屬文，起家拜通事舍人。乾封中，從英國公李勣征高麗，爲遼東道總管記室。別帥馮本以水軍援裨將郭待封，船破失期。待封欲作書與勣，恐高麗知其救兵不至，乘危迫之，乃作離合詩贈勣。勣不達其意，大怒曰：「軍機急切，何用詩爲？必斬之！」萬頃爲解釋之，乃止。勣嘗令萬頃作文檄高麗，其語有譏高麗「不知守鴨綠之險」，莫離支報云「謹聞命矣」，遂移兵固守鴨綠，官軍不得入，萬頃坐是流于嶺外。後會赦得還，拜著作郎。

時天后諷高宗廣召文詞之士入禁中修撰，萬頃與左史范履冰、苗神客，右史周思茂、胡楚賓咸預其選，前後撰列女傳、臣軌、百僚新誡、樂書等凡千餘卷。朝廷疑議及百司表疏，皆密令萬頃等參決，以分宰相之權，時人謂之「北門學士」。萬頃屬文敏速，然性疏曠，不拘細節，無儒者之風。則天臨朝，遷鳳閣舍人。無幾，擢拜鳳閣侍郎。萬頃素與徐敬業兄弟友善，永昌元年為酷吏所陷，配流嶺南而死。時神客、楚賓已卒，履冰、思茂相次為酷吏所殺。

范履冰者，懷州河內人。自周王府戶曹召入禁中，凡二十餘年。垂拱中，歷鸞臺、天官二侍郎。尋遷春官尚書、同鳳閣鸞臺平章事，兼修國史。載初元年，坐嘗舉犯逆者被殺。

苗神客者，滄州東光人。官至著作郎。

周思茂者，貝州漳南人。少與弟思鈞，俱早知名。自右史轉太子舍人。與范履冰在禁中最蒙親遇，至於政事損益，多參預焉。累遷麟臺少監、崇文館學士。垂拱四年，下獄死。

胡楚賓者，宣州秋浦人。屬文敏速，每飲半酣而後操筆。高宗每令作文，必以金銀杯盛酒令飲，便以杯賜之。楚賓終日酣宴，家無所藏，費盡復入待詔，得賜又出。然性愼密，未嘗言禁中事，醉後人或問之，答以他事而已。自殷王文學拜右史、崇賢直學士而卒。

喬知之，同州馮翊人也。父師望，尙高祖女廬陵公主，拜駙馬都尉，官至同州刺史。知之與弟侃、備，並以文詞知名。知之尤稱俊才，所作篇詠，時人多諷誦之。則天時，累除右補闕，遷左司郎中。知之有侍婢曰窈娘，美麗善歌舞，爲武承嗣所奪。知之怨惜，因作綠珠篇以寄情，密送與婢，婢感憤自殺。承嗣大怒，因諷酷吏羅織誅之。

侃，開元初爲兗州都督。

備，預修三教珠英，長安中卒於襄陽令。

時又有汝州人劉希夷，善爲從軍閨情之詩，詞調哀苦，爲時所重，志行不修，爲姦人所殺。

劉允濟，洛州鞏人，其先自沛國徙焉，南齊彭城郡丞巘六代孫也。少孤，事母甚謹。博學善屬文，與絳州王勃早齊名，特相友善。弱冠本州舉進士，累除著作佐郎。允濟嘗採摭魯哀公後十二代至于戰國遺事，撰魯後春秋二十卷，表上之，遷左史，兼直弘文館。垂拱四年，明堂初成，允濟奏上明堂賦以諷，則天甚嘉歎之，手制褒美，拜著作郎。天授中，爲來俊臣所搆，當坐死，以其母老，特許終其餘年，仍留繫獄。久之，會赦免，貶授大庾尉。長安中，累遷著作佐郎，兼修國史。未幾，擢拜鳳閣舍人。中興初，坐與張易之款狎，左授青州長史，爲吏清白，河南道巡察使路敬潛甚稱薦之。尋丁母憂，服闋而卒。

富嘉謨，雍州武功人也。舉進士。長安中，累轉晉陽尉，與新安吳少微友善，同官。先是，文士撰碑頌，皆以徐、庾爲宗，氣調漸劣；嘉謨與少微屬詞，皆以經典爲本，時人欽慕之，文體一變，稱爲富吳體。嘉謨作雙龍泉頌、千蠋谷頌，少微撰崇福寺鐘銘，詞最高雅，作者推重。幷州長史張仁亶待以殊禮，坐必同榻。嘉謨後爲壽安尉，預修三教珠英。中興初，爲左臺監察御史，卒。有文集五卷。

少微亦舉進士，累至晉陽尉。中興初，調於吏部，侍郎韋嗣立稱薦，拜右臺監察御史。

臥病，聞嘉謨死，哭而賦詩，尋亦卒。有文集五卷。

嘉謨與少微在晉陽，魏郡谷倚爲太原主簿，皆以文詞著名，時人謂之「北京三傑」。倚後流寓客死，文章遺失。

徵子翬，開元中爲中書舍人。

員半千，本名餘慶，晉州臨汾人。少與齊州人何彥先同師事學士王義方，義方嘉重之，嘗謂之曰：「五百年一賢，足下當之矣。」因改名半千。及義方卒，半千與彥先皆制服，喪畢而去。

上元初，應八科舉，授武陟尉。屬頻歲旱饑，勸縣令殷子良開倉以賑貧餒，子良不從。會子良赴州，半千便發倉粟以給饑人。懷州刺史郭齊宗大驚，因而按之。時黃門侍郎薛元超爲河北道存撫使，謂齊宗曰：「公百姓不能救之，而使惠歸一尉，豈不愧也！」遽令釋之。尋又應嶽牧舉，高宗御武成殿，召諸州舉人，親問曰：「兵書所云天陣、地陣、人陣，各何謂也？」半千越次而進曰：「臣觀載籍，此事多矣。或謂：天陣，星宿孤虛；地陣，山川向背；人陣，偏伍彌縫。以臣愚見，謂不然矣。夫師出以義，有若時雨，得天之時，此天陣也；兵在足食，且耕且戰，得地之利，此地陣也；善用兵者，使三軍之士，如父子兄弟，得人之和，此人陣也。三者去矣，其何以戰！」高宗甚嗟賞之。及對策，擢爲上第。

垂拱中，累補左衞胄曹，仍充宣慰吐蕃使。及引辭，則天曰：「久聞卿名，謂是古人，不意乃在朝列。境外小事，不足煩卿，宜留待制也。」卽日使入閤供奉。證聖元年，半千爲左衞長史，與鳳閣舍人王處知、天官侍郎石抱忠，並爲弘文館直學士，仍與著作佐郎路敬淳分日於顯福門待制。半千因撰明堂新禮三卷，上之。則天封中嶽，半千又撰封禪四壇碑十二首以進，則天稱善。前後賜絹千餘匹。

長安中，五遷正諫大夫，兼右控鶴內供奉。半千以控鶴之職，古無其事，又授斯任者率多輕薄，非朝廷進德之選，上疏請罷之。由是忤旨，左遷水部郎中，預修三教珠英。中宗時，爲濠州刺史。睿宗卽位，徵拜太子右諭德，兼崇文館學士，加銀青光祿大夫，累封平原郡公。開元二年卒。文集多遺失。半千同時學士丘悅。

丘悅者，河南陸渾人也。亦有學業。景龍中，爲相王府掾，與文學韋利器、典籤裴耀卿俱爲王府直學士。睿宗在藩甚重之，官至岐王傅。開元初卒。撰三國典略三十卷，行於時。

劉憲，宋州寧陵人也。父思立，高宗時爲侍御史。屬河南、河北旱儉，遣御史中丞崔謐等分道存問賑給，思立上疏諫曰：「今麥序方秋，蠶功未畢，三時之務，萬姓所先。敕使撫巡，人皆竦抃，忘其家業，冀此天恩，踊躍參迎，必難抑止，集衆既廣，妨廢亦多。加以途程往還，兼之晨夕停滯，既緣賑給，須立簿書，本欲安存，却成煩擾。又無驛之處，其馬稍難，簡擇公私，須預追集。雨後農務，特切常情，暫廢須臾，即虧歲計，每爲一馬，遂勞數家，從此相乘，恐更滋甚。望且委州縣賑給，待秋閑時出使褒貶。」疏奏，謐等遂不行。後遷考功員外郎，始奏請明經加帖、進士試雜文，自思立始也。尋卒官。

憲弱冠舉進士，累除多官員外郎。天授中，受詔推按來俊臣，憲嫉其酷暴，欲因事繩之，反爲俊臣所構，貶鄭水令。再遷司僕丞。及俊臣伏誅，擢憲爲給事中，尋轉鳳閣舍人。神龍初，坐嘗爲張易之所引，自吏部侍郎出爲渝州刺史。俄復入爲太僕少卿，兼修國史，加修文館學士。景雲初，三遷太子詹事。玄宗在東宮，留意經籍，憲因上啓曰：「自古及今，皆重于學。至于光耀盛德，發揚令問，安靜身心，保寧家國，無以加焉。殿下居副君之位，有絕人之才，豈假尋章摘句，蓋資略知大意，用功甚少，爲利極多。伏願克成美志，無棄暇日，上以慰至尊之心，下以答庶僚之望。侍讀褚無量經明行修，耆年宿望，時賜召問，以察其言，幸甚。」玄宗甚嘉納之。明年，憲卒，贈兗州都督。有集三十卷。

初則天時，敕吏部糊名考選人判，以求才彥，憲與王適、司馬鍠、梁載言相次判入第二等。

王適，幽州人。官至雍州司功。

司馬鍠，洛州温人也。神龍中，卒于黄門侍郎。

梁載言，博州聊城人。歷鳳閣舍人，專知制誥。撰具員故事十卷、十道志十六卷，並傳於時。中宗時爲懷州刺史。

沈佺期，相州內黃人也。進士舉。長安中，累遷通事舍人，預修三教珠英。佺期善屬文，尤長七言之作〔三〕，與宋之問齊名，時人稱爲沈宋。再轉考功員外郎，坐贓配流嶺表。神龍中，授起居郎，加修文館直學士。後歷中書舍人、太子詹事。開元初卒。有文集十卷。

弟全交及子，亦以文詞知名。

陳子昂，梓州射洪人。家世富豪，子昂獨苦節讀書，尤善屬文。初爲感遇詩三十首，京兆司功王適見而驚曰：「此子必爲天下文宗矣！」由是知名。舉進士。會高宗崩，靈駕將還長安，子昂詣闕上書，盛陳東都形勝，可以安置山陵，關中旱儉，靈駕西行不便。曰：

梓州射洪縣草莽愚臣子昂，謹頓首冒死獻書闕下。臣聞明王不惡切直之言以納忠，烈士不憚死亡之誅以極諫。故有非常之策者，必待非常之時；得非常之時者，必待非常之主。然後危言正色，抗義直辭，赴湯鑊而不回，至誅夷而無悔。豈徒欲詭世誇俗，厭生樂死者哉！實以爲殺身之害小，存國之利大，故審計定議而甘心焉。況乎得非常之時，遇非常之主，言必獲用，死亦何驚，千載之跡，將不朽於今日矣。

伏惟大行皇帝遺天下，棄羣臣，萬國震驚，百姓屠裂。陛下以徇齊之聖〔三〕，承宗廟之重，天下之望，喁喁如也，莫不冀蒙聖化，以保餘年，太平之主，將復在於茲矣。況皇太后又以文母之賢，協軒宮之耀，軍國大事，遺詔決之，唐、虞之際，於斯盛矣。臣伏見詔書，梓宮將遷西京，鑾輿亦欲陪幸，計非上策，智者失圖，廟堂未聞有骨鯁之謨，朝廷多見有順從之議，臣竊惑以爲過矣。伏自思之，生聖日，沐皇風，摩頂至踵，莫非亭育，不能歷丹鳳，抵濯龍，北面玉階，東望金屋，抗音而正諫者，聖王之罪人也。所以不顧萬死，乞獻一言，願蒙聽覽，甘就鼎鑊，伏惟陛下察之。

臣聞秦都咸陽之時，漢都長安之日，山河爲固，天下服矣。然猶北取胡、宛之利，南資巴蜀之饒。自渭入河，轉關東之粟；踰沙絶漠，致山西之儲。然後能削平天下，彈壓諸侯，長轡利策，横制宇宙。今則不然。燕、代迫匈奴之侵，巴、隴嬰吐蕃之患，西蜀疲老，千里贏糧，北國丁男，十五乘塞，歲月奔命，其弊不堪。秦之首尾，今爲闕矣，即所餘者，獨三輔之間耳。頃遭荒饉，人被荐飢。自河已西，莫非赤地；循隴已北，罕逢青草。莫不父兄轉徙，妻子流離，委家喪業，膏原潤莽，此朝廷之所備知也。賴以宗廟神靈，皇天悔禍，去歲薄稔，前秋稍登，使羸餓之餘，得保性命，天下幸甚，可謂厚矣。然而流人未返，田野尚蕪，白骨縱横，阡陌無主。至於蓄積，尤可哀傷。陛下不料其難，貴從先意，遂欲長驅大駕，按節秦京，千乘萬騎，何方取給？況山陵初制，穿復未央，土木工匠，必資徒役。今欲率疲弊之衆，興數萬之軍，徵發近畿，鞭撲羸老，鑿山採石，驅以就功。春作無時，秋成絶望，凋瘵遺噍，再罹艱苦。倘不堪弊，必有逋逃，「子來」之頌，將何以述之？此亦宗廟之大機，不可不審圖也。況國無兼歲之儲，家鮮匝時之蓄，一旬不雨，猶可深憂，忽加水旱，人何以濟？陛下不深察始終，獨違羣議，臣恐三輔之弊，不止如前日矣！

且天子以四海爲家，聖人包六合爲宇。歷觀邃古，以至於今，何嘗不以三王爲仁，五帝爲聖。雖周公制作，夫子著明，莫不祖述堯、舜，憲章文、武，爲百王之鴻烈，作千載之雄圖。然而舜死陟方，葬蒼梧而不返；禹會羣后，歿稽山而永終。豈其愛蠻夷之鄉而鄙中國哉？實將欲示聖人無外也。故能使墳籍以爲美談，帝王以爲高範。況我巍巍大聖，轢帝登皇，日月所照，莫不率俾。何獨秦、豐之地，可置山陵，河、洛之都，不堪園寢？陛下豈不察之，愚臣竊爲陛下惜也。且景山崇麗，秀冠羣峯，北對嵩、邙，西望汝海，居祝融之故地，連太昊之遺墟，帝王圖跡，縱橫左右，園陵之美，復何加焉。陛下曾未察之，謂其不可，愚臣鄙見，良足尙矣。況瀍、澗之中，天地交會，北有太行之險，南有宛、葉之饒，東壓江、淮，食湖海之利，西馳崤、澠，據關河之寶。以聰明之主，養純粹之人，天下和平，恭己正南面而已。陛下不思瀍、洛之壯觀，關、隴之荒蕪，乃欲棄太山之安，履焦原之險，忘神器之大寶，徇曾、閔之小節，愚臣暗昧，以爲甚也。陛下何不覽爭臣之策，采行路之謠，諮謨太后，平章宰輔，使蒼生之望，知有所安，天下豈不幸甚。

昔者平王遷都，光武都洛，山陵寢廟，不在東京，宗社墳塋，並居西土，然而春秋美爲始王，漢書載爲代祖，豈其不願孝哉？何聖賢褒貶於斯濫矣？實以時有不可，事有必然。蓋欲遺小存大，去禍歸福，聖人所以貴也。夫小不忍亂大謀，仲尼之至誡，願陛下察之。若以臣愚不用，朝議遂行，臣恐關、隴之憂，無時休也。

臣又聞太原蓄鉅萬之倉，洛口積天下之粟，國家之資，斯爲大矣。今欲捨而不顧，背以長驅，使有識驚嗟，天下失望。倘鼠竊狗盜，萬一不圖，西入陝州之郊〔四〕，東犯武牢之鎮，盜敖倉一抔之粟，陛下何以遏之？此天下之至機，不可不深懼也。雖則盜未旋踵，誅刑已及，滅其九族，焚其妻子，泣辜雖恨，將何及焉！故曰：「先謀後事者逸，先事後謀者失。」「國之利器，不可以示人。」斯言豈徒設也，固願陛下念之。

則天召見，奇其對，拜麟臺正字。

則天將事雅州討生羌，子昂上書曰：

麟臺正字臣子昂昧死上言。臣聞道路云：國家欲開蜀山，自雅州道入討生羌，因以襲擊吐蕃。執事者不審圖其利害，遂發梁、鳳、巴蜒兵以徇之。臣愚以爲西蜀之禍，自此結矣。

臣聞亂生必由於怨。雅州邊羌，自國初已來，未嘗一日爲盜。今一旦無罪受戮，其怨必甚；怨甚懼誅，必蜂駭西山；西山盜起，則蜀之邊邑，不得不連兵備守；兵久不解，則蜀之禍搆矣。昔後漢末西京喪敗，蓋由此諸羌。此一事也。

且臣聞吐蕃桀黠之虜，君長相信，而多姦謀。自敢抗天誅，邇來向二十餘載，大戰則大勝，小戰則小勝，未嘗敗一隊，亡一夫。國家往以薛仁貴、郭待封爲虓武之將，屠十一萬衆於大非之川，一甲不返。又以李敬玄、劉審禮爲廊廟之器，辱十八萬衆於青海之澤〔三〕，身囚虜庭。是時精甲勇士，勢如雲雷，然竟不能擒一戎，馘一醜，至今而關、隴爲空。今乃欲以李處一爲將，驅憔悴之兵，將襲吐蕃，臣竊憂之，而爲此虜所笑。此二事也。

且夫事有求利而得害者。則蜀昔時不通中國，秦惠王欲帝天下而幷諸侯，以爲不兼賓，不取蜀，勢未可舉，乃用張儀計，飾美女，譎金牛，因間以啖蜀侯。蜀侯果貪其利，使五丁力士鑿通谷，棧褒斜，置道於秦。自是險阻不關，山谷不閉，張儀躡踵乘便，縱兵大破之，蜀侯誅，賨邑滅。至今蜀爲中州，是貪利而亡。此三事也。

且臣聞吐蕃羯虜，愛蜀之珍富，欲盜之久有日矣。然其勢不能舉者，徒以山川阻絕，障隘不通，此其所以頓餓狼之喙而不得侵食也。今國家乃撤邊羌，開隘道，使其收奔亡之種，爲嚮導以攻邊。是乃借寇兵而爲賊除道，舉全蜀以遺之。此四事也。

臣竊觀蜀爲西南一都會，國家之寶庫，天下珍貨聚出其中。又人富粟多，順江而下，可以兼濟中國。今執事者乃圖僥倖之利，悉以委事西羌。地不足以富國，徒殺無辜之衆，以傷陛下之仁，糜費隨之，無益聖德，又況僥倖之利，未可圖哉！此五事也。

夫蜀之所恃，有險也；人之所安，無役也。今國家乃開其險，役其人，險開則便寇，人役則傷財。臣恐未見羌戎，已有姦盜在其中矣。往年益州長史李崇眞圖此姦利，傳檄稱吐蕃欲寇松州，遂使國家盛軍師、大轉餉以備之。未二三年，巴蜀二十餘州，騷然大弊，竟不見吐蕃之面，而崇眞贓錢已計鉅萬矣。蜀人殘破，幾不堪命。此之近事，猶在人口，陛下所親知。臣愚意者不有姦臣欲圖此利，復以生羌爲計者哉！此六事也。

且蜀人尫劣，不習兵戰，一虜持矛，百人莫敢當。又山川阻曠，去中夏精兵處遠。今國家若擊西羌，掩吐蕃，遂能破滅其國，奴虜其人，使其君長係首北闕，計亦可矣。若不到如此，臣方見蜀之邊陲不守，而爲羌夷所横暴。昔辛有見被髮而祭伊川者，以爲不出百年，此其爲戎。臣恐不及百年而蜀爲戎。此七事也。

且國家近者廢安北，拔單于，棄龜茲，放疏勒，天下翕然，謂之盛德。所以者何？蓋以陛下務在仁，不在廣，務在養，不在殺，將以此息邊鄙，休甲兵，行三皇、五帝之事者也。今又徇貪夫之議，謀動兵戈，將誅無罪之戎，而遺全蜀之患，將何以令天下乎？

此愚臣所以不甚悟者也。況當今山東饑，關、隴弊，歷歲枯旱，人有流亡。誠是聖人寧靜思和天人之時，不可動甲兵，興大役，以自生亂。臣又流聞西軍失守，北軍不利，邊人忙動，情有不安。今者復驅此兵，投之不測。臣聞自古亡國破家，未嘗不由黷兵。今小人議夷狄之利，非帝王之至德也，又況弊中夏哉！

臣聞古之善爲天下者，計大而不計小，務德而不務刑，圖其安則思其危，謀其利則慮其害，然後能長享福祿，伏願陛下熟計之。

再轉右拾遺，數上疏陳事，詞皆典美。時有同州下邽人徐元慶，父爲縣尉趙師韞所殺。後師韞爲御史，元慶變姓名於驛家傭力，候師韞，手刃殺之。議者以元慶孝烈，欲捨其罪。子昂建議以爲「國法專殺者死，元慶宜正國法，然後旌其閭墓，以褒其孝義可也。」當時議者咸以子昂爲是。俄授麟臺正字。武攸宜統軍北討契丹，以子昂爲管記，軍中文翰皆委之。子昂父在鄉，爲縣令段簡所辱，子昂聞之，遽還鄉里。簡乃因事收繫獄中，憂憤而卒，時年四十餘。

子昂褊躁無威儀，然文詞宏麗，甚爲當時所重。有集十卷，友人黃門侍郎盧藏用爲之序，盛行於代。

子昂卒後，益州成都人閭丘均，亦以文章著稱。景龍中，爲安樂公主所薦，起家拜太常博士。而公主被誅，均坐貶爲循州司倉，卒。有集十卷。

宋之問，虢州弘農人。父令文，有勇力，而工書，善屬文。高宗時，爲左驍衛郎將、東臺詳正學士。之問弱冠知名，尤善五言詩，當時無能出其右者。初徵令與楊炯分直內教，俄授洛州參軍，累轉尚方監丞、左奉宸內供奉。易之兄弟雅愛其才，之問亦傾附焉。預修三教珠英，常扈從遊宴。則天幸洛陽龍門，令從官賦詩，左史東方虬詩先成，則天以錦袍賜之。及之問詩成，則天稱其詞愈高，奪虬錦袍以賞之。及易之等敗，左遷瀧州參軍〔六〕。未幾，逃還，匿於洛陽人張仲之家。仲之與駙馬都尉王同皎等謀殺武三思，之問令兄子發其事以自贖。及同皎等獲罪，起之問爲鴻臚主簿，由是深爲義士所譏。景龍中，再轉考功員外郎。時中宗增置修文館學士，擇朝中文學之士，之問與薛稷、杜審言等首膺其選，當時榮之。及典舉，引拔後進，多知名者。尋轉越州長史。睿宗即位，以之問嘗附張易之、武三思，配徙欽州。先天中，賜死於徙所。之問再被竄謫，經途江、嶺，所有篇詠，傳布遠近。友人武平一爲之纂集，成十卷，傳於代。

世人以之問父爲三絕，之問以文詞知名，弟之悌有勇力，之遜善書，議者云各得父之一絕。

之悌，開元中自右羽林將軍出爲益州長史、劍南節度兼採訪使。尋遷太原尹。

閻朝隱，趙州欒城人也。少與兄鏡幾、弟仙舟俱知名。朝隱文章雖無風、雅之體，善構奇，甚爲時人所賞。累遷給事中，預修三教珠英。張易之等所作篇什，多是朝隱及宋之問潛代爲之。聖曆二年，則天不豫，令朝隱往少室山祈禱。朝隱乃曲申悅媚，以身爲犧牲，請代上所苦。及將康復，賜絹綵百匹、金銀器十事。俄轉麟臺少監。易之伏誅，坐徙嶺外。尋召還。先天中，復爲祕書少監。又坐事貶爲通州別駕，卒官。

朝隱修三教珠英時，成均祭酒李嶠與張昌宗爲修書使，盡收天下文詞之士爲學士，預其列者，有王無競、李適、尹元凱，並知名於時。自餘有事跡者，各見其本傳。

王無競者，字仲烈，其先琅邪人，因官徙居東萊，宋太尉弘之十一代孫。父侃，棣州司馬。無競有文學，初應下筆成章舉及第，解褐授趙州欒城縣尉，歷祕書省正字，轉右武衞倉曹、洛陽縣尉，遷監察御史，轉殿中。舊例，每日更直於殿前正班。時宰相宗楚客、楊再思常離班偶語，無競前曰：「朝禮至敬，公等大臣，不宜輕易以慢恆典。」楚客等大怒，轉無競爲太子舍人。神龍初，坐訶詆權倖，出爲蘇州司馬。及張易之等敗，以嘗交往，再貶嶺外，卒於廣州，年五十四。

李適者，雍州萬年人。景龍中，爲中書舍人，俄轉工部侍郎。睿宗時，天台道士司馬承禎被徵至京師。及還，適贈詩，序其高尚之致，其詞甚美，當時朝廷之士，無不屬和，凡三百餘人。徐彥伯編而敍之，謂之白雲記，頗傳於代。尋卒。

尹元凱者，瀛州樂壽人。初爲磁州司倉，坐事免，乃棲遲山林，不求仕進，垂三十年。與張說、盧藏用特相友善，徵拜右補闕。卒於幷州司馬。

賈曾，河南洛陽人也。父言忠，乾封中爲侍御史。時朝廷有事遼東，言忠奉使往支軍糧。及還，高宗問以軍事，言忠畫其山川地勢，及陳遼東可平之狀，高宗大悅。又問諸將優劣，言忠曰：「李勣先朝舊臣，聖鑒所悉。龐同善雖非鬬將，而持軍嚴整。薛仁貴勇冠三軍，名可振敵。高侃儉素自處，忠果有謀。契苾何力沉毅持重，有統御之才，然頗有忌前之癖。

諸將夙夜小心，忘身憂國，莫過於李勣者。」高宗深然之。累轉吏部員外郞。坐事左遷邵州司馬，卒。

曾少知名。景雲中，爲吏部員外郞。玄宗在東宮，盛擇宮僚，拜曾爲太子舍人。時太子頻遣使訪召女樂，命宮臣就率更署閱樂，多奏女妓。曾啓諫曰：

臣聞作樂崇德，以感人神，韶、夏有容，咸、英有節，婦人媟黷，無豫其間。昔魯用孔子，幾至於霸，齊人懼之，饋以女樂，魯君旣受，孔子所以行。戎有由餘，兵強國富，秦人反間，遺之女妓，戎王耽悅，由餘乃奔。斯則大聖名賢嫉之已久。良以婦人爲樂，必務冶容，哇姣動心，蠱惑喪志，上行下效，淫俗將成，敗國亂人，實由茲起。伏惟殿下神武命代，文思登庸，宇內顒顒，瞻仰德化。而渴賢之美，未被於民心；好妓之聲，或聞於人聽。豈所以追啓、誦之徽烈，襲堯、舜之英風者哉！至若監撫餘閑，宴私多豫，後庭妓樂，古或有之，非以風人，爲弊猶隱。至於所司教習，章示羣僚，慢伎淫聲，實虧睿化。伏願下教令，發德音，屏倡優，敦雅、頌，率更女樂，並令禁斷，諸使採召，一切皆停。則朝野內外，皆知殿下放鄭遠佞，輝光日新，凡在含生，孰不欣戴。

太子手令答曰：「比嘗聞公正直，信亦不虛。寡人近日頗尋典籍，至於政化，偏所留心，女樂之徒，亦擬禁斷。公之所言，雅符本意。」俄特授曾中書舍人。曾以父名忠，固辭，乃拜諫議大夫、知制誥。

明年，有事於南郊，有司立議，唯祭昊天上帝，而不設皇地祇之位。曾奏議「請於南郊方丘，設皇地祇及從祀等坐，則禮惟稽古，義得緣情。」睿宗令宰相及禮官詳議，竟依曾所奏。開元初，復拜中書舍人，曾又固辭，議者以爲中書是曹司名，又與曾父音同字別，於禮無嫌，曾乃就職。與蘇晉同掌制誥，皆以詞學見知，時人稱爲蘇賈。曾後坐事，貶洋州刺史。開元六年，玄宗念舊，特恩甄敍，繼歷慶、鄭等州刺史，入拜光祿少卿，遷禮部侍郎。十五年卒。子至。

至，天寶末爲中書舍人。祿山之亂，從上皇幸蜀。時肅宗卽位於靈武，上皇遣至爲傳位册文，上皇覽之歎曰：「昔先帝遜位於朕，册文則卿之先父所爲。今朕以神器大寶付儲君，卿又當演誥。累朝盛典，出卿父子之手，可謂難矣。」至伏於御前，嗚咽感涕。

寶應二年，爲尙書左丞。時禮部侍郎楊綰上疏請依古制，縣令舉孝廉於刺史，試其所通之學，送名於省；省試每經問義十條、對策三道，取其通否。詔令左右丞、諸司侍郎、大夫、中丞、給、舍等參議，議者多與綰同。至議曰：

夏之政尙忠，殷之政尙敬，周之政尙文，然則文與忠敬，皆統人之行也。是故前代以文取士，本行也，由詞以觀行，則及詞也。宣父稱「顏子不遷怒，不貳過」，謂之「好學」。至乎修春秋，則游、夏不能措一辭，不亦明乎！間者禮部取人，有乖斯義。試學者以帖字爲精通，而不窮旨義，豈能知「遷怒」「貳過」之道乎？考文者以聲病爲是非，唯擇浮豔，豈能知移風易俗化天下之事乎？是以上失其源，下襲其流，乘流波蕩，不知所止，先王之道，莫能行也。夫先王之道消，則小人之道長；小人之道長，則亂臣賊子由是出焉。臣弒其君，子弒其父，非一朝一夕之故，其所由來者漸矣。漸者何？儒道不舉，取士之失也。夫一國之事，繫一人之本，謂之風。贊揚其風，繫卿大夫也，卿大夫何嘗不出於士乎？今取士，試之小道，不以遠者大者，使干祿之徒，趨馳末術，是誘導之差也。所以祿山一呼，四海震蕩，思明再亂，十年不復。向使禮讓之道弘，仁義之風著，則忠臣孝子比屋可封，逆節不得而萌也，人心不得而搖也。

且夏有天下四百載，禹之道喪，而殷始興焉；殷有天下六百祀，湯之法棄，而周始興焉；周有天下八百年，文、武之政弊，而秦始幷焉。觀三代之選士任賢，皆考實行，故能風俗淳一，運祚長遠。秦坑儒士，二代而亡。漢興，雜用三代之政，弘四科之舉，終彼四百，豈非學行道扇，化行於鄉里哉！自魏至隋，僅四百載，竊號僭位，德義不修，是以子孫速顚，享國咸促。

國家革魏、晉、梁、隋之弊，承夏、殷、周、漢之業，四隩既宅，九州攸同，覆幬生育，德合天地，安有捨皇王舉士之道，從亂代取人之術，此公卿大夫之辱也。今西京有太學，州縣有小學，兵革一動，生徒流離，儒臣師氏，祿廪無由，貢士不稱行實，胄子何嘗講習。禮部每歲擢甲乙之第，謂弘獎勸，不其謬歟！祇足以長浮薄之風，啓僥倖之路矣！其國子博士等，望加員數，厚其祿秩，通儒碩生，間居其職。十道大郡，量置太學館，令博士出外，兼領郡官，召置生徒，依乎故事，保桑梓者鄉里舉焉，在流寓者庠序推焉。朝而行之，夕見其利。

議者然之。宰臣等奏以舉人舊業已成，難於速改。其今歲舉人，望且依舊。賈至所議，來年允之。

廣德二年，轉禮部侍郎。是歲，至以時艱歲歉，舉人赴省者，奏請兩都試舉人，自至始也。永泰元年，加集賢院待制。大曆初，改兵部侍郎。五年，轉京兆尹、兼御史大夫，卒。

許景先，常州義興人，後徙家洛陽。少舉進士，授夏陽尉。神龍初，東都起聖善寺報慈閣。景先詣闕獻大像閣賦，詞甚美麗，擢拜左拾遺。累遷給事中。開元初，每年賜射，節級賜物，屬年儉，甚費府庫。景先奏曰：

近以三九之辰，頻賜宴射，已著格令，猶降綸言。但古制不存，禮章多闕，官員累倍，帑藏未充，水旱相仍，繼之師旅，既不足以觀德，又未足以威邊，耗國損人，且爲不急。夫古之天子，以射選諸侯，以射飾禮樂，以射觀容志，故有騶虞、貍首之奏，采蘩、采蘋之樂。天子則以備官爲節，諸侯則以時會爲節，卿大夫以循法爲節，士以不失職爲節，皆審志固行，德美事成，陰陽克和，暴亂不作。故諸侯貢士，亦試於射宮，容體有虧，則絀其地。是諸侯君臣皆盡志於射，射之禮也大矣哉〔七〕！今則不然。衆官既多，鳴鏑亂下，以苟獲爲利，以偶中爲能，素無五善之容，頗失三侯之禮。冗官厚秩，禁衞崇班，動盈累千，其算無數。近河南、河北，水澇處多，林胡小蕃，見寇郊壘，軍書日至，河朔騷然。命將除凶，未圖克捷，興師十萬，日費千金。去歲豫、亳兩州，微遭旱損，庸賦不辦，以致流亡。聖人憂勤，降使招恤，流離歲月，猶未能安，人之困窮，以至於此。今一箭偶中，是一丁庸調，用之既無惻隱，獲之固無恥慚。考古循今，則爲未可。且禁衞武官，隨番許射，能中的者，必有賞焉。此則訓武習戎，時習不闕，待寇寧歲稔，率由舊章，則愛禮養人，幸甚幸甚。

自是乃停賜射之禮。

俄轉中書舍人。自開元初，景先與中書舍人齊澣、王丘、韓休、張九齡掌知制誥，以文翰見稱。中書令張說嘗稱曰：「許舍人之文，雖無峻峯激流嶄絕之勢，然屬詞豐美，得中和之氣，亦一時之秀也。」十年夏，伊、汝泛溢，漂損居人廬舍，溺死者甚衆。景先言於侍中源乾曜曰：「災眚所降，必資修德以禳之，左傳所載『降服出次』，即其事也。誠宜發德音，遣大臣存問，憂人罪己，以答天譴。明公位存輔弼，當發明大體，以啓沃明主，不可緘默也。」乾曜然其言，遽以聞奏，乃下詔遣戶部尚書陸象先往賑給窮乏。十三年，玄宗令宰臣擇刺史之任，必在得人，景先首中其選，自吏部侍郎出爲虢州刺史。後轉岐州，入拜吏部侍郎，卒。

賀知章，會稽永興人，太子洗馬德仁之族孫也。少以文詞知名，舉進士。初授國子四門博士，又遷太常博士，皆陸象先在中書引薦也。開元十年，兵部尚書張說爲麗正殿修書使，奏請知章及祕書員外監徐堅、監察御史趙冬曦皆入書院，同撰六典及文纂等，累年，書竟不就。後轉太常少卿。

十三年，遷禮部侍郎，加集賢院學士，又充皇太子侍讀。是歲，玄宗封東嶽，有詔應行從羣臣，並留於谷口，上獨與宰臣及外壇行事官登於嶽上齋宮之所。初，上以靈山淸潔，不欲喧繁，召知章講定儀注，因奏曰：「昊天上帝君位，五方諸帝臣位，帝號雖同，而君臣異位。陛下享君位於山上，羣臣祀臣位於山下，誠足垂範來葉，爲變禮之大者也。然禮成於三獻，亞終合於一處。」上曰：「朕正欲如是，故問卿耳。」於是勅：「三獻於山上行事，五方帝及諸神座於下壇行事。」俄屬惠文太子薨，有詔禮部選挽郎，知章取捨非允，爲門蔭子弟喧訴盈庭。知章於是以梯登牆，首出決事，時人咸嗤之，由是改授工部侍郎，兼祕書監同正員，依舊充集賢院學士。俄遷太子賓客、銀青光祿大夫兼正授祕書監。

知章性放曠，善談笑，當時賢達皆傾慕之。工部尚書陸象先，即知章之族姑子也，與知章甚相親善。象先常謂人曰：「賀兄言論倜儻，眞可謂風流之士。吾與子弟離闊，都不思之，一日不見賀兄，則鄙吝生矣。」知章晚年尤加縱誕，無復規檢，自號四明狂客，又稱「祕書外監」，遨遊里巷。醉後屬詞，動成卷軸，文不加點，咸有可觀。又善草隸書，好事者供其牋翰，每紙不過數十字，共傳寶之。

時有吳郡張旭，亦與知章相善。旭善草書，而好酒，每醉後號呼狂走，索筆揮灑，變化無窮，若有神助，時人號爲張顚。

天寶三載，知章因病恍惚，乃上疏請度爲道士，求還鄉里，仍捨本鄉宅爲觀。上許之，仍拜其子典設郎曾爲會稽郡司馬，仍令侍養。御制詩以贈行，皇太子已下咸就執別。至鄉無幾壽終，年八十六。

肅宗以侍讀之舊，乾元元年十一月詔曰：「故越州千秋觀道士賀知章，器識夷淡，襟懷和雅，神淸志逸，學富才雄，挺會稽之美箭，蘊崑崗之良玉。故飛名仙省，侍講龍樓，常靜默以養閑，因談諧而諷諫。以暮齒辭祿，再見款誠，願追二老之蹤，克遂四明之客。允叶初志，脫落朝衣，駕青牛而不還，狎白衣而長往。丹壑非昔，人琴兩亡，惟舊之懷，有深追悼，宜加縟禮，式展哀榮。可贈禮部尚書。」

先是神龍中，知章與越州賀朝、萬齊融，揚州張若虛、邢巨，湖州包融，俱以吳、越之士，文詞俊秀，名揚於上京。朝萬止山陰尉，齊融崑山令，若虛兗州兵曹，巨監察御史。融遇張九齡，引爲懷州司戶、集賢直學士。數子人間往往傳其文，獨知章最貴。

神龍中，有尉氏李登之，善五言詩，蹉跌不偶，六十餘，爲宋州參軍卒。

席豫，襄陽人，湖州刺史固七世孫，徙家河南。豫進士及第。開元中，累官至考功員外郎，典舉得士，爲時所稱。三遷中書舍人，與韓休、許景先、徐安貞、孫逖相次掌制誥，皆有能名。轉戶部侍郎，充江南東道巡撫使，兼鄭州刺史。入爲吏部侍郎，玄宗謂之曰：「卿以前爲考功，職事修舉，故有此授。」璬典選六年，復有令譽。天寶初，改尚書左丞。尋檢校禮部尚書，封襄陽縣子。玄宗幸温泉宮，登朝元閣賦詩，羣臣屬和。帝以璬詩爲工，手制褒美曰：「覽卿所進，實詩人之首出，作者之冠冕也。」

璬與弟晉，俱以詞藻見稱，而璬性尤謹，雖與子弟書疏及吏曹簿領，未嘗草書，謂人曰：「不敬他人，是自不敬也。」或曰：「此事甚細，卿何介意？」璬曰：「細猶不謹，而況巨耶！」七載，卒于位，時年六十九。疾篤，謂其子曰：「吾亡三日斂，斂日卽葬，勿更久留，貽公私之煩。家無餘財，可賣所居，聊備葬禮。」人嘉其達。贈江陵大都督，諡曰文。

徐安貞者，信安龍丘人。尤善五言詩。嘗應制舉，一歲三擢甲科，人士稱之。開元中爲中書舍人、集賢院學士。上每屬文及作手詔，多命安貞視草，甚承恩顧。累遷中書侍郎。天寶初卒。

齊澣，定州義豐人。少以詞學稱。弱冠以制科登第，釋褐蒲州司法參軍。景雲二年，中書令姚崇用爲監察御史。彈劾違犯，先於風教，當時以爲稱職。開元中，崇復用爲給事中，遷中書舍人。論駁書詔，潤色王言，皆以古義謨誥爲準的，侍中宋璟、中書侍郎蘇頲並重之。祕書監馬懷素、右常侍元行冲受詔編次四庫羣書，乃奏澣爲編修使，改祕書少監。尋丁憂免。

十二年，出爲汴州刺史。河南，汴爲雄郡，自江、淮達于河、洛，舟車輻輳，人庶浩繁。前後牧守，多不稱職，唯倪若水與澣皆以清嚴爲治，民吏歌之。中書令張說擇左右丞之才，舉懷州刺史王丘爲左丞，以澣爲右丞。李元紘、杜暹爲相，以開府、廣平公宋璟爲吏部尚書，又用戶部侍郎蘇晉與澣爲吏部侍郎，當時以爲高選。

時開府王毛仲寵幸用事，與龍武將軍葛福順爲姻親，故北門官見毛仲奏請，無不之允，皆受毛仲之惠，進退隨其指使。澣惡之，乘間論之曰：「福順典兵馬，與毛仲婚姻，小人寵極則姦生，若不預圖，恐後爲患，惟陛下思之。況腹心之委，何必毛仲，而高力士小心謹愼，又是閹官，便於禁中驅使。臣雖過言，庶裨萬一。臣聞君不密則失臣，臣不密則失身，惟聖慮密之。」玄宗嘉其誠，諭之曰：「卿且出。朕知卿忠義，徐俟其宜。」會大理丞麻察坐事出爲興州別駕，澣與察善，出城餞之，因語禁中諫語。察性譸諂，遽以澣語奏之。玄宗怒，令中書門下鞫問。又召澣於內殿，謂之曰：「卿向朕道『君不密則失臣，臣不密則失身』，而疑朕不密，而翻告廝𥚃，是何密耶？廝𥚃輕險無行，常遊太平之門，此日之事，卿豈不知耶？」澣免冠頓首謝罪，乃貶高州良德丞。又貶𥚃爲潯州皇化尉。澣數年量移常州刺史。

二十五年，遷潤州刺史，充江南東道採訪處置使。潤州北界隔吳江，至瓜步沙尾，紆匯六十里，船繞瓜步，多爲風濤之所漂損。澣乃移其漕路，於京口塘下直渡江二十里，又開伊婁河二十五里，卽達揚子縣。自是免漂損之災，歲減脚錢數十萬。又立伊婁埭，官收其課，迄今利濟焉。數年，復爲汴州刺史。淮、汴水運路，自虹縣至臨淮一百五十里，水流迅急，舊用牛曳竹索上下，流急難制。澣乃奏自虹縣下開河三十餘里，入于淸河，百餘里出淸水，又開河至淮陰縣北岸入淮，免淮流湍險之害。久之，新河水復迅急，又多僵石，漕運難澀，行旅弊之。

澣因高力士中助，連爲兩道採訪使，遂興開漕之利，以中人主意，復勾剝貨財，賂遺中貴，物議薄之。又納劉戒之女爲妾，凌其正室，專制家政。李林甫惡之，遣人掎摭其失。會澣判官犯贓，澣連坐，遂廢歸田里。天寶初，起爲員外少詹事，留司東都。時絳州刺史嚴挺之爲林甫所搆，除員外少詹事，留司東都。與澣皆朝廷舊德，既廢居家巷，每園林行樂，則杖屨相過，談讌終日。林甫聞而患之，欲離其勢。五年，用澣爲平陽太守。卒於郡。肅宗卽位，爲林甫所陷者皆得雪，澣受褒贈。

王澣，并州晉陽人。少豪蕩不羈，登進士第，日以蒱酒爲事。并州長史張嘉貞奇其才，禮接甚厚，澣感之，撰樂詞以敍情，於席上自唱自舞，神氣豪邁。張說鎭并州，禮澣益至。會說復知政事，以澣爲祕書正字，擢拜通事舍人，遷駕部員外。櫪多名馬，家有妓樂。澣發言立意，自比王侯，頤指儕類，人多嫉之。說既罷相，出澣爲汝州長史，改仙州別駕。至郡，日聚英豪，從禽擊鼓，恣爲歡賞，文士祖詠、杜華常在座，於是貶道州司馬，卒。有文集十卷。

李邕，廣陵江都人。父善，嘗受文選於同郡人曹憲。後爲左侍極賀蘭敏之所薦引，爲崇賢館學士，轉蘭臺郎。敏之敗，善坐配流嶺外。會赦還，因寓居汴、鄭之間，以講文選爲業。年老疾卒。所注文選六十卷，大行於時。

邕少知名。長安初，內史李嶠及監察御史張廷珪，並薦邕詞高行直，堪爲諫諍之官，由是召拜左拾遺。俄而御史中丞宋璟奏侍臣張昌宗兄弟有不順之言，請付法推斷。則天初不應，邕在階下進曰：「臣觀宋璟之言，事關社稷，望陛下可其奏。」則天色稍解，始允宋璟所請。既出，或謂邕曰：「吾子名位尚卑，若不稱旨，禍將不測，何爲造次如是？」邕曰：「不愿不狂，其名不彰。若不如此，後代何以稱也？」

及中宗卽位，以妖人鄭普思爲祕書監，邕上書諫曰：

蓋人有感一餐之惠，殞七尺之身，況臣爲陛下官，受陛下祿，而目有所見，口不言之，是負恩矣。自陛下親政日近，復在九重，所以未聞在外羣下竊議。道路籍籍，皆云普思多行詭惑，妄說妖祥，唯陛下不知，尚見驅使，此道若行，必撓亂朝政。臣至愚至賤，不敢以胸臆對揚天威，請以古事爲明證。孔丘云：「詩三百，一言以蔽之，曰：思無邪。」陛下今若以普思有奇術，可致長生久視之道，則爽鳩氏久應得之，永有天下，非陛下今日可得而求；若以普思可致仙方，則秦皇、漢武久應得之，永有天下，亦非陛下今日可得而求；若以普思可致佛法，則漢明、梁武久應得之，永有天下，亦非陛下今日可得而求；若以普思可致鬼道，則墨翟、干寶各獻於至尊矣，而二主得之，永有天下，亦非陛下今日可得而求。此皆事涉虛妄，歷代無效，臣愚不願陛下復行之於明時。唯堯、舜二帝，自古稱聖，臣觀所得，故在人事，敦睦九族，平章百姓，不聞以鬼神之道理天下。伏願陛下察之，則天下幸甚。

疏奏不納。以與張柬之善，出爲南和令，又貶富州司戶。

唐隆元年，玄宗淸內難，召拜左臺殿中侍御史。改戶部員外郎，又貶崖州舍城丞。開元三年，擢爲戶部郎中。邕素與黃門侍郞張廷珪友善，時姜晈用事，與廷珪謀引邕爲憲官。事洩，中書令姚崇嫉邕險躁，因而構成其罪，左遷括州司馬。後徵爲陳州刺史。十三年，玄宗車駕東封回，邕於汴州謁見，累獻詞賦，甚稱上旨。由是頗自矜衒，自云當居相位。張說爲中書令，甚惡之。俄而陳州贓汙事發，下獄鞫訊，罪當死，許州人孔璋上書救邕曰：

臣聞明主御宇，拾過舉能，取材棄行；烈士抗節，勇不避死，見危授命。晉用林父，豈念過乎？漢用陳平，豈念行乎？禽息殞身，北郭碎首，豈愛死乎？向若林父誅，陳平死，百里不用，晏嬰見逐，是晉無赤狄之土，漢無皇極之尊，秦不幷西戎，齊不霸東海矣。

臣伏見陳州刺史李邕，學成師範，文堪經國，剛毅忠烈，難不苟免。往者張易之用權，人畏其口，而邕折其角；韋氏恃勢，言出禍應，而邕挫其鋒。雖身受謫屈，而姦謀中損，卽邕有大造於我邦家也。且斯人所能者，拯孤恤窮，救乏賑惠，積而便散，家無私聚。今聞坐贓下吏，鞫訊待報，將至極刑，死在朝夕。

臣聞生無益於國，不若殺身以明賢。臣朽賤庸夫，輪轅無取，獸息禽視，雖生何爲。況賢爲國寶，社稷之衞，是臣痛惜深矣。臣願六尺之軀，甘受膏斧，以代邕死。臣之死，所謂落一毛；邕之生，有足照千里。然臣與邕，生平不款，臣知有邕，邕不知有臣。臣不逮邕，明矣。夫知賢而舉，仁也；代人任患，義也。臣獲二善而死，且不朽，則又何求！陛下若以臣之賤不足以贖邕，鴈門縫掖有効矣。伏惟陛下寬邕之生，速臣之死，令邕率德改行，想林父之功，使臣得瞑目黄泉，附北郭之迹，臣之大願畢矣。陛下即以陽和之始，難於用鉞，俟天成命，敢忘伏劍，豈煩大刑，然後歸死。皇天后土，實照臣之心。

昔吳、楚七國叛，因亞夫得劇孟，則寇不足憂。夫以一賢之能，敵七國之衆。伏惟敷含垢之道，存棄瑕之義，遠思劇孟，近取李邕，豈惟成愷悌之澤，實亦歸天下之望。況大禮之後，天地更新，赦而復論，人誰無罪？惟明主圖之。臣聞士爲知己者死，且臣不爲死者所知，甘於死者，豈獨爲惜邕之賢，亦成陛下矜能之德。惟明主圖之。

疏奏，邕已會減死，貶爲欽州遵化縣尉，璋亦配流嶺南而死。邕後於嶺南從中官楊思勗討賊有功，又累轉括、淄、滑三州刺史，上計京師。邕素負美名，頻被貶斥，皆以邕能文養士，賈生、信陵之流，執事忌勝，剝落在外。人間素有聲稱，後進不識，京、洛阡陌聚觀，以爲古人，或將眉目有異，衣冠望風，尋訪門巷。又中使臨問，索其新文，復爲人陰中，竟不得進。

天寶初，爲汲郡、北海二太守。邕性豪侈，不拘細行，所在縱求財貨，馳獵自恣。五載，姦贓事發。又嘗與左驍衞兵曹柳勣馬一匹，及勣下獄，吉温令勣引邕議及休咎，厚相賂遺，詞狀連引，敕刑部員外郎祁順之、監察御史羅希奭馳往就郡決殺之，時年七十餘。

初，邕早擅才名，尤長碑頌。雖貶職在外，中朝衣冠及天下寺觀，多齎持金帛，往求其文。前後所製，凡數百首，受納饋遺，亦至鉅萬。時議以爲自古鬻文獲財，未有如邕者。有文集七十卷。其張韓公行狀〔八〕、洪州放生池碑、批韋巨源謚議，文士推重之。後因恩例，得贈祕書監。

孫逖，潞州涉縣人。曾祖仲將，壽張丞。祖希莊，韓王府典籤。父嘉之，天冊年進士擢第，又以書判拔萃，授蜀州新津主簿，歷曲周、襄邑二縣令，以宋州司馬致仕，卒年八十三。

逖幼而英俊，文思敏速。始年十五，謁雍州長史崔日用。日用小之，令爲土火爐賦，逖握翰即成，詞理典贍。日用覽之駭然，遂爲忘年之交，以是價譽益重。開元初，應哲人奇士舉，授山陰尉。遷祕書正字。十年，應制登文藻宏麗科，拜左拾遺。張說尤重其才，逖日遊其門，轉左補闕。黄門侍郎李暠出鎮太原，辟爲從事。暠在鎮，與蒲州刺史李尙隱遊于伯樂川，逖爲之記，文士盛稱之。二十一年，入爲考功員外郎、集賢修撰。逖選貢士二年，多得俊才。初年則杜鴻漸至宰輔，顏眞卿爲尙書。後年拔李華、蕭穎士、趙驊登上第，逖謂人曰：「此三人便堪掌綸誥。」

二十四年，拜逖中書舍人。逖自以通籍禁闈，其父官纔邑宰，乃上表陳情曰：「臣父嘉之，雖當暮齒，幸遇明時，綿歷驅馳，纔及令長。臣夙荷嚴訓，累登淸秩，頻遷省闥，又拜掖垣。地近班榮，臣則過量；途遙日暮，父乃後時。在公府有偷榮之責，於私庭無報德之効，反慚烏鳥，徒廁鴛鴻。伏望降臣一外官，特乞微恩，稍霑臣父。」玄宗優詔奬之，授嘉之宋州司馬致仕，尋卒。丁父喪免，二十九年服闋，復爲中書舍人。其年充河東黜陟使。天寶三載，權判刑部侍郎。五載，以風病求散秩，改太子左庶子。逖掌誥八年，制敕所出，爲時流歎服。議者以爲自開元已來，蘇頲、齊澣、蘇晉、賈曾、韓休、許景先及逖，爲王言之最。逖尤善思，文理精練，加之謙退不伐，人多稱之。以疾沉廢累年，轉太子詹事。上元中卒。廣德二年，詔贈尙書右僕射，諡曰文。有集三十卷。子宿、絳、成。逖弟遹、遘、造。

遹終左武衞兵曹。宿歷河東掌記，代宗朝歷刑部郎中、中書舍人，出爲華州刺史，卒。成字退思，以父蔭累授雲陽、長安尉，歷監察御史，轉殿中。隴右副元帥李抱玉奏充掌書記，入爲屯田、司勳二員外郎。丁母喪免，終制，出爲洛陽令，轉長安令。時兄宿爲華州刺史，因失火驚懼成瘖病。成素孝悌，蒼黃請急，不俟報而趨華。代宗嘉之，歎曰：「急難之切，觀過知仁。」歷倉部郎中、京兆少尹。出爲信州刺史，有惠政，郡人請立碑頌德，優詔褒美。轉蘇州刺史。貞元四年，改桂州刺史、桂管觀察使。五年卒。

宿子公器，官至信州刺史、邕管經略使。公器子簡、範，並舉進士。會昌後，兄弟繼居顯秩，歷諸道觀察使。簡，兵部尚書。子紓、徽，並登進士第。

校勘記

〔一〕鼓城　各本原作「彭城」，據新書卷一〇六郭正一傳改。
〔二〕尤長七言之作　「七言」，冊府卷七七七、卷八四〇均作「五言」。
〔三〕徇齊　各本原作「恂齊」，據唐文粹卷二六、全唐文卷二一二改。
〔四〕陝州　各本原作「郟州」，據唐文粹卷二六、全唐文卷二一二改。
〔五〕辱十八萬衆於青海之澤　「衆」字各本原作「乘」，據四部叢刊影印明弘治本陳伯玉集、新書卷一〇七陳子昂傳改。
〔六〕瀧州　各本原作「隴州」，據新書卷二〇二宋之問傳改。

〔七〕射之禮也大矣哉　「射」字各本原無，據唐會要卷二六、全唐文卷二六八補。

〔八〕張韓公行狀　「張」字各本原無，據冊府卷八四〇、御覽卷五八九補。

舊唐書卷一百九十下

列傳第一百四十下

文苑下

李華 蕭穎士 李翰附 陸據 崔顥 王昌齡 孟浩然 元德秀
王維 李白 杜甫 吳通玄 兄通微 王仲舒 崔咸 唐次 子扶
持 持子彥謙 劉蕡 李商隱 溫庭筠 薛逢 子廷珪 李拯
李巨川 司空圖

李華字遐叔，趙郡人。開元二十三年進士擢第。天寶中，登朝爲監察御史。累轉侍御史，禮部、吏部二員外郎。華善屬文，與蘭陵蕭穎士友善。華進士時，著含元殿賦萬餘言，穎士見而賞之，曰：「景福之上，靈光之下。」華文體溫麗，少宏傑之氣，穎士詞鋒俊發，華自以所業過之，疑其誣詞。乃爲祭古戰場文，熏汙之如故物，置於佛書之閣。華與穎士因閱佛書得之，華謂之曰：「此文何如？」穎士曰：「可矣。」華曰：「當代秉筆者，誰及於此？」穎士曰：「君稍精思，便可及此。」華愕然。華著論言龜卜可廢，通人當其言。

祿山陷京師，玄宗出幸，華扈從不及，陷賊，僞署爲鳳閣舍人。收城後，三司類例減等，從輕貶官，遂廢於家，卒。華嘗爲魯山令元德秀墓碑，顏眞卿書，李陽冰篆額，後人爭模寫之，號爲「四絕碑」。有文集十卷，行於時。

蕭穎士者，字茂挺。與華同年登進士第。當開元中，天下承平，人物駢集，如賈曾、席豫、張垍、韋述輩，皆有盛名，而穎士皆與之遊，由是縉紳多譽之。李林甫採其名，欲拔用之，乃召見。時穎士寓居廣陵，母喪，即縗麻而詣京師，徑謁林甫於政事省。林甫素不識，遽見縗麻，大惡之，即令斥去。穎士大忿，乃爲伐櫻桃賦以刺林甫云：「擢無庸之瑣質，因本枝而自庇。洎枝幹而非據，專廟廷之右地。雖先寢而或薦，豈和羹之正味。」其狂率不遜，皆此類也。然而聰警絕倫，嘗與李華、陸據同遊洛南龍門，三人共讀路側古碑，穎士一閱，即能誦之，華再閱，據三閱，方能記之。議者以三人才格高下亦如此。是時外夷亦知穎士之名，新羅使入朝，言國人願得蕭夫子爲師，其名動華夷若此。終以誕傲褊忿，困躓而卒。

華宗人翰，亦以進士知名。天寶中，寓居陽翟。爲文精密，用思苦澀，常從陽翟令皇甫曾求音樂，每思涸則奏樂，神逸則著文。祿山之亂，從友人張巡客宋州。巡率州人守城，賊攻圍經年，食盡矢窮方陷。當時薄巡者言其降賊，翰乃序巡守城事迹，撰張巡姚誾等傳兩卷上之，肅宗方明巡之忠義，士友稱之。上元中爲衞縣尉，入朝爲侍御史。

陸據者，周上庸公騰六代孫。少孤，文章俊逸，言論縱橫。年三十餘，始遊京師，舉進士。公卿覽其文，稱重之，辟爲從事。累官至司勳員外郎。天寶十三載卒。

開元、天寶間，文士知名者，汴州崔顥、京兆王昌齡高適、襄陽孟浩然，皆名位不振，唯高適官達，自有傳。

崔顥者，登進士第，有俊才，無士行，好蒱博飲酒。及遊京師，娶妻擇有貌者，稍不愜意，即去之，前後數四。累官司勳員外郎。天寶十三年卒。

王昌齡者，進士登第，補祕書省校書郎。又以博學宏詞登科，再遷汜水縣尉。不護細行，屢見貶斥，卒。昌齡爲文，緒微而思淸。有集五卷。

孟浩然，隱鹿門山，以詩自適。年四十來遊京師，應進士不第，還襄陽。張九齡鎭荆州，署爲從事，與之唱和。不達而卒。

元德秀者，河南人，字紫芝。開元二十一年登進士第。性純朴，無緣飾，動師古道。父爲延州刺史。德秀少孤貧，事母以孝聞。開元中，從鄉賦，歲遊京師，不忍離親，每行則自負板輿，與母詣長安。登第後，母亡，廬於墓所，食無鹽酪，藉無茵席，刺血畫像寫佛經。久之，以孤幼牽於祿仕，調授邢州南和尉。佐治有惠政，黜陟使上聞，召補龍武錄事參軍。

德秀早失恃怙，繦褓相繼，不及親在而娶，既孤之後，遂不娶婚。族人以絕嗣規之，德秀曰：「吾兄有子，繼先人之祀。」以兄子婚娶，家貧無以爲禮，求爲魯山令。先是墮車傷足，不任趨拜，汝郡守以客禮待之。部人爲盜，吏捕之繫獄，會縣界有猛獸爲暴，盜自陳曰：「願格殺猛獸以自贖。」德秀許之，胥吏曰：「盜詭計苟免，擅放官囚，無乃累乎？」德秀曰：「吾不欲負約，累則吾坐，必請不及諸君。」卽破械出之。翌日，格猛獸而還。誠信化人，大率此類。

秩滿，南遊陸渾，見佳山水，杳然有長往之志，乃結廬山阿。歲屬饑歉，庖廚不爨，而彈琴讀書，怡然自得。好事者載酒餚過之，不擇賢不肖，與之對酌，陶陶然遺身物外。琴觴之餘，間以文詠，率情而書，語無雕刻。所著季子聽樂論、蹇士賦，爲高人所稱。天寶十三年卒，時年五十九，門人相與謚爲文行先生。士大夫高其行，不名，謂之元魯山。

王維字摩詰，太原祁人。父處廉，終汾州司馬，徙家于蒲，遂爲河東人。維開元九年進士擢第。事母崔氏以孝聞。與弟縉俱有俊才，博學多藝亦齊名，閨門友悌，多士推之。歷右拾遺、監察御史、左補闕、庫部郎中。居母喪，柴毀骨立，殆不勝喪。服闋，拜吏部郎中。天寶末，爲給事中。祿山陷兩都，玄宗出幸，維扈從不及，爲賊所得。維服藥取痢，僞稱瘖病。祿山素憐之，遣人迎置洛陽，拘於普施寺，迫以僞署。祿山宴其徒於凝碧宮，其樂工皆梨園弟子、教坊工人。維聞之悲惻，潛爲詩曰：「萬戶傷心生野煙，百官何日再朝天？秋槐花落空宮裏，凝碧池頭奏管絃。」賊平，陷賊官三等定罪。維以凝碧詩聞于行在，肅宗嘉之，會縉請削己刑部侍郎以贖兄罪，特宥之，責授太子中允。乾元中，遷太子中庶子、中書舍人，復拜給事中，轉尚書右丞。

維以詩名盛於開元、天寶間，昆仲宦遊兩都，凡諸王駙馬豪右貴勢之門，無不拂席迎之，寧王、薛王待之如師友。維尤長五言詩。書畫特臻其妙，筆蹤措思，參於造化，而創意經圖，即有所缺，如山水平遠，雲峯石色，絕迹天機，非繪者之所及也。人有得奏樂圖，不知其名，維視之曰：「霓裳第三疊第一拍也。」好事者集樂工按之，一無差，咸服其精思。

維弟兄俱奉佛，居常蔬食，不茹葷血，晚年長齋，不衣文綵。得宋之問藍田別墅，在輞口，輞水周於舍下，別漲竹洲花塢，與道友裴迪浮舟往來，彈琴賦詩，嘯詠終日。嘗聚其田園所爲詩，號輞川集。在京師日飯十數名僧，以玄談爲樂。齋中無所有，唯茶鐺、藥臼、經案、繩床而已。退朝之後，焚香獨坐，以禪誦爲事。妻亡不再娶，三十年孤居一室，屏絕塵累。

乾元二年七月卒。臨終之際，以縉在鳳翔，忽索筆作別縉書，又與平生親故作別書數幅，多敦厲朋友奉佛脩心之旨，捨筆而絕。

代宗時，縉爲宰相，代宗好文，常謂縉曰：「卿之伯氏，天寶中詩名冠代，朕嘗於諸王座聞其樂章。今有多少文集，卿可進來。」縉曰：「臣兄開元中詩百千餘篇，天寶事後，十不存一。比於中外親故間相與編綴，都得四百餘篇。」翌日上之，帝優詔褒賞。縉自有傳。

李白字太白，山東人〔一〕。少有逸才，志氣宏放，飄然有超世之心。父爲任城尉，因家焉。少與魯中諸生孔巢父、韓沔、裴政、張叔明、陶沔等隱於徂徠山，酣歌縱酒，時號「竹溪六逸」。天寶初，客遊會稽，與道士吳筠隱於剡中。既而玄宗詔筠赴京師，筠薦之於朝，遣使召之，與筠俱待詔翰林。白既嗜酒，日與飲徒醉於酒肆。玄宗度曲，欲造樂府新詞，亟召白，白已臥於酒肆矣。召入，以水灑面，卽令秉筆，頃之成十餘章，帝頗嘉之。嘗沉醉殿上，引足令高力士脫靴，由是斥去。乃浪迹江湖，終日沉飲。時侍御史崔宗之謫官金陵，與白詩酒唱和。嘗月夜乘舟，自釆石達金陵，白衣宮錦袍，於舟中顧瞻笑傲，傍若無人。

初賀知章見白，賞之曰：「此天上謫仙人也。」祿山之亂，玄宗幸蜀，在途以永王璘爲江淮兵馬都督、揚州節度大使，白在宣州謁見，遂辟爲從事。永王謀亂，兵敗，白坐長流夜郎。後遇赦得還，竟以飲酒過度，醉死於宣城。有文集二十卷，行於時。

杜甫字子美，本襄陽人，後徙河南鞏縣。曾祖依藝，位終鞏令。祖審言，位終膳部員外郎，自有傳。父閑，終奉天令。

甫天寶初應進士不第。天寶末，獻三大禮賦，玄宗奇之，召試文章，授京兆府兵曹參軍。十五載，祿山陷京師，肅宗徵兵靈武，甫自京師宵遁赴河西，謁肅宗於彭原郡，拜右拾遺。房琯布衣時與甫善，時琯爲宰相，請自帥師討賊，帝許之。其年十月，琯兵敗於陳濤斜。明年春，琯罷相。甫上疏言琯有才，不宜罷免。肅宗怒，貶琯爲刺史，出甫爲華州司功參軍。時關畿亂離，穀食踊貴，甫寓居成州同谷縣，自負薪採梠，兒女餓殍者數人。久之，召補京兆府功曹。

上元二年冬，黄門侍郎、鄭國公嚴武鎭成都，奏爲節度參謀、檢校尚書工部員外郎，賜緋魚袋。武與甫世舊，待遇甚隆。甫性褊躁，無器度，恃恩放恣，嘗憑醉登武之牀，瞪視武曰：「嚴挺之乃有此兒！」武雖急暴，不以爲忤。甫於成都浣花里種竹植樹，結廬枕江，縱酒嘯詠，與田畯野老相狎蕩，無拘檢。嚴武過之，有時不冠，其傲誕如此。永泰元年夏，武卒，甫無所依。及郭英乂代武鎭成都，英乂武人粗暴，無能刺謁，乃遊東蜀依高適。既至而適卒。是歲，崔寧殺英乂，楊子琳攻西川，蜀中大亂。甫以其家避亂荆、楚，扁舟下峽，未維舟而江陵亂，乃泝沿湘流，遊衡山，寓居耒陽。甫嘗遊嶽廟，爲暴水所阻，旬日不得食。耒陽聶令知之，自棹舟迎甫而還。永泰二年，啗牛肉白酒，一夕而卒於耒陽，時年五十九。子宗武，流落湖、湘而卒。元和中，宗武子嗣業，自耒陽遷甫之柩，歸葬於偃師縣西北首陽山之前。

天寶末詩人，甫與李白齊名，而白自負文格放達，譏甫齷齪，而有飯顆山之嘲誚。元和中，詞人元稹論李、杜之優劣曰：

予讀詩至杜子美而知小大之有所總萃焉。始堯、舜之時，君臣以賡歌相和。是後詩人繼作，歷夏、殷、周千餘年，仲尼緝拾選揀，取其干預敎化之尤者三百，餘無所聞。騷人作而怨憤之態繁，然猶去風、雅日近，尙相比擬。秦、漢已還，採詩之官旣廢，天下妖謠民謳、歌頌諷賦、曲度嬉戲之辭，亦隨時間作。至漢武賦柏梁而七言之體具。蘇子卿、李少卿之徒，尤工爲五言。雖句讀文律各異，雅鄭之音亦雜，而辭意簡遠，指事言情，自非有爲而爲，則文不妄作。建安之後，天下之士遭罹兵戰，曹氏父子鞍馬間爲文，往往橫槊賦詩，故其遒壯抑揚、冤哀悲離之作，尤極於古。晉世風概稍存。宋、齊之間，教失根本，士以簡慢歙習舒徐相尙，文章以風容色澤、放曠精清爲高，蓋吟寫性靈、留連光景之文也，意義格力無取焉。陵遲至於梁、陳，淫豔刻飾、佻巧小碎之詞劇，又宋、齊之所不取也。

唐興，官學大振，歷世之文，能者互出。而又沈、宋之流，研練精切，穩順聲勢，謂之爲律詩。由是之後，文體之變極焉。然而莫不好古者遺近，務華者去實，效齊、梁則不迨於魏、晉，工樂府則力屈於五言，律切則骨格不存，閑暇則纖穠莫備。至於子美，蓋所謂上薄風、騷，下該沈、宋，言奪蘇、李，氣吞曹、劉，掩顏、謝之孤高，雜徐、庾之流麗，盡得古今之體勢，而兼人人之所獨專矣。使仲尼考鍛其旨要，尙不知貴其多乎哉！苟以爲能所不能，無可無不可，則詩人已來未有如子美者。

是時山東人李白，亦以文奇取稱，時人謂之李、杜。予觀其壯浪縱恣，擺去拘束，模寫物象，及樂府歌詩，誠亦差肩於子美矣。至若鋪陳終始，排比聲韻，大或千言，次猶數百，詞氣豪邁，而風調清深，屬對律切，而脫棄凡近，則李尙不能歷其藩翰，況堂奧乎！

予嘗欲條析其文，體別相附，與來者爲之準，特病懶未就爾。

自後屬文者，以穎論爲是。甫有文集六十

吳通玄，海州人。父道瓘爲道士，善教誘童孺，大曆中，召入宮，爲太子諸王授經。德宗在東宮，師道瓘，而通玄兄弟，出入宮掖，㥁侍太子遊，故遇之厚。通玄與兄通微，俱博學善屬文，文彩綺麗。通玄幼應神童舉，釋褐祕書正字、左驍衞兵曹、大理評事。建中初，策賢良方正等科，通玄應文詞清麗，登乙第，授同州司戶、京兆戶曹。貞元初，召充翰林學士。遷起居舍人、知制誥，與陸贄、吉中孚、韋執誼等同視草。陸贄富詞藻，特承德宗重顧，經歷艱難，通玄弟兄又以東宮侍上，由是爭寵，頗相嫌恨。贄性褊急，屢於上前短通玄，又言：「承平時工藝書畫之徒，待詔翰林，比無學士，只自至德後，天子召集賢學士于禁中草書詔，因在翰林院待進止，遂以爲名。奔播之時，道途或豫除改，權令草制。今四方無事，百揆時序，制書職分，宜歸中書舍人。學士之名，理須停寢。」贄以通玄援引朋黨，於禁中叶力排己，故欲廢之，德宗不許〔三〕。會贄權知兵部侍郎，知貢舉，乃正拜之，罷內職，皆通玄譖之也。

七年，自起居郎拜諫議大夫、知制誥。通玄自以久次當拜中書舍人，而反除諫議，殊失望。陸贄與宰相竇參相惡。參從子給事中申，參尤寵之，每預中書擬議，所至人呼申爲「喜鵲」。申，嗣虢王則之從父甥也。申與則之親善。則之爲金吾將軍，好學有文，申與則之潛結吳通玄兄弟，爲參共傾陸贄。則之令人造謗書，言贄考試舉人不實，招納賄賂。時通玄取宗室女爲外婦，德宗知之。既聞申、則之譖陸贄，綱紀伺之，果與通玄結構其謀，帝大怒，罷竇參知政事，尋貶郴州司馬，竇申錦州司戶，李則之昭州司馬，通玄泉州司馬。帝召見之，親自臨問，責以汚辱近屬。行至華州長城驛，賜死。尋以陸贄爲中書侍郎、平章事，代竇參。

通微，建中四年自壽安縣令入爲金部員外，召充翰林學士。尋改職方郎中，知制誥。與弟通玄同職禁署，人士榮之。七年，改禮部郎中，尋轉中書舍人。通玄死，素服待罪於國門，帝特宥之，通微竟不敢爲喪服。

通玄詞藻婉麗，帝尤憐之。貞元初，昭德王皇后崩，詔李紓爲謚册文，宰相張延賞、柳渾爲廟樂章。及進，皆不稱旨，並召通玄重撰。凡中旨撰述，非通玄之筆，無不慊然，重之如此。

王仲舒字弘中，太原人。少孤貧，事母以孝聞。嗜學工文，不就鄉舉。凡與結交，必知名之士，與楊頊、梁肅、裴樞爲忘形之契。貞元十年，策試賢良方正能直言極諫等科，仲舒登乙第，超拜右拾遺。裴延齡領度支，矯誕大言，中傷良善，仲舒上疏極論之。累轉尚書郎。元和五年，自職方郎中知制誥。仲舒文思温雅，制誥所出，人皆傳寫。京兆尹楊憑爲中丞李夷簡所劾，貶臨賀尉。仲舒與憑善，宣言於朝，言夷簡掎摭憑罪，仲舒坐貶硤州刺史。遷蘇州。穆宗卽位，復召爲中書舍人。其年出爲洪州刺史、御史中丞、江南西道觀察使。江西前例榷酒私醸法深，仲舒至鎭，奏罷之。又出官錢二萬貫，代貧戶輸稅。長慶三年冬，卒于鎭。

崔咸字重易，博陵人。祖安石。父鋭，位終給事中。咸元和二年進士擢第，又登博學宏詞科。鄭餘慶、李夷簡辟爲賓佐，待如師友。及登朝，歷踐臺閣，獨行守正，時望甚重。敬宗欲幸東都，人心不安。裴度以勳舊自興元隨表入覲，既至，李逢吉不欲度復入中書。京兆尹劉栖楚，逢吉黨也。栖楚等十餘人駕肩排度，而朝士持兩端者日擁度門。一日，度留客命酒，栖楚矯求度之歡，曲躬附裴耳而語，咸嫉其矯，舉爵罰度曰：「丞相不當許所由官呫囁耳語。」度笑而飲之。栖楚不自安，趨出。坐客皆壯之。累遷陜州大都督府長史、陝虢觀察等使。自旦至暮，與賓僚痛飲，恆醉不醒。簿領堆積，夜分省覽，剖判決斷，無毫釐之差，胥吏以爲神人。入爲右散騎常侍、祕書監。大和八年十月卒。

初，銳佐李抱眞爲澤路從事，有道人自稱盧老，曾事隋朝雲際寺李先生，預知過往未來之事。屬河朔禁遊客，銳館之於家。一旦辭去，且曰：「我死，當與君爲子。」因指口下黑子，願以爲志。咸之生也，果有黑子，其形神卽盧老也，父卽以盧老字之。旣冠，棲心高尚，志於林壑，往往獨遊南山，經時方還。尤長於歌詩，或風景晴明，花朝月夕，朗吟意愜，必悽惀霑襟，旨趣高奇，名流嗟挹。有文集二十卷。

唐次，并州晉陽人也，國初功臣禮部尙書儉之後。建中初進士擢第，累辟使府。貞元初，歷侍御史，竇參深重之，轉禮部員外郎。八年，參貶官，次坐出爲開州刺史。在巴峽閒十餘年，不獲進用。西川節度使韋皐抗表請爲副使，德宗密諭皐令罷之。次久滯蠻荒，孤心抑鬱，怨謗所積，孰與申明，乃採自古忠臣賢士，遭罹讒謗放逐，遂至殺身，而君猶不悟，其書三篇，謂之辨謗略，上之。德宗省之，猶怒，謂左右曰：「唐次乃方吾爲古之昏主，何自諭如此！」改夔州刺史。憲宗卽位，與李吉甫同自峽內召還，授次禮部郎中。尋以本官知制誥，正拜中書舍人，卒。

章武皇帝明哲嫉惡，尤惡人朋比傾陷，嘗閱書禁中，得次所上書三篇，覽而善之，謂學士沈傳師曰：「唐次所集辨謗之書，實君人者時宜觀覽。朕思古書中多有此事，次編錄未盡。卿家傳史學，可與學士類例廣之。」傳師奉詔與令狐楚、杜元穎等分功脩續，廣爲十卷，號元和辨謗略，其序曰：

臣聞乾坤定而上下分矣，至於播四時之候，遂萬物之宜，在驗乎妖、祥之二氣，祥氣降則爲豐爲茂，妖氣降則爲沴爲災。君臣立而卑高隔矣，至於處神明之奧，詢獻納之辭，在審乎邪、正之二說，正言勝則爲忠爲讜，邪言勝則爲讒爲諛。故詩云：「萋兮斐兮，成是貝錦。」刺其組織之甚巧也。語曰：「邪徑敗良田，讒口亂善人。」惡其萋言之蠹政也。蓋謂似信而詐，似忠而非，便便可以動心，捷捷可以亂德，豈止鶗鴂彫卉，薏苡惑珠者哉！況立國家，自中徂外，道偏則刑罰不中，讒勝則忠孝靡彰。逖覽前聞，緬想近古，招賢容鯁，遠佞嫉邪，慮之則深，防之未至。伏惟睿聖文武皇帝陛下，垂衣御宇，化洽文明，謨猷博訪於縉紳，旌賁屢臻於巖穴。尙復廣四目，周四聰，制理皆在於未萌，作範將垂於不朽。乃詔掌文之臣令狐楚等，上自周、漢，下洎隋朝，求史籍之忠賢，罹讒謗之事迹，敍瑕釁之本末，紀謠諑之淺深，編次指明，勒成十卷。昔虞舜有聖謨之命，我皇脩辨謗之書，千古一心，同垂至理。將俟法宮退日昃之政，別殿備乙夜之觀，則聖慮先辨，謗何由興，上天不言，而民自信矣。

憲宗優詔答之。

次子扶、持。

扶字雲翔，元和五年進士登第，累佐使府。入朝爲監察御史，出爲刺史。大和初，入朝爲屯田郎中。五年〔三〕，充山南道宣撫使，至鄧州，奏：「內鄉縣行市、黃澗兩場倉督鄧琬等，先主掌湖南、江西運到糙米，至淅川縣於荒野中囤貯，除支用外，六千九百四十五石，裛爛成灰塵。度支牒徵元掌所由，自貞元二十年，鄧琬父子兄弟至玄孫，相承禁繫二十八年，前後禁死九人。今琬孫及玄孫見在枷禁者。」敕曰：「如聞鹽鐵、度支兩使，此類極多。其鄧琬等四人，資產全已賣納，禁繫三代，瘐死獄中，實傷和氣。鄧琬等並疏放。天下州府監院如有此類，不得禁經三年已上。速便疏理以聞。」物議嘉扶有宣撫之才。俄轉司勳郎中。八年，充弘文館學士，判院事。九年，轉職方郎中，權知中書舍人事。開成初，正拜舍人，踰月，授福州刺史、御史中丞、福建團練觀察使。四年十一月，卒于鎮。

扶佐幕立事，登朝有名，及廉問甌、閩，政事不治。身歿之後，僕妾爭財，詣闕論訴，法司按劾，其家財十萬貫，歸於二妾。又嘗枉殺部人，爲其家所訴。行已前後不類，時論非之。

持字德守，元和十五年擢進士第，累辟諸侯府。入朝爲侍御史、尚書郎。大中末〔四〕，自工部郎中出爲容州刺史、御史中丞、容管經略招討使。入爲給事中。大中末，檢校左散騎常侍、靈州大都督府長史、朔方節度、靈武六城轉運等使。進位檢校戶部尚書、潞州大都督府長史、昭義節度、澤潞邢洺磁觀察處置等使，卒。

子彥謙，字茂業，咸通末應進士，才高負氣，無所屈降，十餘年不第。乾符末，河南盜起，兩都覆沒，以其家避地漢南。中和中，王重榮鎭河中，辟爲從事。累奏至河中節度副使，歷晉、絳二州刺史。彥謙博學多藝，文詞壯麗，至於書畫音樂博飲之技，無不出於輩流。尤能七言詩，少時師溫庭筠，故文格類之。

光啓末，王重榮爲部下所害，朝議責參佐，彥謙與書記李巨川俱貶漢中掾曹。時楊守亮鎭興元，素聞其名，彥謙以本府參承，守亮見之，喜握手曰：「聞尙書名久矣，邂逅於茲。」翌日，署爲判官。累官至副使，閬、壁二郡刺史。卒於漢中。有詩數百篇，禮部侍郎薛廷珪爲之序，號鹿門先生集，行於時。子渙，位亦至郡守。

次弟歡、款、欣。款貞元六年登進士第，累辟使府，登朝爲御史，出爲郡守，卒。子枝。枝字己有，會昌末，累遷刑部員外，轉郎中，累歷刺史，卒。

劉蕡字去華，昌平人。父勉。蕡寶曆二年進士擢第。博學善屬文，尤精左氏春秋。與朋友交，好談王霸大略，耿介嫉惡，言及世務，慨然有澄清之志。自元和末，閽寺權盛，握兵宮闈，橫制天下，天子廢立，由其可否，干撓庶政。當時目爲南北司，愛惡相攻，有同水火。蕡草澤中居常憤惋。文宗即位，恭儉求理，大和二年策試賢良曰：

朕聞古先哲王之理也，玄默無爲，端拱思道，陶民心以居簡，凝日用而不宰，厚下以立本，推誠而建中。由是天人通，陰陽和，俗躋仁壽，物無疵癘。噫，盛德之所臻，敻乎莫可及也。三代令王，質文迭究，百僞滋熾，風流寖微，自漢而降，足徵蓋寡。朕顧惟昧道，祗荷丕構，奉若謨訓，不敢怠荒。任賢惕厲，宵衣旰食，詎追三五之遐軌，庶紹祖宗之鴻緒。而心有所未達，行有所未孚，由中及外，闕政斯廣。是以人不率化，氣或堙厄，災旱竟歲，播植愆時。國廩罕蓄，乏九年之儲，吏道多端，微三載之績。京師，諸夏之本也，將以觀理，而豪猾時踰檢；太學，明教之源也，期於變風，而生徒多墮業。

列郡在乎頒條，而干禁或未絕；百工在乎按度，而淫巧或未衰。俗墮風靡，積訛成蠹。其擇官濟理也，聽人以言，則枝葉難辨；御下以法，則恥格不形。其阜財發號也，生之寡而食之衆，煩於令而鮮於理。思所以究此繆盭，致之治平，茲心浩然，若涉泉水。故前詔有司，博延羣彥，佇啓宿懵，冀臻時雍。子大夫識達古今，明於康濟，造廷待問，副朕虛懷。必當箴主之闕，辨政之疵，明綱條之致紊，稽富庶之所急。何施斯革於前弊，何澤斯惠乎下土，何脩而理古可近，何道而和氣克充，推之本源，著於條對。至於夷吾輕重之權，孰輔於理；嚴尤底定之策，孰叶於時；元凱之考課何先；叔子之克平何務。推此龜鏡，擇乎中庸，期在洽聞，朕將親覽。

時對策者百餘人，所對止循常務，唯蕡切論黃門太橫，將危宗社。對曰：

臣誠不佞，有匡國致君之術，無位而不得行；有犯顏敢諫之心，無路而不得進。但懷憤鬱抑，思有時而一發耳。常欲與庶人議於道，商旅謗於市，得通上聽，一悟主心，雖被妖言之罪，無所悔焉。況逢陛下以至德嗣興，以大明垂照，詢求過闕，咨訪謨猷，制詔中外，舉直言極諫者。臣既辱斯舉，專承大問，敢不悉意以言。至於上之所忌，時之所禁，權倖之所諱惡，有司之所與奪，臣愚不識。伏惟陛下少加優容，不使聖朝有讜直而受戮者，乃天下之幸也。謹昧死以對。

伏惟聖策，有思先古之理，念玄默之化，將欲通天人以齊俗，和陰陽以煦物，見陛下慕道之深也。臣以爲哲王之理，其則不遠，惟陛下致之之道何如爾。

伏惟聖策，有祗荷丕構而不敢荒寧，奉若謨訓而罔有怠忽，見陛下憂勞之志也。若夫任賢惕厲，宵衣旰食，宜黜左右之纖佞，進股肱之大臣；若夫追蹤三五，紹復祖宗，宜鑒前古之興亡，明當時之成敗。心有所未達，以下情塞而不得上通；行有所未孚，以上澤壅而不得下浹。欲人之化也，在脩己以先之；欲氣之和也，在遂性以導之。救災患在致乎精誠，廣播植在視乎食力。國廩罕蓄，本乎冗食尚繁；吏道多端，本乎選用失當。豪猾踰制，由中外之法殊；生徒墮業，由學校之官廢。列郡干禁，由授任非人；百工淫巧，由制度不立。

伏以聖策，有擇官濟理之心，阜財發號之歎，見陛下教化之本也。且進人以行，則枝葉安有難別乎？防下以禮，則恥格安有不形乎？念生寡而食衆，可罷斥惰游；念令煩而理鮮，要察其行否。博延羣彥，願陛下必納其言；造廷待問，則小臣安敢愛死。

伏以聖策，有求賢箴闕之言，審政辨疵之念，見陛下咨訪之勤也。遂小臣屏姦豪之志，則弊革於前；守陛下念康濟之心，則惠敷於下。邪正之道分，則理古可近；禮樂之方著，而和氣克充。至若夷吾之法，非皇王之權；嚴尤所陳，無最上之策。元凱之所先，不若唐、虞之考績；叔子之所務，不若重華之舞干。且俱非大德之中庸，未爲上聖之龜鑑，何足以爲陛下道之哉！或有以繫安危之機，兆存亡之變者，臣請披瀝肝膽，爲陛下別白而重言之。

臣前所謂「哲王之理，其則不遠」者，在陛下愼思之，力行之，終始不懈而已。臣謹按春秋：「元者，氣之始也；春者，歲之始也。」春秋以元加於歲，以春加於王，明王者當奉若天道，以謹其始也。又舉時以終歲，舉月以終時，春秋雖無事，必書首月以存時，明王者當奉若天道，以謹其終也。王者動作終始必法於天者，以其運行不息也。陛下既能謹其始，又能謹其終，懋而脩之，勤而行之，則可以執契而居簡，無爲而不宰，廣立本之大業，崇建中之盛德矣。又安有三代循環之弊，而爲百僞滋熾之漸乎？臣故曰「惟陛下致之之道何如耳」。

臣前所謂「若夫任賢惕厲，宵衣旰食，宜黜左右之纖佞，進股肱之大臣」者，實以陛下憂勞之至也。臣聞不宜憂而憂者，國必衰；宜憂而不憂者，國必危。今陛下不以國家存亡之事、社稷安危之策，而降於淸問。臣未知陛下以布衣之臣不足以定大計耶？或萬機之勤，而聖慮有所未至耶？不然，何宜憂而不憂者乎？臣以爲陛下宜先憂者，宮闈將變，社稷將危，天下將傾，海內將亂。此四者，國家已然之兆，故臣謂聖慮宜先及之。夫帝業既艱難而成之，故不可容易而守之。昔太祖肇其基，高祖勤其績，太宗定其業，玄宗繼其明，至于陛下，二百有餘載矣。其間明聖相因，憂亂繼作，未有不委用賢士，親近正人，而能紹興其徽烈者也。或一日不念，則顚覆大器，宗廟之恥，萬古爲恨。

臣謹按春秋，人君之道在體元以居正，昔董仲舒爲漢武帝言之略矣。其所未盡者，臣得爲陛下備而論之。夫繼故必書卽位，所以正其始也；終必書所終之地，所以正其終也。故爲君者，所發必正言，所履必正道，所居必正位，所近必正人。

臣又按春秋「閽弑吳子餘祭」，不書其君。春秋譏其疏遠賢士，昵近刑人，有不君之道矣。伏惟陛下思祖宗開國之勤，念春秋繼故之誡。將明法度之端，則發正言而履正道；將杜篡弑之漸，則居正位而近正人。遠刀鋸之賤，親骨鯁之直，輔相得以專其任，庶職得以守其官。奈何以褻近五六人，總天下大政，外專陛下之命，內竊陛下之權，威懾朝廷，勢傾海內，羣臣莫敢指其狀，天子不得制其心。禍稔蕭牆，姦生帷幄，臣恐曹節、侯覽，復生於今日，此宮闈之所以將變也。

臣謹按春秋，魯定公元年春王不言正月者，春秋以其先君不得正其終，則後君不得正其始，故曰定無正也。今忠賢無腹心之寄，閽寺持廢立之權，陷先君不得正其終，致陛下不得正其始。況皇儲未建，郊祀未脩，將相之職不歸，名分之宜不定，此社稷之所以將危也。

臣謹按春秋「王札子殺召伯、毛伯」。春秋之義，兩下相殺不書。而此書者，重其專王命也。且天之所授者在君，君之所授者在命。操其命而失之者，是不君也；侵其命而專之者，是不臣也。君不君，臣不臣，此天下所以將傾也。

臣謹按春秋，晉趙鞅以晉陽之兵叛入于晉。書其歸者，以其能逐君側惡人以安其君，故春秋善之。今威柄凌夷，藩臣跋扈。或有不達人臣之節，首亂者以安君爲名；不究春秋之微，稱兵者以逐惡爲義。則政刑不由乎天子，攻伐必自於諸侯，此海內之所以將亂也。又樊噲排闥而雪涕，爰盎當車以抗詞，京房發憤以殞身，竇武不顧而畢命，此皆陛下明知之矣。

臣謹按春秋，晉狐射姑殺陽處父。書襄公殺之者，以其上漏言也。襄公不能固陰重之機，處父所以及戕賊之禍，故春秋非之。夫上漏其情，則下不敢盡意；上泄其事，則下不敢盡言。傳有「造膝」「詭辭」之文，易有「殺身」「害成」之戒。今公卿大臣，非不能爲陛下言之，慮陛下必不能用之。陛下既忽之而不用，必洩其言；臣下既言之而不行，必嬰其禍。適足以鉗直臣之口，重奸臣之威。是以欲盡其言，則起失身之懼；欲盡其意，則有害成之憂。故徘徊鬱塞，以俟陛下感悟，然後盡其啓沃耳。陛下何不以聽朝之餘，時御便殿，召當時賢相與舊德老臣，訪持變扶危之謀，求定傾救亂之術。塞陰邪之路，屏褻狎之臣，制侵凌迫脅之心，復門戶掃除之役，戒其所宜戒，憂其所宜憂。既不能治於前，當治於後；既不能正其始，當正其終。則可以虔奉典謨，克承丕構，終任賢之效，無旰食之憂矣。

臣前所謂「若夫追蹤三五，紹復祖宗，宜鑒前古之興亡，明當時之成敗」者。臣聞堯、舜之爲君而天下之人理者，以其能任九官四嶽十二牧，不失其舉，不貳其業，不侵其職。居官惟其能，左右惟其賢。元凱在下，雖微必舉；四凶在朝，雖強必誅。考其安危，明其取捨。至秦之二代，漢之元、成，咸欲措國如唐、虞，致身如堯、舜，而終敗亡者，以其不見安危之機，不知取捨之道，不任大臣，不辨姦人，不親忠良，不遠讒佞。伏惟陛下察唐、虞之所以興，而景行於前；鑒秦、漢之所以亡，而戒懼於後。陛下無謂廟堂無賢相，庶官無賢士。今紀綱未絕，典刑猶在，人誰不欲致身爲王臣，致時爲太平，陛下何忽而不用之耶？又有居官非其能，左右非其賢，其惡如四凶，其詐如趙高，其姦如恭、顯，陛下又何憚而不去之耶？神器固有歸，天命固有分，祖廟固有靈，忠臣固有心，陛下其念之哉！昔秦之亡也，失於強暴；漢之亡也，失於微弱。強暴則賊臣畏死而害上，微弱則姦臣竊權而震主。伏見敬宗皇帝不虞亡秦之禍，不翦其萌；伏惟陛下深軫亡漢之憂，以杜其漸。則祖宗之鴻業可紹，三五之遐軌可追矣。

臣前所謂「陛下心有所未達，以下情塞而不能上通；行有所未孚，以上澤壅而不得下浹」者。且百姓塗炭之苦，陛下無由而知；則陛下有子育之心，百姓無由而信。臣謹按春秋書「梁亡」，不書取者，梁自亡也，以其思慮昏而耳目塞，上出惡政，人爲寇盜，皆不知其所以然，以自取其滅亡也。臣聞國君之所以尊者，重其社稷也；社稷之所以重者，存其百姓也。苟百姓之不存，則社稷不得固其重；苟社稷之不重，則國君不得保其尊。故治天下不可不知百姓之情。夫百姓者，陛下之赤子也。陛下宜令仁慈者親育之，如保傅焉，如乳哺焉，如師之教導焉。故人信於上也，敬之如神明，愛之如父母。今或不然。陛下親近貴倖，分曹補署，建除卒吏，召致賓客，因其貨賄，假其氣勢。大者統藩方，小者爲牧守。居上無淸惠之政，而有饕餮之害；居下無忠誠之節，而有姦欺之罪。故人之於上也，畏之如豺狼，惡之如讎敵。今海內困窮，處處流散，饑者不得食，寒者不得衣，鰥寡孤獨者不得存，老幼疾病者不得養。加以國之權柄，專在左右，貪臣聚斂以固寵，姦吏因緣而弄法。冤痛之聲，上達于九天，下流於九泉，鬼神怨怒，陰陽爲之愆錯。君門萬里而不得告訴，士人無所歸化，百姓無所歸命。

官亂人貧，盜賊並起，土崩之勢，憂在旦夕。卽不幸因之以疾癘，繼之以凶荒，臣恐陳勝、吳廣不獨起於秦，赤眉、黃巾不獨起於漢，故臣所以爲陛下發憤扼腕，痛心泣血爾。如此則百姓有塗炭之苦，陛下何由而知之；陛下有子育之心，百姓安得而信之乎？致使陛下「行有所未孚，心有所未達」者，固其然也。

臣聞昔漢元帝卽位之初，更制七十餘事，其心甚誠，其稱甚美。然而紀綱日紊，國祚日衰，姦宄日強，黎元日困者，以其不能擇賢明而任之，失其操柄也。卽陛下御宇，憂勤兆庶，屢降德音，四海之內，莫不抗首而長思，自喜復生於死亡之中也。伏惟陛下愼終如始，以塞萬方之望。誠能揭國權以歸其相，持兵柄以歸其將，去貪臣聚斂之政，除姦吏因緣之害，惟忠賢是近，惟正直是用，內寵便僻，無所聽焉。選淸愼之官，擇仁惠之長，敏之以利，煦之以仁，敎之以孝慈，導之以德義，去耳目之塞，通上下之情，俾萬國歡康，兆民蘇息，則心無不達，行無不孚矣。

臣前所謂「欲兆人之化也，在脩己以先之」者。臣聞德以脩己，敎以導人，脩之也則人不勸而自至，導之也則人敦行而率從。是以君子欲政之必行也，故以身先之；欲人之從化也，故以道御之。今陛下先之以身而政未必行，御之以道而人未從化，豈不以立敎之旨未盡其方也。夫立敎之方，在乎君以明制之，臣以忠行之，君以知人爲明，臣以匡時爲忠，知人則任賢而去邪，匡時則固本而守法。賢不任則重賞不足以勸善，邪不去則嚴刑不足以禁非，本不固則民流，法不守則政散，而欲教之使必至，化之使必行，不可得也。陛下能斥姦邪不私其左右，舉賢正不遺其疏遠，則化浹於朝廷矣；愛人以敦本，分職而奉法，脩其身以及其人，始於中而成於外，則化行於天下矣。

臣前所謂「欲氣之和也，在於遂性以導之」者，當納人於仁壽也。夫欲人之仁壽也，在乎立制度，脩教化。夫制度立則財用省，財用省則賦斂輕，賦斂輕則人富矣；教化脩則爭競息，爭競息則刑罰清，刑罰清則人安矣。既富矣，則仁義興焉；既安矣，則壽考至焉。仁壽之心感於下，和平之氣應於上，故災害不作，休祥荐臻，四方底寧，萬物咸遂矣。

臣前所謂「救災旱在致乎精誠」者。臣謹按春秋，魯僖公七月之中，三書不雨者，以其君有恤人之志也；魯文公三年之中，一書不雨者，以其君無憫人之心也。故僖公致精誠而旱不害物，文公無卹憫而旱則成災。陛下誠能有卹人之心，則無成災之變矣。

臣前所謂「廣播植在視乎食力」者。臣謹按春秋：「君人者，必時視人之所勤。人勤於力，則功築罕；人勤於財，則貢賦少；人勤於食，則百事廢。」今財食與人力皆勤矣，願陛下廢百事之勞，廣三時之務，則播植不愆矣。

臣前所謂「國廩罕蓄，本乎冗食尙繁」者。臣謹按春秋「臧孫辰告糴于齊」，春秋譏其國無九年之蓄，一年不登而百姓饑。臣願斥游惰之人以篤其耕植，省不急之費以贍其黎元，則廩蓄不乏矣。

臣前所謂「吏道多端，本乎選用失當」者，由國家取人不盡其才，任人不明其要故也。今陛下之用人也，求其聲而不得其實；故人之趨進也，務其末而不務其本。臣願覈考課之實，定遷序之制，則多端之吏息矣。

臣前所謂「豪猾踰檢，由中外之法殊」者，以其官禁不一也。臣謹按春秋，齊桓公盟諸侯不以日，而葵丘之盟特以日者，美其能宣明天子之禁，率奉王官之法，故春秋備而書之。夫官者，五帝、三王之所建也；法者，高祖、太宗之所制也。法宜畫一，官宜正名。今又分外官、中官之員，立南司、北司之局，或犯禁於南，則亡命于北，或正刑于外，則破律於中，法出多門，人無所措，實由兵農勢異，而中外法殊也。臣聞古者因井田而制軍賦，閒農事以脩武備，提封約卒乘之數，命將在公卿之列，故兵農一致而文武同方，可以保乂邦家，式遏禍亂。暨太宗皇帝肇建邦典，亦置府兵，臺省軍衞，文武參掌，居閑歲則橐弓力穡，將有事則釋耒荷戈，所以脩復古制，不廢舊物。今則不然。夏官不知兵籍，止於奉朝請；六軍不主兵事，止於養勳階。軍容合中官之政，戎律附內臣之職。首一戴武弁，嫉文吏如仇讎；足一蹈軍門，視農夫如草芥。謀不足以翦除凶逆，而詐足以抑揚威福；勇不足以鎮衞社稷，而暴足以侵軼里閭。羈絏藩臣，干凌宰輔，隳裂王度，汩亂朝經。張武夫之威，上以制君父；假天子之命，下以御英豪。有藏姦觀釁之心，無伏節死難之義。豈先王經文緯武之旨耶！臣願陛下貫文武之道，均兵農之功，正貴賤之名，一中外之法，選軍衞之職，脩省署之官，近崇貞觀之規，遠復成周之制，自邦畿以刑于下國，始天子以達于諸侯，則可以制豪猾之強，無踰檢之患矣。

臣前所謂「生徒墮業，由學校之官廢」者，蓋以國家貴其祿而賤其能，先其身而後其行，故庶官乏通經之學，諸生無脩業之心矣。臣前所謂「列郡干禁，由授任非其人」者。臣以爲刺史之任，理亂之根本繫焉，朝廷之法制在焉，權可以抑豪猾，恩可以惠孤寡，強可以禦姦寇，政可以移風俗。其將校有曾經戰陣，及功臣子弟，各請隨宜酬賞。如無治人之術者，不當授任此官，則絕干禁之患矣。臣前所謂「百工淫巧，由制度不立」者。臣請以官位祿秩，制其器用車服，禁人金銀珠玉錦繡雕鏤不蓄於私室，則無蕩心之巧矣。臣前所謂「辨枝葉」者，考其言以詢行也。臣前所謂「形于恥格」者，導德而齊禮也。臣前所謂「念生寡而食衆，可罷斥惰遊」者，已備之於前矣。臣前所謂「令煩而理鮮，要察其行否」者。臣聞號令者，乃理國之具也，君審而出之，臣奉而行之，或虧上旨，罪在不赦。今陛下令煩而理鮮，得非持之者有所蔽欺乎？

臣前所謂「博延羣彥，願陛下必納其言；造廷待問，則小臣不敢愛死」者。臣聞晁錯爲漢畫削諸侯之策，非不知禍之將至也。忠臣之心，壯夫之節，苟利社稷，死無悔焉。今臣非不知言發而禍應，計行而身戮，蓋所以痛社稷之危，哀生人之困，豈忍姑息時忌，竊陛下一命之寵哉！昔龍逢死而啓殷，比干死而啓周，韓非死而啓漢，陳蕃死而啓魏。今臣之來也，有司或不敢薦臣之言，陛下又無以察臣之心，退必受戮於權臣之手。臣幸得從四子於地下，固臣之願也。所不知殺臣者，臣死之後，將孰爲啓之哉？至於人主之闕，政教之疵，前日之弊，臣既言之矣。若乃流下土之惠，修近古之理，而致其和平者，在陛下行之而已。然上之所陳者，實以臣親奉聖問，敢不條對。雖臣之愚，以爲未極教化之大端，皇王之要道。伏惟陛下事天地以教人敬，奉宗廟以教人孝，養高年以教人悌長，字百姓以教人慈幼，調元氣以煦育，扇大和於仁壽，可以逍遙無爲，垂拱成化。至若念陶鈞之道，在擇宰相而任之，使權造物之柄；念保定之功，在擇將帥而任之，使修分閫之寄；念百度之未貞，在擇庶官而任之，使專職業之守；念百姓之愁痛，在擇長吏而任之，使明惠育之術。自然言足以爲天下教，行足以爲天下法，仁足以勸善，義足以禁非，又何必宵衣旰食，勞神惕慮，然後以致其理哉！

是歲，左散騎常侍馮宿、太常少卿賈餗、庫部郎中龐嚴爲考策官，三人者，時之文士也，覩蕡條對，歎服嗟悒，以爲漢之晁、董，無以過之。言論激切，士林感動。時登科者二十二人，而中官當途，考官不敢留蕡在籍中，物論喧然不平之。守道正人，傳讀其文，至有相對垂泣者。諫官御史，扼腕憤發，而執政之臣，從而弭之，以避黄門之怨。唯登科人李郃謂人曰：「劉蕡不第，我輩登科，實厚顏矣。」請以所授官讓蕡，事雖不行，人士多之。令狐楚在興元，牛僧孺鎭襄陽，辟爲從事，待如師友。位終使府御史。

李商隱字義山，懷州河内人。曾祖叔恆，年十九登進士第，位終安陽令。祖俌，位終邢州錄事參軍。父嗣。

商隱幼能爲文。令狐楚鎭河陽，以所業文干之，年纔及弱冠。楚以其少俊，深禮之，令與諸子遊。楚鎭天平、汴州，從爲巡官，歲給資裝，令隨計上都。開成二年，方登進士第，釋褐祕書省校書郎，調補弘農尉。會昌二年，又以書判拔萃。王茂元鎭河陽，辟爲掌書記，得侍御史。茂元愛其才，以子妻之。茂元雖讀書爲儒，然本將家子，李德裕素遇之，時德裕秉政，用爲河陽帥。德裕與李宗閔、楊嗣復、令狐楚大相讎怨。商隱既爲茂元從事，宗閔黨大薄之。時令狐楚已卒，子綯爲員外郎，以商隱背恩，尤惡其無行。俄而茂元卒，來遊京師，久之不調。會給事中鄭亞廉察桂州，請爲觀察判官、檢校水部員外郎。大中初，白敏中執政，令狐綯在內署，共排李德裕逐之。亞坐德裕黨，亦貶循州刺史。商隱隨亞在嶺表累載。三年入朝，京兆尹盧弘正奏署掾曹，令典牋奏。明年，令狐綯作相，商隱屢啓陳情，綯不之省。弘正鎮徐州，又從爲掌書記。府罷入朝，復以文章干綯，乃補太學博士。會河南尹柳仲郢鎮東蜀，辟爲節度判官、檢校工部郎中。大中末，仲郢坐專殺左遷，商隱廢罷，還鄭州，未幾病卒。

商隱能爲古文，不喜偶對。從事令狐楚幕，楚能章奏，遂以其道授商隱，自是始爲今體章奏。博學強記，下筆不能自休，尤善爲誄奠之辭。與太原温庭筠、南郡段成式齊名，時號「三十六」。文思清麗，庭筠過之。而俱無持操，恃才詭激，爲當塗者所薄，名宦不進，坎壈終身。弟義叟，亦以進士擢第，累爲賓佐。商隱有表狀集四十卷。

温庭筠者，太原人，本名岐，字飛卿。大中初，應進士。苦心硯席，尤長於詩賦。初至京師，人士翕然推重。然士行塵雜，不脩邊幅，能逐絃吹之音，爲側豔之詞，公卿家無賴子弟裴誠、令狐縞之徒，相與蒱飲，酣醉終日，由是累年不第。徐商鎮襄陽，往依之，署爲巡官。咸通中，失意歸江東，路由廣陵，心怨令狐綯在位時不爲成名。既至，與新進少年狂遊狹邪，久不刺謁。又乞索於楊子院，醉而犯夜，爲虞候所擊，敗面折齒，方還揚州訴之。令狐綯捕虞候治之，極言庭筠狹邪醜迹，乃兩釋之。自是汙行聞于京師。庭筠自至長安，致書公卿間雪冤。屬徐商知政事，頗爲言之。無何，商罷相出鎮，楊收怒之，貶爲方城尉。再遷隋縣尉，卒。

子憲，以進士擢第。弟庭皓，咸通中爲徐州從事，節度使崔彥曾爲龐勛所殺，庭皓亦被害。庭筠著述頗多，而詩賦韻格清拔，文士稱之。

薛逢字陶臣，河東人。父倚。逢會昌初進士擢第，釋褐祕書省校書郎。崔鉉罷相鎮河中，辟爲從事。鉉復輔政，奏授萬年尉，直弘文館，累遷侍御史、尚書郎。逢文詞俊拔，論議激切，自負經畫之略，久之不達。應進士時，與彭城劉瑑尤相善，而瑑詞藝不迨逢，逢每侮之。至大中末，瑑揚歷禁署，逢愈不得意，自是相怨。俄而瑑知政事，或薦逢知制誥，瑑奏曰：「先朝立制，兩省官給事中、舍人除拜，須先歷州縣。逢未嘗治郡，宜先試之。」乃出爲巴州刺史。既而沈詢、楊收、王鐸由學士相繼爲將相，皆逢同年進士，而逢文藝最優。楊收作相後，逢有詩云：「須知金印朝天客，同是沙隄避路人。威鳳偶時皆瑞聖，潛龍無水謾通神。」收聞，大銜之，又出爲蓬州刺史。收罷相，入爲太常少卿。給事中王鐸作相，逢又有詩云：「昨日鴻毛萬鈞重，今朝山嶽一塵輕。」鐸又怨之。以恃才褊忿，人士鄙之。遷祕書監，卒。

子廷珪。中和中登進士第。大順初，累遷司勳員外郎，知制誥，正拜中書舍人。乾寧三年，奉使太原復命，昭宗幸華州，改左散騎常侍。移疾免，客遊成都。光化中，復爲中書舍人，遷刑部、吏部二侍郎，權知禮部貢舉，拜尚書左丞。入梁，至禮部尚書。

李拯字昌時，隴西人。咸通十二年登進士第。乾符中，累佐府幕。黃巢之亂，避地平陽。僖宗還京，召拜尚書郎，轉考功郎中，知制誥。僖宗再幸寶鷄，拯扈從不及，在鳳翔。襄王僭號，逼爲翰林學士。拯既污僞署，心不自安。後朱玫秉政，百揆無敍，典章濁亂，拯嘗朝退，駐馬國門，望南山而吟曰：「紫宸朝罷綴鴛鸞，丹鳳樓前駐馬看。唯有終南山色在，晴明依舊滿長安。」吟已涕下。及王行瑜殺朱玫，襄王出奔，京城亂，拯爲亂兵所殺。妻盧氏，知書能文，有姿色。拯既死，伏其屍慟哭，賊逼之，堅哭不動，又臨之以兵，至於斷一臂，終不顧，爲賊所害，人皆傷之。

李巨川字下己，隴右人。國初十八學士道玄之後，故相逢吉之姪曾孫。父循，大中八年登進士第。巨川乾符中應進士，屬天下大亂，流離奔播，切於祿位，乃以刀筆從諸侯府。王重榮鎭河中，辟爲掌書記。時車駕在蜀，賊據京師，重榮匡合諸藩，叶力誅寇，軍書奏請，堆案盈几。巨川文思敏速，翰動如飛，傳之藩鄰，無不聳動，重榮收復功，巨川之助也。及重榮爲部下所害，朝議罪參佐，貶爲漢中掾。時楊守亮帥興元，素知之，聞巨川至，喜謂客曰：「天以李書記遺我也！」卽命管記室，累遷幕職。景福中，守亮爲李茂貞所攻，城陷，以部下數百人欲投太原，入秦，爲華軍所擒。巨川時從守亮，亦被械繫。在途，巨川題詩於樹葉以遺華帥韓建，詞情哀鳴，建欣然解縛。守亮誅，卽命爲掌書記。俄而李茂貞犯京師，天子駐蹕於華。韓建以一州之力，供億萬乘，慮其不濟，遣巨川傳檄天下，請助轉餉，同匡王室，完葺京城。四方書檄，酬報輻湊，巨川灑翰陳敍，文理俱愜，昭宗深重之，卽時巨川之名聞于天下。昭宗還京，特授諫議大夫，仍留佐建。

光化初，朱全忠陷河中，進兵入潼關。建懼，令巨川見全忠送款，至河中，從容言事。巨川指陳利害，全忠方圖問鼎，聞巨川所陳，心惡之。判官敬翔，亦以文筆見知於全忠，慮得巨川減落名價，謂全忠曰：「李諫議文章信美，但不利主人。」是日爲全忠所害。

司空圖字表聖，本臨淮人。曾祖遂，密令。祖彖，水部郎中。父輿，精吏術。大中初，戶部侍郎盧弘正領鹽鐵，奏輿爲安邑兩池榷鹽使、檢校司封郎中。先是，鹽法條例疏闊，吏多犯禁；輿乃特定新法十條奏之，至今以爲便。入朝爲司門員外郎，遷戶部郎中，卒。

圖咸通十年登進士第，主司王凝於進士中尤奇之。凝左授商州刺史，圖請從之，凝加器重，洎廉問宣歙，辟爲上客。召拜殿中侍御史，以赴闕遲留，責授光祿寺主簿，分司東都。乾符六年，宰相盧攜罷免，以賓客分司，圖與之遊，攜嘉其高節，厚禮之。嘗過圖舍，手題于壁曰：「姓氏司空貴，官班御史卑。老夫如且在，不用念屯奇。」明年，攜復入朝，路由陝虢，謂陝帥盧渥曰：「司空御史，高士也，公其厚之。」渥卽日奏爲賓佐。其年，攜復知政事，召圖爲禮部員外郎，賜緋魚袋，遷本司郎中。其年冬，巢賊犯京師，天子出幸，圖從之不及，乃退還河中。時故相王徽亦在蒲，待圖頗厚。數年，徽受詔鎭潞，乃表圖爲副使，徽不赴鎭而止。僖宗自蜀還，次鳳翔，召圖知制誥，尋正拜中書舍人。其年僖宗出幸寶雞，復從之不及，退還河中。

龍紀初，復召拜舍人，未幾又以疾辭。河北亂，乃寓居華陰。景福中，又以諫議大夫徵。時朝廷微弱，紀綱大壞，圖自深惟出不如處，移疾不起。乾寧中，又以戶部侍郎徵，一至闕廷致謝，數日乞還山，許之。昭宗在華，徵拜兵部侍郎，稱足疾不任趨拜，致章謝之而已。昭宗遷洛，鼎欲歸梁，柳璨希賊旨，陷害舊族，詔圖入朝。圖懼見誅，力疾至洛陽，謁見之日，墮笏失儀，旨趣極野。璨知不可屈，詔曰：「司空圖俊造登科，朱紫升籍，既養高以傲代，類移山以釣名，心惟樂于漱流，仕非專於祿食。匪夷匪惠，難居公正之朝；載省載思，當徇棲衡之志。可放還山。」

圖有先人別墅在中條山之王官谷，泉石林亭，頗稱幽棲之趣。自考槃高臥，日與名僧高士遊詠其中。晚年爲文，尤事放達，嘗擬白居易醉吟傳爲休休亭記曰：

司空氏禎貽溪之休休亭，本名濯纓亭，爲陝軍所焚。天復癸亥歲，復葺於壞垣之中，乃更名曰休休。休，休也，美也，既休而具美存焉。蓋量其才一宜休，揣其分二宜休，耄且聵三宜休。又少而惰，長而率，老而迂，是三者皆非濟時之用，又宜休也。尙慮多難不能自信，旣而晝寢，遇二僧謂予曰：「吾嘗爲汝師。汝昔矯於道，銳而不固，爲利慾之所拘，幸悟而悔，將復從我於是溪耳。且汝雖退，亦嘗爲匪人之所嫉，宜耐辱自警，庶保其終始，與靖節、醉吟第其品級於千載之下，復何求哉！」因爲耐辱居士歌，題於東北楹曰：「咄咄，休休休，莫莫莫，伎倆雖多性靈惡，賴是長教閑處着。休休休，莫莫莫，一局棋，一鑪藥，天意時情可料度。白日偏催快活人，黃金難買堪騎鶴。若曰：『爾何能？』答云：『耐辱莫。』」

其詭激嘯傲，多此類也。

圖旣脫柳璨之禍還山，乃預爲壽藏終制。故人來者，引之壙中，賦詩對酌，人或難色，圖規之曰：「達人大觀，幽顯一致，非止暫遊此中。公何不廣哉！」圖布衣鳩杖，出則以女家人鸞臺自隨。歲時村社雩祭祠禱，鼓舞會集，圖必造之，與野老同席，曾無傲色。王重榮父子兄弟尤重之，伏臘饋遺，不絕於途。唐祚亡之明年，聞輝王遇弒于濟陰，不懌而疾，數日卒，時年七十二。有文集三十卷。

圖無子，以其甥荷爲嗣。荷官至永州刺史。以甥爲嗣，嘗爲御史所彈，昭宗不之責。

贊曰：國之華彩，人文化成。間代傑出，奮藻摛英。騏驥逸步，咸、韶正聲。燦流緗素，下視姬、嬴。

校勘記

〔一〕山東人　新書卷二〇二李白傳作：「其先隋末以罪徙西域，神龍初（公元七〇五年）遁還，客巴西。」范傳正唐左拾遺翰林學士李公新墓碑文謂「其先隴西成紀人，隋末被竄于碎葉」。李陽冰草堂集序所述大抵相同。據郭沫若李白與杜甫考證，李白原籍隴西成紀，隋末其先人遷居中亞碎葉（今巴爾喀什湖南面的楚河流域），公元七〇一年他在那裏出生。李白中年時曾在山東住過，故杜甫詩中有「汝與山東李白好」之句，元稹杜子美墓係銘遂以李白爲山東人，舊唐書沿襲了這一錯誤。

〔二〕德宗不許　「不」字各本原無，「許」字各本原作「計」，據新書卷一四五竇參傳改。

〔三〕五年　各本原作「十五年」，據新書卷八九唐儉傳改。

〔四〕大中末　舊唐書補校謂：下云「大中末，檢校左散騎常侍」，此「大中」當是「大和」之誤。